Nach dem Tod

Sukie Miller

Nach dem Tod

Stationen einer Reise

Aus dem Amerikanischen
von Ulrich Enderwitz

Deuticke

Die amerikanische Originalausgabe erschien 1997
unter dem Titel *After Death. Mapping the Journey*
bei Simon & Schuster Inc., New York.

Deutsche Erstausgabe

Umschlaggestaltung: Constanza Puglisi und Klaus Meyer, München
Umschlagfoto: © Jean Dieuzaide, Toulouse
Herstellung: Josef Embacher
Druck: Wiener Verlag, Himberg
Printed in Austria
ISBN 3-216-30365-9

Inhalt

Einleitung

»Die Menschen fürchten den Tod, wie Kinder sich im Dunkeln fürchten«, schrieb 1625 der Philosoph Francis Bacon. Der Gedanke an den Tod ist seit jeher von Angst und Schrecken begleitet – Grund genug für die Menschen, das Nachdenken über das unvermeidliche Ende aus ihrem Alltag zu verbannen. Ein paar Jahre nach Bacons Feststellung, nämlich im Jahre 1676, lieferte der Dichter John Dryden eine Erklärung für den Sachverhalt: »Der Tod selbst ist nichts«, schrieb er, »aber wir fürchten uns vor dem, was aus uns wird und wo wir hinkommen.«

Schon seit Urzeiten beschäftigen sich Denker und Dichter mit dem Tod. Die weniger Nachdenklichen und Literarischen unter uns haben stets eine deutliche Neigung bewiesen, ihm den Rücken zu kehren. Wozu sich mit einem Geheimnis beschäftigen, das sich so wenig erschließt? Wozu Fragen stellen, auf die es keine Antwort gibt? So ging es Jahr für Jahr: Gebildete, religiöse, spirituell interessierte Menschen dachten über den Tod und seine existentielle Bedeutung nach, während die große Menge sich entschieden dagegen sträubte, den Tod ins Auge zu fassen, sich über ihn Gedanken zu machen, Fragen über ihn zu stellen. Zu nahe war das schreckenerregende Dunkel, zu entmutigend die Vorstellung, daß vielleicht nicht nur unser Körper, sondern auch unsere Persönlichkeit, unser *Ich*, im Augenblick des Todes ins Nichts verschwand. Da war es doch besser, dem Tod die Tür zu weisen und das Dunkel nach draußen zu verbannen.

Zu Beginn der siebziger Jahre geschah indes etwas, das den Anfang vom Ende des Zeitalters der Verleugnung markierte. 1969 stellte die Psychiaterin Elisabeth Kübler-Ross die Frage: »Was geschieht mit uns, *während* wir sterben?« In einer Reihe ausführlicher Interviews mit todkranken Patienten ging sie diesem Thema nach und veröffentlichte dann die Antworten in ›Interviews mit Sterbenden‹. Es war das erste Buch, in dem – für Laien und Fachleute gleichermaßen verständlich – offen über den Vorgang des Sterbens nachgedacht wurde. Die Arbeit von Kübler-Ross war von einer fast beispiellosen Ergiebigkeit: Im Sterbevorgang erkannte sie ein Muster, dessen tragende Bedeutung immer klarer zutage trat, während sich unser Verständnis des Todes allmählich vertiefte. Wichtiger noch war aber die Tatsache, daß die Autorin mit ihrem Beitrag eine Tür aufstieß, frische Luft hereinließ und einen nahezu unerforschten Bereich der Wirklichkeit ins Licht hob. Indem sie das tat und über ihre Erfahrungen schrieb, löste sie eine Lawine von Literatur über den Tod und das Sterben aus.

Ein zweiter Vorreiter auf diesem dunklen, unerforschten Gebiet tat den nächsten Schritt und beschrieb die Schwelle zum *Nachtod*-Erleben. Dr. Raymond Moody hat die Sterbeerlebnisse dokumentiert, von denen fünfzehn Prozent der Amerikaner berichten können – Menschen, die klinisch tot waren, aber aus einer Vielzahl von Gründen ins Leben zurückgekehrt sind. Während Kübler-Ross den Prozeß schilderte, der zum Tode hinführt, konzentrierte sich Moody auf die Erlebnisse, die Menschen beim Überschreiten der Grenze zwischen Leben und Tod haben. Wie Elisabeth Kübler-Ross gab uns Raymond Moody die Möglichkeit, ein dunkles, nur vage beleuchtetes Geschehen wahrzunehmen, zu begreifen und in Worte zu fassen. Indem sie genau hinschauten, aufzeichneten, was sie sahen und hörten, und dann nach Gemeinsamkeiten in den Berichten suchten, schufen diese beiden Forscher eine Sprache zur Wahrnehmung von Dingen, die vorher unsichtbar gewesen waren. Während Elisabeth Kübler-Ross wissen wollte, was mit uns geschieht, während wir auf den Tod zugehen, wollte Raymond Moody erfahren, was mit uns im Augenblick des Sterbens passiert.

Das Jahr 1994 brachte eine faszinierende neue Variante unseres Versteckspiels mit dem Tod. »Ich habe dieses Buch geschrieben, um den Vorgang des Sterbens zu entmythologisieren«, erklärte Sherwin B. Nuland in seinem Buch ›How We Die‹.[1] »Eine offene Diskussion der genauen Einzelheiten des Sterbens ist der beste Weg, uns mit jenen Aspekten auseinanderzusetzen, die uns am meisten Angst machen.« Nuland widmete sich der Frage: »Was geht *physisch* mit uns im Augenblick des Sterbens vor?« und erkannte: »Nur wenn wir die Wahrheit wissen und auf sie vorbereitet sind, befreien wir uns von jener Angst vor der Terra incognita des Todes, die zu Selbsttäuschungen und Enttäuschungen führt.«

Das vorliegende Buch reiht sich in die wachsende Literatur ein, die sich dem Thema Tod und Nachtod widmet. Es bewegt sich dabei in der von Kübler-Ross, Moody und Nuland vorgezeichneten Bahn, geht aber einen Schritt weiter und stellt die Frage: Was passiert mit uns *nach* dem Sterben?

Die Frage: »Was passiert danach?« beschäftigt mich, seit ich denken kann. Mein Vater war Facharzt für Allgemeine Chirurgie, der in den frühen fünfziger Jahren, noch ehe es Bestrahlungen und Chemotherapie gab, viele Krebspatienten behandelte. Jeden Abend, auch als ich noch ein kleines Mädchen war, berichtete er mir bei Tisch von seinen Fällen. »Mrs. Cohn erholt sich gut von ihrer Operation«, sagte er dann etwa, und ich, entzückt von seinen vertraulichen Eröffnungen, gab mir Mühe, weise zu nicken. Oder er erzählte mir: »Mr. Cantor ist hinübergegangen.« – »Wohin denn?« fragte ich. »Er ist jetzt irgendwo anders«, antwortete mein Vater dann. Eines Abends war Mrs. Nelson, eine Patientin, über die wir schon einmal gesprochen hatten, irgendwo anders hingegangen. Ich verstand – oder glaubte zu verstehen.

Irgendwo anders war etwas seltsam Vertrautes. Fast alles in meinem Leben befand sich irgendwo anders. Die verhungernden Kinder in Europa waren irgendwo anders. Der Krieg fand irgendwo anders statt. Meine beste Freundin, Madeline Keschen, die in der dritten Klasse wegzog, wohnte irgendwo anders. Man brauchte nicht viel Phantasie, um sich vorzustellen, daß auch die Toten irgendwo anders hingingen. Wenn Menschen irgendwo anders hingingen, bedeutete das, soweit ich sehen konnte, keine Unterbrechung ihrer Existenz. Die Brüder meines Vaters, die häufig zu Besuch kamen, führten ein bewegtes, erfülltes Leben im Bundesstaat Maine; vertraute Gäste kehrten von Zeit zu Zeit wieder; und die verhungernden Kinder in Europa wurden allmählich erwachsen, während der Krieg seinen Lauf nahm.

Während ich ganz in der Nähe der Grenze zwischen Leben und Nachtod-Erleben aufwuchs, wurde ich nicht dazu angehalten, die Augen zuzumachen, wegzusehen oder mich vor den Fragen zu drücken, was mit uns nach dem Sterben passiert und wo wir hingehen, wenn wir nicht mehr hier sind. Zu den vielen Dingen, die mein Vater mir fürs Leben mitgab, zählten nicht Antworten auf jene Fragen, nicht Bilder von einem umschatteten Jenseits, wohl aber eine bleibende Neugier und ein Gefühl zuversichtlicher Vertrautheit in bezug auf das Phänomen, das er mit »irgendwo anders« benannte.

Jahrzehnte nach jenen Konsultationen mit meinem Vater am Abendbrottisch bekam ich dann als Psychotherapeutin mit einer gutgehenden Praxis und einem anhaltenden Interesse für die Fragen und Sachverhalte, die unsere psychologische Wirklichkeit prägen, Gelegenheit, mich mit dem »irgendwo anders« auf fachlicher Grundlage auseinanderzusetzen. Wie so viele Therapeuten heutzutage mußte ich feststellen, daß es sich bei einer großen Zahl meiner Patienten um Menschen mit chronischen oder tödlichen Krankheiten handelte, die nach Trost, nach Sinn und nach Möglichkeiten suchten, die Angst zu lindern, die mit ihrer Erkrankung einherging. Damals beobachtete ich, daß sogar Menschen an der Schwelle des Todes häufig außerstande waren, dem Sterben ins Auge zu sehen, sich oder anderen die Frage zu stellen, was mit ihnen nach dem Sterben geschah. Diese Fragen standen überdeutlich im Raum, und doch wurden sie kaum je in Worte gefaßt.

Ich fing also an, mich dafür zu interessieren, was uns andere Kulturen über den Wert der gedanklichen Beschäftigung mit dem Nachtod-Erleben lehren konnten. Ich wußte, daß die Vorstellung von einem Nachtod-Erleben in fast jeder Kultur zu den Glaubensinhalten gehörte. Bei meiner ausgedehnten Lektüre zum Thema stieß ich auf detaillierte Landschaftsbeschreibungen, ja sogar auf sorgfältig ausgearbeitete Landkarten der Jenseitsgefilde. Ich fragte mich, welcher Aspekt der menschlichen Seele verantwortlich und empfänglich für diese Art Informationen ist. Dann wollte ich wissen, ob es Gemeinsamkeiten gibt, die sich durch alle Kulturen hindurchziehen.

Eine Reihe von Todesfällen unter meinen Freunden, Verwandten und den Patienten meiner Praxis ließ in mir den Plan eines Forschungsinstituts reifen, das Rituale, Mythen, Dokumente, mündliche Überlieferungen, Kunstwerke und »Landkarten von Nachtod-Sphären« aus allen möglichen Kulturen zusammentragen und auswerten sollte. Allmählich nahm die Idee Gestalt an. Ich erlernte die hohe Kunst, Stipendien zu beantragen und Geldmittel zu beschaffen, bis ich schließlich eine kleine Einrichtung – das Institut für die Erforschung des Nachtod-Erlebens – gegründet hatte. Nach sorgfältiger Auswahl gewann ich eine Gruppe von angesehenen Forschern rund um die Erde für das Projekt, und im Laufe von acht Jahren sammelten wir gemeinsam in Asien, Indien, Indonesien, Brasilien, den Vereinigten Staaten und Westafrika vielfältiges Material zu unserem Thema zusammen. Menschen, die in engem Kontakt mit ihren Toten leben, liefern uns Vorstellungen von einer Welt, in der die Grenze zwischen Leben und Tod in hohem Maße durchlässig ist – wo es häufig gar keine Grenze gibt.

Ziel des Instituts war es, Bilder und Verhaltensweisen, Glaubensvorstellungen und Perspektiven von überall auf der Welt zusammenzutragen, um mit ihrer Hilfe vielleicht die Beschränkungen unserer eigenen Anschauung vom Universum zu lockern und unserer pragmatischen westlichen Sichtweise den oft ganz selbstverständlichen Ausblick auf das Nachtod-Erleben nahezubringen, den andere seit Jahrhunderten haben. Natürlich will ich niemandem zu den Glaubensvorstellungen fremder Kulturen bekehren; vielmehr möchte ich zeigen, daß man sich dem uns allen gemeinsamen menschlichen Geheimnis auf viele Arten nähern kann.

Im Zuge unserer Feldforschungen haben meine Kollegen und ich einen beachtlichen Fundus an Material zusammengetragen. Die detaillierten Fragen, die wir unseren Informanten gestellt haben, haben eine erstaunliche Bandbreite von Reaktionen aus allen untersuchten Kulturen erbracht.

Wie lassen sich nun die mannigfaltigen Beschreibungen des »Jenseits«, die unsere Forschungsgruppe zusammengetragen haben, miteinander vergleichen, systematisieren und, wichtiger noch, in ihrem Sinn ergründen? Wie können wir der Gefahr entgehen, die Daten in einer enzyklopädischen Form wiederzugeben, die eher zur Katalogisierung taugt, als daß sie spontane Einsichten und neues Verständnis befördern könnte? Nach dem Vorbild von Elisabeth Kübler-Ross und Raymond Moody bemühte ich mich, in dem gesammelten Material – den umfassenden Forschungsfragebögen (mehrfarbig kodiert), den Kunstreproduktionen, den umfangreichen Bandaufzeichnungen, den Gedichten, den Fotografien, den kopierten Artikeln und sonstigem – wiederkehrende Muster zu entdecken. Trotz der vielen Unterschiede in Bildsymbolik und Begrifflichkeit, die sich bei der ersten Durchsicht boten, traten tatsächlich bald die Gemeinsamkeiten hervor.

Ich stellte fest, daß viele Beschreibungen des Nachtod-Erlebens – sogar die meisten – nicht von einem bestimmten Ort, sondern vielmehr von einer Reise berichteten. Noch aufregender war der Umstand, daß diese Reisen bei näherer Betrachtung mehr oder weniger deutlich vier Stadien durchliefen:

Stadium I ist der *Warteplatz*, wo der Reisende – der Verstorbene – aus einem physischen in ein spirituelles Wesen verwandelt wird, um die Reise anzutreten.

Stadium II ist die *Phase des Gerichts*, wo das frühere Leben des Reisenden beurteilt wird und wo über sein weiteres Schicksal entschieden wird.

Stadium III ist die *Sphäre von Möglichkeiten*, wo der Reisende dem Urteil gemäß seine Strafe erleiden muß oder seine Belohnung auskosten kann. In Kulturen, in denen das Gericht keine große Rolle spielt, verharren die Verstorbenen einfach im Lande des Nachtods.

Stadium IV ist die *Rückkehr* oder Wiedergeburt, wo der Reisende in der Hülle eines neuen Körpers oder einer neuen Identität ins Diesseits zurückkehrt oder aber, alternativ dazu, dem Rad des Lebens entrinnt und Teil des Weltganzen wird.

Diese vier Stadien bilden kein starres Muster, dem jede Vorstellung vom Erleben nach dem Tod akribisch entspricht. In manchen Kulturen zum Beispiel gibt es kein Gericht; in anderen ist das Gericht ein und alles. In manchen gilt die Wiedergeburt als unnatürlich; in anderen erscheint sie als unausweichlich.

Dann begann ich auch etwas weniger Deutliches wahrzunehmen, was nicht mit den Inhalten selbst, als vielmehr mit der Frage zu tun hatte, wie die Menschen Zugang zu ihnen erlangten. Die Menschen ersannen und beschrieben das Nachtod-Erleben nicht einfach; eine bestimmte Fähigkeit – eine besondere Art, wahrzunehmen – ließ sie mit diesen Gegenden und Vorstellungen in Verbindung treten. Die Schriften des bedeutenden Philosophen und Islamwissenschaftlers Henry Corbin und anderer, die unter seinem Einfluß standen, halfen mir bei der schwierigen Aufgabe, diese Fähigkeit der menschlichen Psyche zu umreißen. Allmählich wurde mir bewußt, daß diese Fähigkeit auch mir den Weg dazu ebnete, das Nachtod-Erleben unabhängig von seinem jeweiligen Inhalt zu betrachten. Ich nenne diese psychische Funktion *vitale Imagination.*

Dieses Buch behandelt die Frage: »Was passiert mit uns nach dem Sterben?«, indem es die universelle Reise durch die vier beschriebenen vier Stadien nacherzählt. Das erste Kapitel zeigt anhand von Beispielen, welche Bedeutung diese Frage für viele Menschen hat; zugleich liefert es die Motivation dafür, in anderen Kulturen nach Antworten zu suchen. Das zweite Kapitel berichtet von der Kraft der vitalen Imagination, zuerst auf sehr persönlicher Ebene und dann in eher theoretischer Form. Die nächsten vier Kapitel sind jeweils einem der Stadien der Reise nach dem Tod gewidmet, und sie beschreiben, wie sich diese Reise in den verschiedensten Kulturen darstellt. Das siebte Kapitel schließlich richtet sich auf die Hoffnung – eine von der Wissenschaft sträflich vernachlässigte psychologische Fähigkeit, unabdingbar für jeden Menschen, der die Herausforderungen des Lebens und auch die Reise durch die vier Stadien nach dem Tod bestehen will.

Der Anhang bietet eine Reihe von Bewertungsbögen, mit deren Hilfe jeder Leser seine eigene Haltung zum Nachtod-Erleben bestimmen und beurteilen kann. Im Anschluß sind die Gruppen vorgestellt, deren Ansichten vom Nachtod-Erleben wir untersucht haben, und mit ihnen die Mitarbeiter, die unsere Daten mit dem standardisierten, 180 Punkte umfassenden Fragebogen zusammengetragen haben. Es folgt eine Beschreibung der Tätigkeit des Instituts für die Erforschung des Nachtod-Erlebens

Damit ist der Aufbau des Buches beschrieben. Doch die Vorstellungen vom Nachtod-Erleben, ihre Bildersymbolik, ihre Atmosphäre, ihr Hindeuten auf tiefere Schichten, all das läßt sich nicht in klar umrissene Kapitel pressen. Aus diesem Grunde habe ich die Kapitel um künstlerische Äußerungen, Gedichte und kurze Zitate bereichert, die durch Kästen vom laufenden Text abgesetzt sind. Außerdem habe ich die Kapitel zu den vier Stadien mit einer einfachen und charakteristischen Schilderung des jeweiligen Stadiums eingeleitet, um neben der eigentlichen Darstellung auch authentische Eindrücke von der vitalen Imagination anderer Kulturen zu bieten. Das Buch, das zugleich eine Art Museum der Bildersymbolik sein will, lädt dazu ein, über Antworten aus aller Welt nachzudenken, die der Frage gelten: »Was geschieht mit uns nach dem Sterben?«

ERSTER TEIL

Nach dem Tod das Nichts?

I

Die Frage nach dem Danach

Das Leben ist eine große Überraschung.
Warum sollte der Tod nicht eine noch größere sein?
VLADIMIR NABOKOV

Wohin gehe ich, wenn ich sterbe?
Wie wird es sein, wenn ich dort hinkomme?
Werde ich zu den Lebenden zurückkehren?
Werde ich für immer verschwinden?

Mitte der achtziger Jahre starben zwei meiner besten Freunde und eine meiner Patientinnen. Sie kannten sich nicht und waren einander so unähnlich, wie drei Menschen es nur sein können. Und doch bildeten in gewisser Weise ihre Erfahrungen, wie auch meine Erfahrungen an ihrem Totenbett, ein vollständiges Ganzes. Mein Freund Henry starb in Frieden, sah dem Unausweichlichen offenen Auges entgegen und ließ seine Freunde behutsam an der gleichen engen Vertrautheit mit dem Tode teilhaben, die er für sich selbst schuf. Mein Freund James starb in Verzweiflung, erfüllt von Angst und Wirrnis, stieß die meisten, denen er etwas bedeutete, vor den Kopf und klammerte sich an das Geld, als sei es das einzige, was ihn vor dem schrecklichen Unbekannten retten könne. Meine Patientin Joanne war bedürftig nach genau jenen Ideen, die mich damals in wachsendem Maße zu beschäftigen begannen.

Ich war beim Tod der drei zugegen, wurde durch ihn verändert und habe lange über die Erfahrungen und Einsichten, die Gefühle der Freude und des Kummers, die Ängste und Geheimnisse nachgedacht, die an ihrem Bett in mir aufstiegen. Viele Male in den folgenden Jahren empfand ich sowohl als Psychotherapeutin im Umgang mit Todkranken als auch als Privatperson ein Gefühl der Dankbarkeit, daß ich diese Erfahrungen machen durfte. Heute bin ich damit beschäftigt, die Glaubensvorstellungen, Bilder und Wirkungen zu beschreiben, die in den Kulturen der Welt mit dem Nachtod-Erleben verknüpft sind. Diese drei Menschen haben mich dicht an die Schwelle meines heutigen Interesses geführt.

Sich der Realität stellen: Drei Sichtweisen

HENRY

Als Henry mit fünfundvierzig Jahren die Mitteilung erhielt, daß es für seinen gerade entdeckten Krebs keine Heilung mehr gab, verfiel er in tagelanges Schweigen, ein Schweigen der Sammlung, das ihm erlaubte, mit der Realität ins reine zu kommen. Er war traurig, er war ungewöhnlich still und zog sich für über zwei Wochen von Freunden und Familie zurück, während er Ärzte und Heiler jeder Couleur konsultierte. Alle, mit denen er sprach, bestätigten ihm den hoffnungslosen Befund.

Instinktiv vielleicht erkannte er, daß er den unvermeidlichen Schmerz und Kummer angesichts des bevorstehenden Lebensendes nur vergrößern konnte, wenn er gegen die Realität aufbegehrte; aber was ihm dabei half, sich mit der Realität abzufinden, war die Überzeugung, daß zum Leben mehr gehörte, als mit bloßen Augen zu sehen war.

In dieser Zeit des Rückzugs hatte Henry auf seinen Anrufbeantworter folgende Nachricht gesprochen: »Ruft mich nicht an, wenn ihr es nicht wirklich möchtet. Ruft nicht an, um mir irgendwelche Heilverfahren zu empfehlen. Ich habe sie schon ausprobiert. Ruft nicht an, um mir zu irgendwelchen unfehlbaren Methoden zu raten. Ich kenne sie schon. Ruft mich nicht an, wenn ihr mich in irgendeiner Weise mit euren toten Vätern, Brüdern, Müttern, Freunden oder wem auch immer verwechselt, und ruft mich nicht an, um zu heulen und mir zu sagen, wie sehr ihr mich vermissen werdet. Ruft mich an, wenn ihr für mich da sein könnt, und wenn nicht, ist es auch in Ordnung. Alles Gute.«

Ich rief Henry augenblicklich auf seiner anderen Nummer an. »Ach, Hank«, sagte ich. »Es tut mir ja so leid.«

»Hast du meine Nachricht nicht gehört?« fragte er verärgert. So hatte ich ihn noch nie gehört, aber ich war innerlich darauf vorbereitet.

»Ja, ich habe sie gehört, aber als ein anderer Freund starb, und ich davon erfuhr ...«

Henry schnitt mir das Wort ab. »Nein, Sukie. Ruf an, wenn du bereit bist, mit mir zu reden, nicht mit jemand anderem.«

»Hör mir zu! Es könnte dir guttun!« beschwor ich ihn.

»Sukie, ich sterbe. Ich habe noch sechs Monate. Laß es sein«, antwortete er.

Ich verfiel in Schweigen. Wenn ich ihm nicht durch meinen physischen Beistand helfen konnte, wenn er keinen »Trost« wollte und ich ihm nichts Wissenswertes mitteilen konnte, dann gab es nichts, was ich ihm hätte sagen können. Ich fing an zu weinen. Henry legte auf. Das war *seine* Reise, *sein* Sterben, *seine* Auffassung vom menschlichen Lebensweg.

Aber ich konnte nicht aufhören, ihn anzurufen. Der Gedanke, den Kontakt zu diesem Mann zu verlieren, war unerträglich. Jeden Morgen, wenn ich mir den Kaffee eingegossen und die beste Zigarette des Tages angezündet hatte, zog ich das Telefon zum Sofa herüber, sorgte dafür, daß ich die Blumenvase im Blickfeld hatte, und wählte seine Nummer.

Henry war stets früh auf oder hatte gar nicht geschlafen – was von beidem der Fall war, brachte ich nie heraus –, und bei jedem Anruf bezogen wir neu Position, traten uns abwartend gegenüber: behutsam, vorsichtig.

»Also, wie geht es dir?« fragte ich, kaum daß er den Hörer aufgenommen hatte. Mein Ton war locker, beiläufig, wie bei einem ganz alltäglichen Anruf.

»Besser«, antwortete er mit einem Lächeln in der Stimme. »Ich dachte gerade, hätte ich in meinen Zwanzigern gewußt, daß ich jetzt sterben muß, wären all diese qualvollen Geschichten, die ich damals durchmachte – du erinnerst dich doch? –, meine Midlife-Crisis gewesen!«

Ich mußte lachen. Was er sagte, war auf eine verrückte, witzige, liebenswerte Weise wahr. Der Tatsache, daß er im Begriff stand, zu sterben, wich er in keiner Weise aus. Die Wahrheit lag zutage, aber eingehüllt in ein humoristisches Moment, das ebensosehr Entlastung von der Wahrheit brachte, wie es ihre Anerkennung bedeutete. Henry, dem von seinen Eltern kein strenges religiöses Glaubenssystem mitgegeben worden war, hatte seine eigene Philosophie über die Welt, ihren Sinn und den Gang ihrer Entwicklung ausgebildet. Seine Philosophie dürfte vielen Menschen der neunziger Jahre vertraut sein: Sie war eine Mischung aus Christentum, Buddhismus und New Age-Spiritualismus. Henry bekannte sich zu einem evolutionären Modell des Universums, demzufolge die Wirklichkeit im ständigen Fortschritt zu einem höheren Bewußtseinsstand begriffen ist.

Henry glaubte seit langem an diese Fortschrittsbewegung und hegte die tiefe Überzeugung, daß er selbst Teil von ihr war. Als sein Arzt und die anderen ihm betrübt eröffneten, daß keine Hoffnung mehr für ihn bestand, kam ihm, wie er mir später erzählte, in all seiner Erschütterung und Trauer die Einsicht, daß er sich in seinem Körper nicht weiterentwickeln konnte und daß es Zeit für ihn war, auf eine andere Bewußtseinsebene hinüberzuwechseln. Henry bedachte, was vor ihm lag, und gelangte zu dem Schluß, daß er irgendwie auserwählt oder bestimmt war, sich auf den Weg zu machen, und daß in seinem persönlichen Tod ein Sinn lag. Er dachte über Ideen und Hypothesen nach, mit denen er sich schon seit langem beschäftigte; jetzt aber übertraf sein Nachdenken an Intensität bei weitem das Reflektieren und Sinnen, das ihn mit diesen Ideen Bekanntschaft hatte schließen lassen. Im Angesicht des Todes gewannen seine Ideen neue Lebendigkeit und Dringlichkeit, ein neues Verlangen. Er fragte, blickte um sich und sah voraus, daß er die Schwelle zum Unbekannten überschreiten würde und nach Alternativen zu einem Undenkbaren suchen mußte: dem völligen und endgültigen Verschwinden seiner Person.

Er glaubte auch an eine Hierarchie des Seins und daran, daß uns nach dem Tod unzählige Manifestationen eines wissenderen und höherentwickelten Bewußtseins erwarteten. Er hatte ihre Gegenwart gespürt, hatte ausgiebig meditiert, um in Kontakt mit ihnen zu kommen, und war deshalb zuversichtlich, daß er Aufnahme in ihre Gemeinschaft finden werde – eine Gemeinschaft, die für ihn nicht klar erkennbar, nicht einmal ohne weiteres vorstellbar war, aber dennoch eine Versammlung zuwendungsbereiter Wesen darstellte, die das Verlassenheitsgefühl lindern würden, das der Abschied von all seinen Lieben in ihm wachrief. Es war für Henry ein zutiefst tröstlicher Gedanke, daß er in eben dem Maß, wie er die Menschen zurückließ, die er liebte, einer Schar segensreicher Bewußtseinsgestalten entgegenging.

Henrys Familienangehörige und all seine Freunde waren verblüfft über die Seelenruhe, mit der er seinem Tod ins Auge sah. Wenige von uns teilten seine Überzeugungen und viele fragten sich, wie um alles in der Welt solche Vorstellungen im Geiste eines praktisch denkenden New Yorker Geschäftsmannes hatten entstehen können. Aber es war unverkennbar, daß Henry mit Neugier den Dingen entgegensah, die mit ihm passierten.

Als Henry starb, war seine Familie zugegen, um ihm Trost zu spenden und den Abschied zu erleichtern; dabei wurde sie Zeuge der unbestreitbaren Kraft, die ihm die Vision des Sterbens bescherte. Im Augenblick seines Todes öffnete Henry die Augen und sagte mit Mühe: »Ach, bin ich immer noch hier?« Als man ihm das bestätigte, antwortete er mit ersterbender Stimme: »Wo ich hingehe, ist es so schön.«

JAMES

James, der bei seinem Tode fünfundvierzig war, wuchs im Schoße der Baptistenkirche auf, überschüttet mit Musik, mit ständigen Hinweisen auf das Leben nach dem Tod, auf den Himmel und auf das Wirken von Engeln, auf das Gelobte Land und auf ein künftiges besseres Leben.

Nichts von dieser religiösen Erziehung war indes in ihm haftengeblieben. James hielt große Stücke auf seine Intelligenz und sah in spirituellen Dingen nichts als kindische Phantasien. Er war es seit langem gewohnt, auf jeden Aspekt der Wirklichkeit, der sich nicht vollständig verstehen ließ, mit einer rationalen Erklärung, mit abschätziger Gleichgültigkeit oder mit einem Scherzwort zu reagieren. Er war ein hochgebildeter Mann, sprach sechs Sprachen und war außerordentlich belesen, weitgereist und geachtet – er war der Kulturdezernent einer großen Stadt und mit den vielen Kulturen vertraut, aus denen diese Stadt sich zusammensetzte.

Als indes der Tod für James zu einer unentrinnbaren Tatsache wurde, mußte er – zur Überraschung aller, die ihn gut kannten – feststellen, daß er unvorbereitet war und über keine trostreichen Gedanken verfügte. Statt sich damit auseinanderzusetzen, was ihm bevorstand und in welche Dimension der Wirklichkeit er Einzug hielt, scheute er vor diesem Gedanken zurück. Der Tod hatte überhaupt nichts Sinnvolles für ihn, und Trost und Zuversicht bot er schon gar nicht. Der Gedanke ans Sterben löste in ihm nichts aus als blankes Entsetzen.

James litt furchtbar und bürdete den Menschen in seiner Umgebung enorme Lasten auf. Da er über keine inneren

Trostquellen verfügte, die ihm erlaubt hätten, auch nur einen Augenblick lang diese unvermeidliche Phase seines Lebens zu akzeptieren, verlangte er von seinen Freunden und seiner Familie, daß sie ihn mit grenzenloser Liebe und Zuwendung überhäuften. So gern wir mit ihm geredet – einfach nur geredet – hätten, James brauchte uns, um die Schrecken des Unbekannten zu verscheuchen, die in den ganz und gar irdischen Formen erschienen, in denen sie immer schon erschienen waren.

Seine furchtbarsten Schreckvisionen drehten sich um Einkommensteuern, mögliche Unklarheiten in seinem Testament, unzulängliche Versicherungsvorkehrungen. In seinen letzten Tagen und Stunden klammerte sich James so verzweifelt an diese Fragen, daß für nichts anderes mehr Raum blieb – und daß diejenigen, denen es um ein letztes Zusammensein und Abschiednehmen ging, erschöpft und enttäuscht zurückblieben.

All seiner Bildung und kulturellen Erfahrung zum Trotz hatte James im Blick auf den Tod keinen anderen Bezugspunkt als die bürokratischen Formalitäten, von denen das Ende des physischen Lebens begleitet ist. Er war außerstande, sich Gedanken über eine Realität zu machen oder gar sie sich vorzustellen, die *mehr* umfaßte – mehr als ein Nichts nach dem Tode –, und fand deshalb keinen Weg zu Trost, Sinn oder Hoffnung. Angesichts des Todes kannte James nur Angst.

James war seit zwanzig Jahren mein bester Freund, und ich wußte, daß er keine Hoffnung hatte, seinen Krebs zu überleben. Ich kam nicht mit irgendeiner Idee, seine Ernährung oder den Umgang mit seinem Körper betreffend, von der ich überzeugt war, sie könne sein Leben verlängern. Ich wünschte mir nur einfach – wir alle wünschten uns –, daß dieser höchst vitale, faszinierende Freund sich nach Kräften darum bemühte, am Leben festzuhalten, statt sich in seine Krankheit fallenzulassen.

Nach einiger Zeit starrte James nur noch vor sich hin und

sprach nicht mehr; aber er brauchte Begleitung. Er konnte nicht mehr allein sein, wollte aber von Krankenpflege nichts wissen und akzeptierte sie nur für die Nacht. An einem sonnigen Tag unternahm ich einen Versuch. Es war im Juli, aber James fror. Die Fenster waren geschlossen und die Luft war geschwängert von Uringeruch.

»Wo gehst du deiner Meinung nach hin, falls du stirbst?« fragte ich schließlich, wobei das Wörtchen »falls« eine Konzession an seine Weigerung war, sich den Tatsachen zu stellen.

»Quer durch die Stadt, wenn ich ein Taxi erwische«, knurrte er und schloß die Augen, um zu schlafen.

Mein Blick fiel auf ein Sitzkissen, und ich mußte mich beherrschen, daß ich es nicht nahm und ihn damit erstickte. Das ging nun schon drei lange Jahre so. Ich wollte, daß endlich alles vorbei war. Ich war nicht stolz auf diese Regungen, sie machten mir im Gegenteil Angst (»es ist sein Tod, nicht meiner; es ist sein Tod, nicht meiner«, hielt ich innerlich vor), aber seine Hoffnungslosigkeit machte mir schwer zu schaffen. Ich mußte mir in der drückend heißen Juliatmosphäre ein bißchen Luft verschaffen; ich konnte nicht mehr atmen.

Was mir am meisten weh tat, war nicht, *daß* er starb, sondern *wie* er starb. Sein Verlust war sehr traurig für mich; es war ein tragischer Verlust für alle, die diesen klugen, charmanten Mann gekannt hatten. Aber sein Sterben beschädigte auch unsere Zuneigung zu ihm. Ich konnte diesen Mangel an Hoffnung nicht ertragen. Ich war nicht so töricht, von seinen Ärzten zu verlangen, daß sie mir Hoffnung machten. Ich hätte ihnen ohnehin nicht geglaubt. Aber ich wünschte, *er* hätte gehofft ... auf mehr.

Festzuhalten bleibt, daß Henry nach seinem Tod in unserer Erinnerung fortlebte, als wäre er noch unter uns. Nach nunmehr zehn Jahren sagen Freunde bei allen möglichen Anlässen noch immer: »Ach, das hätte Henry gefallen.« Er liebte die chinesische Küche über alles, und wir stellen uns gern vor, daß es im Himmel ein chinesisches Restaurant gibt. Tatsächlich hinterließ Henry seinen Freunden tausend Dollar mit der Anweisung, davon ein riesiges chinesisches Menü zu finanzieren, einschließlich der Groucho-Marx-Nasen, für die er ein Faible hatte. Wir alle denken mit großer Liebe und Heiterkeit an Henry zurück; er fehlt uns auf eine ganz rührende Weise.

Hübsche Geschichten. Andere Menschen, andere Schicksale. Aber ich sehe darin viel mehr als bloß individuelle Unterschiede. Ich sehe darin einen Hinweis, wie wichtig es ist, sich zu fragen, was mit uns passiert, nachdem wir gestorben sind. Schon in diesen Geschichten, die meinem Erfahrungsumkreis entstammen, sehe ich überzeugende Argumente dafür, den Zynismus zu überwinden und sich dem Gedanken zu öffnen, daß der Tod nicht nur ein Ende, sondern auch ein Übergang ist, daß die Welt mehr umfaßt als das, was wir mit den Augen sehen können.

Ich sehe in ihnen Beweggründe dafür, uns selbst zu fragen und unsere Kinder zum Fragen zu ermuntern: »Wohin gehen wir, wenn wir tot sind? Was ist mit Großvater passiert, und was wird mit mir passieren?« Wenn wir diese Neugier nicht empfinden, verschließen wir die Augen vor dem, was viele für das nächste Stadium unserer Reise halten. »Soweit wir zu erkennen vermögen«, schreibt C. G. Jung in dem Kapitel seiner Erinnerungen, in dem er sich mit seinen eigenen Träumen vom Leben und vom Leben nach dem Tod beschäftigt, »ist es der einzige Sinn der menschlichen Existenz, ein Licht anzuzünden in der Finsternis des bloßen Seins.«[2]

Wir leben mit Schatten, und nur zu oft wartet in den dunklen Schatten der Tod, aber wir haben die Chance, Fragen zu stellen, uns Gedanken zu machen – und unseren eigenen Weg durch die allgegenwärtigen Mysterien der Wirklichkeit zu erhellen.

Denken wir einen Augenblick lang über das Folgende nach (mich hat es länger als nur einen Augenblick beschäftigt, als ich das erste Mal damit konfrontiert wurde): In der Kultur der Fon in der westafrikanischen Republik Benin ist der Glaube verbreitet, daß alle Tiere, Menschen und belebte Wesen, die zur selben Zeit sterben, zu ein und derselben Gruppe gehören, die sich nur durch das Sterbedatum von den anderen Gruppen unterscheiden, und daß sie alle zur selben Zeit ins Leben zurückkehren werden.

Überlegen wir uns, welche Konsequenzen die Vorstellung der Fon für uns hätte, wenn wir ihr für eine Weile folgen würden. Mit mir würde eine ganze Gemeinschaft von Menschen und anderen Geschöpfen der belebten Welt – Vögel, Füchse, Löwen, Fische, Flüsse, Wolken, Insekten, Blumen und Bäume – ihr Leben beenden. Und sie würden alle mit mir zusammen zurückkehren. Obwohl wir uns fremd sind, einander nicht kennen, bilden wir dann eine Gruppe, und das Wissen um diese Zusammengehörigkeit vermittelt uns ein Gefühl der Geborgenheit.

Die Fon fühlen sich durch diese Vorstellung mit allem Lebendigen verbunden – und nicht mehr nur als isolierte Individuen. Daß die Dinge der Welt einen großen Zusammenhang bilden, haben wir oft gehört, aber der Glaube der Fon macht diese reichlich abstrakte Vorstellung anschaulich und erlebbar wie ein schönes Lied oder ein Gedicht. Er schafft eine Vorstellungswelt, in der man seinen ganz persönlichen Platz finden kann.

Und vielleicht geschieht etwas in uns, wenn wir diese Verbundenheit erleben. Ohne daß wir es so recht merken, belebt sich unsere Phantasie mit Bildern, aber nicht nur das, vielleicht wird auch der Gedanke an den Tod etwas Normales. Er wird zum Teil des Zyklus, an dem die ganze einander unbekannte Gemeinschaft derer teilhat, die zur gleichen Zeit sterben – und wiederkehren.

Vielleicht gewöhnen wir uns daran, den Tod als eine der Zutaten in dem komplexen Eintopf der Wirklichkeit zu betrachten, und wenn wir das tun, wird die Welt vielleicht kostbarer, anheimelnder, umfassender, interessanter – ja, auch weit lebendiger und vielversprechender als die sichtbare Welt diesseits der zugeschlagenen Tür von James.

JOANNE

Die Arbeit mit Joanne zeigte mir, welche Kraft der bloßen Konfrontation mit Vorstellungen vom Nachtod-Erleben innewohnt. Joanne war eine fünfundvierzigjährige alleinerziehende Mutter, deren Krebs acht Jahre lang erfolgreich bekämpft worden war, die jetzt aber rapide zu verfallen begann. Sie war starr vor Angst, und jede Anspielung auf ihren Tod rief einen hysterischen Tränenausbruch hervor. Sie hatte kein Testament geschrieben, hatte keine Vorkehrungen für ihre Kinder getroffen und hatte mit ihren Freunden kein Wort darüber gewechselt, wie ihre Hoffnungen und Wünsche für die Zukunft ihrer Kinder aussahen, wer ihre Erziehungsarbeit fortsetzen sollte oder wie sie sich ihre Beerdigung dachte. Ihr Weinen und Schluchzen war wie eine Mauer zwischen ihr und dem Tod – der Tod blieb dadurch von jeder Unterhaltung ausgeschlossen.

Niemand traute sich, mit Joanne über den Tod zu sprechen; schließlich zog mich die Familie hinzu. Ich fragte Joanne geradeheraus: »Was glauben Sie, wird mit Ihnen passieren, nachdem Sie gestorben sind?« Dann wartete ich, bis sie sich ausgeweint hatte, und schließlich schien sie zu verstehen und zu akzeptieren, daß es sich bloß um ein Gespräch handelte.

»Was? Sie meinen nach dem Begräbnis?« fragte sie. »Was sie nach der Begräbnisfeier mit mir machen?«

»Nein, ich meine etwas anderes. In vielen Kulturen glauben die Menschen, daß ganz bestimmte Dinge mit ihnen passieren, nachdem sie gestorben sind. In unserer Kultur empfinden viele Menschen ähnlich: Sie wissen oder hoffen oder vermuten, daß bestimmte Dinge mit ihnen passieren werden. Haben Sie irgendwelche Vorstellungen darüber? Unbestimmte oder auch konkrete Vorstellungen? Dinge, die Sie vielleicht als kleines Mädchen von Ihren Eltern erfahren haben?«

»Nichts«, sagte Joanne mürrisch und drehte das Gesicht zur Wand. »Wenn man geht, geht man, damit hat sich's. Und man ist ganz allein. Niemand kann einem helfen.«

»Macht Ihnen das Alleinsein zu schaffen?« fragte ich sie.

»*Natürlich* ist es das Alleinsein«, sagte sie mit plötzlicher Energie. »Was bedeutet größeres Alleinsein, als wenn man ohne Familie ist?« Man hatte mir erzählt, daß Joanne ihr Leben lang eine geschäftige, gesellige Frau gewesen war und persönliche Beziehungen über alles schätzte.

Ein paar Sitzungen später eröffnete mir Joanne in nachdenklichem Ton: »Wissen Sie, ich würde wirklich gern meinen Vater wiedersehen. Ich würde ihn gern so sehen, wie er immer war, nicht wie ich ihn im Geiste sehe, seit er tot ist.« Ich wußte aus früheren Sitzungen, daß ihr Vater bei einem heftigen epileptischen Anfall gestorben war und daß die damals zehnjährige Joanne alles mit angesehen hatte. Das Bild hatte sie immer verfolgt.

Da sie mir endlich einen Weg gezeigt hatte, den wir probieren konnten, antwortete ich: »Die Wiedervereinigung mit geliebten Menschen nach dem Tod ist eine Vorstellung, die auf der ganzen Welt verbreitet ist. Viele Menschen in diesem Land, die Sterbeerlebnisse gehabt haben, berichten von solch einer Wiedervereinigung mit ihren Lieben. Und überall auf der Welt gibt es Kulturen, die solche Wiederbegegnungen für möglich erklären, Joanne«, sagte ich in der Hoffnung, sie werde die Möglichkeit eines Wiedersehens mit ihrem Vater aufgreifen. »Würden Sie gern etwas darüber lesen?« fragte ich.

Ohne Zögern sagte sie ja.

Joanne hatte viel und gern gelesen und den Lesehunger erst verloren, als ihr die Ärzte eröffneten, daß sie ihr nicht mehr helfen konnten. Nun las sie alles, was ihr zum Thema Wiederbegegnung unter die Hände kam. Bald darauf sprach sie über ihre eigenen Vorkehrungen für den Todesfall und gestand sich verlegen ein, daß sie sich freue – nicht auf den Tod selbst, aber auf das Wiedersehen mit ihrem Vater. Durch die Vorstellung einer Wiederbegegnung besänftigt, machte sie sich mit dem Gedanken an den Tod vertraut: Sie errichtete ihr Testament, redete ausführlich mit ihren Freunden und ihren Kindern über das Leben nach dem Tod und ließ die Hoffnung durchblicken, daß es ein Wiedersehen mit ihnen geben werde.

Der Wert und die Macht von Geschichten

In der Literatur finden sich nur wenige Untersuchungen zu der Tatsache, daß die Auseinandersetzung mit dem möglichen Erleben nach dem Tod den Betreffenden einen deutlichen Nutzen bringt. Mehr Forschung zu dieser Frage wäre zu begrüßen. Da die Wissenschaft neuerdings eher bereit ist, alte Vorurteile abzulegen und sich neuen Denkrichtungen zu öffnen, bin ich zuversichtlich, daß auch die Frage bald näher untersucht wird.

Ganz im Sinne dieser Entwicklung hat der Dalai Lama, das geistliche Oberhaupt des tibetanischen Buddhismus, eine Belohnung für denjenigen ausgesetzt, der beweisen kann, daß es *kein* Erleben nach dem Tod gibt – eine einfallsreiche Abwandlung der gängigeren und zynischeren Ansicht, nach der den Verfechtern eines Lebens nach dem Tod der Nachweis obliegt.

Im vorliegenden Buch halte ich mich an die Methode der naturhistorischen Forschung: Es werden genügend Materialproben gesammelt, die dann als Grundlage für eine eventuelle neue Theorie dienen. Bei der Erforschung des Nachtod-Erlebens bestehen diese Materialproben nicht aus Gesteinsbrocken, sondern aus menschlichen Überzeugungen und Erfahrungen. Durch das Sammeln solcher »Proben«

hoffen wir, den Grund für weitere Untersuchungen auf diesem neuen Gebiet zu legen. Das ganze Buch hindurch werde ich derartige Proben präsentieren, die sowohl belegen, auf welch unterschiedliche Weise andere Kulturen das Nachtod-Erleben sehen, als auch Erfahrungen von Patienten in meiner Praxis wiedergeben, die sich mit ihrem bevorstehenden Tod auseinandersetzten. Ich werde außerdem Fälle schildern, in denen Grundfiguren und Episoden des Nachtod-Erlebens für Patienten psychologische Bedeutung gewinnen und grundlegenden Einfluß auf den allgemeinen Heilungsprozeß nehmen.

Diese Fallbeispiele und Geschichten werden nicht als wissenschaftlicher Beleg für die Wirkmächtigkeit kultureller Weisheit dargeboten, sondern sollen vielmehr illustrieren, wie erfolgreich Bilder und Vorstellungen vom Nachtod-Erleben starre Gewohnheiten sprengen und das Tor zu neuen Möglichkeiten aufstoßen können. Wenn wir an diese Perspektive nicht als Wissenschaftler, sondern als Suchende herangehen und bald diesem neuen Licht, bald jener fremdartigen Idee nachspüren, dann können die Geheimnisse und Rätsel, die sich so beharrlich im Schatten verbargen, allmählich an Bestimmtheit gewinnen. Zum Beweis dafür, daß es sich so verhält, schließe ich das Kapitel mit einem persönlichen Erlebnis, das auf seine Weise die beschriebene Vorgehensweise dramatisch veranschaulicht.

Ende der achtziger Jahre reiste ich mit meinem Kollegen Edmundo Barbosa auf die indonesische Insel Sulawesi. Edmundo, ein Kollege, der mit Krebspatienten arbeitet und brasilianische Rituale erforscht, hat mit mir weite Reisen unternommen und hat mir viel darüber beigebracht, wie man sich auf die Begegnung mit andersartigen Denkweisen vorbereitet. Wir fuhren nach Indonesien, um Informationen über die dortigen Vorstellungen vom Nachtod-Erleben zu sammeln.

Wenn in Sulawesi ein Kind gestorben ist, wird es nicht beerdigt, sondern im ausgehöhlten Stamm eines schönen

Baumes beigesetzt, der von einem Kreis aus Bänken umgeben ist. An einem linden Tag saßen Edmundo und ich zusammen unter diesem gewaltigen Baum und sahen hinauf zum Stamm mit seinen kleinen ausgeschnittenen Nischen, in denen man die Kindersärge unterbringt. Indem der Baum wächst, erzählte man uns, kommen die Kinder dem Himmel und dem lieben Gott näher.

Wir saßen schweigend auf der Bank unter den Zweigen dieses majestätischen Baumes, und mich überkam eine tiefe Ehrfurcht. Ich dachte an die gestorbenen Kinder, an die Schmerzen, die ihr Tod bereitet hatte, und an die Schwere des Verlustes. Lange saß ich da und blickte auf den Baum, dann in den Himmel, und meinte, den Baum wachsen zu sehen.

Ich sah in dem Baum nicht nur einen Aufbewahrungsort für die toten Kinder, sondern auch eine Fortsetzung ihrer Existenz. Die Blätter, die Wurzeln, die Spuren des Wetters – alles war durchdrungen vom Geiste der Kinder, die im Stamm bestattet waren.

Vor meinem Geiste tauchten die tibetanischen Gebetsfahnen auf – farbenfrohe Wimpel, auf denen Botschaften standen und die fast auf jedem Haus flatterten. Die Tibeter schmücken ihre Häuser mit diesen Fahnen, damit der Wind die darauf geschriebenen Gebete oder Grüße in die ganze Welt hinausträgt. Der Baum, überlegte ich, machte das gleiche mit diesen Kindern.

Ich wurde an ein Gedicht des chinesischen Dichters Li Po erinnert, das ich später nachschlug:

> Die Vögel sind in den Himmel entschwunden,
> und nun löst die letzte Wolke sich auf.
>
> Wir sitzen beisammen, der Berg und ich,
> bis nur der Berg noch da ist.[3]

Wenn Erwachsene in Sulawesi sterben und ihre Familie irgendwann imstande ist, vierundzwanzig Wasserbüffel zusammenzubringen, um das erforderliche Opfer zu bringen, werden von der toten Person Bildnisse angefertigt, die man *tau-tau* nennt. Ein *tau-tau* ist eine Puppe von etwa einem Meter Höhe. Die rechte Hand ist aufgehalten, um den Segen von oben in Empfang zu nehmen, die linke Hand weist zur Seite, um den Segen an die Gemeinschaft weiterzugeben. Das *tau-tau* wird mit Scharen anderer *tau-tau* in Höhlen, in Nischen oder auf Anhöhen oberhalb der Siedlung und in ihrem Umkreis aufgestellt. Sie blicken allezeit auf die Gemeinschaft herab und geben acht auf sie; unmittelbar über oder neben den *tau-tau* befinden sich die Gräber oder in den Berghang gehauene Grüfte für die Toten.

Für mich steht außer Frage, daß die *tau-tau* echten Trost spenden. Wie der Baum der Kinder unser Augenmerk auf die Schönheit und Verläßlichkeit der Natur lenkt, so bescheren die Grabfiguren der Gemeinschaft einen subtilen, komplexen Kunstgenuß. Wie könnten sich die Empfindungen des Verlustes und des Alleingelassenseins besser lindern lassen als durch die künstlerische Bemühung, einen Geist und einen Körper so wiederzugeben, wie er im Leben war – und nun in der Rolle eines über die Gemeinschaft wachenden Verbindungsgliedes zwischen den Lebenden und den Toten?

Als ich die *tau-tau* in Sulawesi zum ersten Mal sah, wünschte ich, James hätte uns erlaubt, seine Wohnung mit Bildern des Nachtod-Erlebens auszustatten. Ich besitze etliche Stücke mexikanischer Totenkunst, darunter ein Skelett, das in einer Badewanne sitzt. Es raucht eine Zigarette und scheint dabei zu träumen, wie James es gerne tat. Andere Skulpturen sind schlanke, elegante Frauen, wie James sie mochte – schicke Handtaschen, koketter Blick und keckes Hütchen, verführerisch. Nur daß sie Gerippe sind. Vertraute Gestalten, aber tot.

Wäre der Tod für James etwas Normales geworden, hätte er auf dem Wege der Kunst Vertrautheit mit dem Gedanken an den Tod gewonnen, würde er vielleicht in der Erinnerung seiner Freunde so entspannt und gelassen fortleben, wie sie ihn immer gekannt hatten, statt mit dem Ausdruck der tiefen Angst, die seine letzten Wochen beherrschte.

2

Innere und äußere Grenzen überschreiten

Jedermann vermag seine Einbildungskraft so zu erziehen und herzurichten, daß er mit Geistern in Kontakt kommen und sich durch sie belehren lassen kann.
PARACELSUS

Durch meine Arbeit ergoß sich ein ständiger Strom von Daten, Dokumenten und Literatur in mein Leben. Aber letztlich sind Studieren und Nachdenken kein Ersatz für Erfahrung. Während meiner Sammeltätigkeit überkam mich oft die Lust, loszureisen und selbst herauszufinden, wie die Menschen ferner Länder, mit denen ich mich beschäftigte, leben und denken.

Eines Tages in meiner New Yorker Wohnung, um mich herum Stapel von Büchern über den Tod und das Nachtod-Erleben, rief ich meinen Kollegen Edmundo Barbosa an. Dieser Anruf machte mich mit einer verborgenen Seite meiner Psyche bekannt, mit meiner vitalen Imagination und ihrer Fähigkeit, Dinge zu sehen, die meinem wachen Bewußtsein nicht zugänglich sind.

»Hör zu, meine Lektüre langweilt mich wieder einmal«, sagte ich zu Edmundo. »Ich kann das Zeug nicht alles nur vom Papier ablesen, ich muß es erleben. Ich möchte wieder nach Brasilien fahren. Es ist Zeit für einen Ausflug.«

»Für eine Reise«, verbesserte er mich wie schon so oft. Mein verläßlicher Reiseführer in magische Regionen stieß einen Seufzer aus. »Ach, Sukie!« Dann folgte ein einzelnes Wort: »Candomble.«

Ich wußte natürlich, was er meinte. Wir hatten oft über

diese afrobrasilianische Religion gesprochen, deren Ursprung in Westafrika lag und der es gelungen war, sich im faltenreichen Gewand des brasilianischen Katholizismus zu verstecken.

Dort lebte – und wenn ich *leben* sage, so meine ich eine heimliche, nicht kleinzukriegende Lebendigkeit – ein Pandämonium aus Heiligen und Göttern, von denen der Papst und seine Bischöfe noch nie etwas gehört hatten.

Selbst für den gläubigsten Brasilianer ist es nicht leicht, in die Geisterwelt von Candomble einzudringen. Eine siebenjährige Initiationszeit geht dem Augenblick voraus, in dem der Adept mit geschorenem Kopf dem Ruf eines Orisa – eines leibhaftigen Gottes – folgt und sich tanzend einem anderen Zustand nähert: Der Orisa besteigt den Adepten, reitet auf ihm und lenkt ihn umher. Man nennt diesen Vorgang Einverleibung.

Ein Jahr zuvor hatte mich Edmundo zu einem abendfüllenden Candomble-Ritual mitgenommen, und ich hatte mich durch das unablässige Trommeln meiner westlichen Skepsis und meiner verständlichen Angst vor Migräne entrissen und in einen Zustand versetzt gefunden, in dem alle Aspekte des Lebens heiter, licht, elektrisch aufgeladen wirkten. Xango, der Gott des Donners und des Feuers, dem der Abend geweiht war, erschien tatsächlich, und niemand hätte sich der Aufregung, die seine Ankunft verursachte, entziehen können.

Aber den Kernbereich von Candomble, wo die Toten – die Egun – leben, hatte ich noch nicht kennengelernt. Ich wußte durch meine Forschungen und durch die merkwürdige, aus Plauderei und Gelehrsamkeit gemischte Führung, die mir Edmundo zuteil werden ließ, seit wir uns jeden September auf einer kleinen Insel vor der brasilianischen Nordküste trafen – ich wußte also, daß die Egun den Lebenden in einem achtundvierzigstündigen Ritual erschienen, das der Wiederkehr der Toten galt. Als Edmundo am Telefon das Wort »Candomble« aussprach, wußte ich, was er meinte: Es war Zeit für uns, zum Kern der Sache vorzustoßen. Jahrelang hatten wir gewissenhaft den Fäden nachgespürt, die zwischen der Welt der Lebenden und der Toten verliefen und beide Welten miteinander verwoben. Es schien jetzt an der Zeit, sich von der einen in die andere zu stürzen und mit den Egun bei ihrer alljährlichen Wiederkehr zusammenzutreffen.

Die Reise war fürchterlich. Alles ging schief. Als ich in Rio landete, verkündete Präsident Bush gerade den Beginn des Golfkrieges, und infolge der verschärften Sicherheitskontrollen ging mein Gepäck verloren.

Verloren waren auch unsere Candomble-Kontakte, die wir so lange gepflegt, so sorgfältig gehegt hatten: Alle einschlägigen Bekannten hatten irgendwelche Unfälle erlitten und waren außerstande, uns zu begleiten. Auch im Hotel lief alles verkehrt. Edmundo und ich wurden krank; es regnete ständig, Tag für Tag, Stunde um Stunde – alles hatte sich gegen unser Vorhaben verschworen, die Insel vor der Küste, wo die Toten zu den Lebenden zurückkehrten, zu besuchen.

»Versteh doch, Sukie«, sagte mein weltläufiger Kollege, »der Nachtod steht einem nicht einfach offen. Die Reise selbst ist Teil der Schranke zwischen den Welten. Nur Geduld. Wir werden hinkommen. Oder auch nicht.«

Typisch brasilianisch in seiner Doppelsinnigkeit: Zuversicht weckend und Zweifel säend.

All unsere Pläne schlugen fehl, aber durch eine Reihe außergewöhnlicher Zufälle fanden wir trotzdem eine Fahrgelegenheit zur Insel. Dort angekommen, suchten wir, wie man uns geheißen hatte, nach dem Häuptling. Man hatte uns gesagt, es sei entscheidend, daß wir, ein Fremder und eine Ausländerin, ihn fänden und uns bei ihm vorstellten. Ich war ein wenig beklommen, aber der Häuptling, ein riesig großer Mann, empfing uns mit offenen Armen und sagte: »Wir wußten, daß Sie kommen. Sie werden auf dem *terreiroi* erwartet.«

»Der heilige Platz«, übersetzte Edmundo flüsternd für mich, wobei ich ihm ansah, daß er ebenso wie ich der Ansicht war, dem unerwarteten Entgegenkommen des Oberhaupts liege eine Verwechslung zugrunde.

Der Häuptling führte uns zu einer primitiven Hütte, die aber nur sieben Meter vom Tempel entfernt stand und ohne Frage ein besonderer Ort war. »Verlassen Sie nicht die Hütte«, warnte er uns. »Die Egun sind überall und auch die Aparaca – die Geister der Vorhölle, die ihre Qual herausschreien. Seien Sie vorsichtig! Gehen sie nur in Begleitung eines Eingeweihten. Wir kommen und holen Sie, wenn es soweit ist.«

Als die Sonne unterging, kamen mir in unserer kleinen Hütte Zweifel, ob es klug gewesen war, hierherzukommen. Wir saßen gefangen auf heiligem Terrain, ganz allein in einer Hütte mit Lehmboden, ohne Einrichtung, ohne Toilette. Ich machte mir Vorwürfe. Immer wenn ich mir ein Ziel in den Kopf setzte, vergaß ich alle Vorsicht. Schließlich war ich noch krank, und in dieser Hütte gab es nicht einmal einen versteckten Winkel, in den ich mich zurückziehen konnte.

Plötzlich kamen mir all die Warnungen in den Sinn, die ich mit New Yorker Bedenkenlosigkeit vom Tisch gewischt hatte. »Laß niemanden von deinem Wasser trinken! Sie werden dein Wasser wollen.« und »Laß dich nicht auf Blutopfer ein! Sie wollen, daß du Blutopfer bringst!« Die Unheimlichkeit unseres Vorhabens, Schattenbildern der Toten nachzuspüren, kam mir jetzt erst voll zu Bewußtsein. Ich war krank, müde, weit weg von zu Hause, auf dem Berggipfel einer Insel – und auf einem heiligen Terrain, von dem es kein Entrinnen gab.

Aber es blieb mir nicht viel Zeit für Befürchtungen. Es wurde dunkel, die Sterne begannen zu schimmern, und dann kamen Eingeweihte, die uns in den heißen, überfüllten, nach Urin riechenden Tempel führten, wo es zwei Kalkgruben-Toiletten gab – eine für Männer, eine für Frauen (das Ritual würde achtundvierzig Stunden dauern) – und wo bereits ein unablässiges Trommeln im Gange war. Säuglinge wurden, sobald sie quengelten, über die Köpfe hinweg von Hand zu Hand gereicht; wenn sie allerdings bei mir ankamen, was oft genug vorkam, weil ich auf der Frauenseite des Raumes stand, fingen sie peinlicherweise immer zu schreien an. Die Trommeln wechselten den Rhythmus, als zwei junge Männer hereingeführt wurden, bedeckt mit dem Blut und den Federn der lebenden Hühner, die der Häuptling noch kurz zuvor im ganzen Raum herumgeschwenkt hatte.

Überwältigt vom Übermaß der fremdartigen Eindrücke – Edmundo befand sich auf der Männerseite und stand hinter einer Säule verborgen –, richtete ich mein Augenmerk auf die Kinder. Die Säuglinge waren zwar auf der Frauenseite in sicherer Obhut, aber die älteren Kinder hielten sich allein, ohne elterliche Aufsicht, in einer Gruppe direkt vorne auf, wo die Rituale vor sich gehen sollten. Sie schienen sich bestens zu amüsieren, aber ich fragte mich besorgt: Was haben die Kinder hier beim Fest der Wiederkehr der Toten zu suchen?

Das Trommeln dröhnte mir im Kopf. Der Blutgeruch mischte sich mit dem Uringestank und dem Schweiß. Die Hitze, die von den vielen Menschen ausstrahlte und sich rasch aufstaute, weckte in mir Sehnsucht nach der primitiven Hütte.

Plötzlich flog die zugesperrte Doppeltür an der Rückseite des Tempels auf, und eine große Gestalt kam hereingewirbelt. Ein kreisendes, kopfloses Gewand, vielfarbig wie Josephs Rock – ein Gewand, das jeden, der es anrührte, verbrannte, wie mir versichert wurde –, schwebte singend und polternd und psalmodierend durch die weißgekleideten Eingeweihten, bis es hüpfend und pirouettierend vorne angekommen war.

Es war ein Egun, ein Ahn, ein Toter. Und es war überwältigend!

Ich stand mit offenem Mund da, unwillkürlich kamen mir die Tränen, und ich beobachtete die Kinder, die aufstanden, in die Hände klatschten und eine Art Begrüßungslied sangen. Eine erregende Spannung baute sich zwischen dem Egun und der Menge im Saal auf, während die Eingeweihten mit eigens dafür bestimmten Stöcken den Geist bedrängten, indem sie rhythmisch auf den Boden klopften, bis das Trommeln im Inferno der Stockschläge unterging. Gehetzt floh der Egun zurück in die Nacht, aber kaum war er fort, da wirbelte schon ein anderer herein.

Die ganze Nacht über kreiselten die schönsten und großartigsten Geschöpfe – magische, farbenfrohe, kopflose tanzende Gestalten – durch den Tempel, während die Menge rhythmisch klatschte und mit den Stöcken klapperte. Meine Zurückhaltung, meine Nervosität, meine Abneigung gegen die Hitze, die Gerüche und die Geräusche – das alles war mit dem Erscheinen des ersten Egun verflogen. Ins Nachtod-Erleben versetzt, wurde mir diese Nacht zu einem unvergeßlichen Erlebnis.

Seit Jahren forschte, las und reiste ich, befragte ich Leute, sammelte und verwertete ich Informationen. In der Nacht der Wiederkehr der Toten brachen in meinem Kopf die festgefügten Schranken zwischen Wirklich und Unwirklich, Faktum und Fiktion, Wahrnehmung und Halluzination unter dem Ansturm von Geräuschen, Gesichtseindrücken, Gerüchen und Rhythmen zusammen. Und plötzlich ließ mich die Kraft meiner eigenen vitalen Imagination – eine Kraft, die mich mit den fremden Menschen auf dieser Insel verband und die ich während meines Lebens in New York nie in so bewußter Form erfahren hatte – in die Menge aus Lebenden und Toten eintauchen.

Zwischen Staunen und Freude hin- und hergeworfen, klatschte ich mit den anderen in die Hände, lachte mit ihnen, freute mich mit ihnen über die Rückkehr der großartigen, farbenfrohen, eindrucksvollen, unglaublich vitalen, energiegeladenen Toten.

Im Morgengrauen, als das Licht durch die Ritzen der dicht verhängten Fenster und Türen des Tempels hereindrang, bewegte sich die Menge langsam nach draußen. Die Sonne ging gerade auf, während der Mond im Begriff stand, unterzugehen. Beide standen am Himmel; die kühle Luft duftete süß. Jemand forderte uns auf, zu warten – etwas Besonderes sollte geschehen. War das Wunderbare, das passiert war, noch steigerungsfähig? fragte ich mich, aber dann sah ich es. Unter uns auf der Wiese standen alle Egun in einer Gruppe beisammen. Ich zählte sechzehn, aber sie tanzten und drehten sich noch immer; deshalb weiß ich nicht, ob die Zahl stimmt.

Jetzt bemerkte ich, daß in ihre Gewänder kleine Spiegel eingesetzt waren, die das Licht reflektierten. Die Eingeweihten umringten die Egun von Zeit zu Zeit, wachsam und mit den Stöcken klopfend, um die Trennlinie zwischen den Lebenden und den Toten zu bekräftigen.

Dann brach ein Egun aus! Er war der neueste, wie mir jemand erzählte, und noch sehr verspielt. (Alle Egun sind männlichen Geschlechts – wenn Frauen sterben, kehren sie in die Natur zurück, und das gilt auch für die meisten Männer. Nur einige Männer schaffen es, zu Ahnen zu werden.) Übermütig wie ein junges Hündchen rannte und sprang der neue Egun auf die Menge zu, die Glöckchen an seinem Gewand bimmelten. Er lief schnell, aber die Eingeweihten holten ihn ein, ehe er die Menge erreichte, und führten ihn zurück zur Wiese. Tanzend verschwanden die Egun hinter dem Tempel. Die Sonne war nun aufgegangen und der Mond verschwunden.

Das Ritual dauerte noch einen weiteren Tag. Eine Ziege, die wir am Eingang zum *terreiroi* gesehen hatten, wurde in den Nachtod-Bereich geführt, geschlachtet, zubereitet und beim großen mittäglichen Picknick verteilt. Nach einer Verdauungspause gingen wir wieder in den Tempel, um dort eine weitere Nacht des Wiedersehens zu verbringen.

Am Tag darauf kehrten Edmundo und ich, noch ganz

benommen von dem Erlebnis, aufs Festland zurück; anschließend flog ich nach Hause. Jahrelang bemühten wir uns erfolglos um eine Wiederholung unseres Besuches. Aber wo immer ich hinging, stets begleiteten mich die Erinnerungen an jene zwei denkwürdigen Tage.

Fünf Jahre danach kam ich von einer langen Reise, auf der ich vor allem in östlichen Regionen Informationen und Bildmaterial über das Nachtod-Erleben gesammelt hatte, mit einer rasenden Viruserkrankung nach Hause zurück. Ich fühlte mich erbärmlich – mit 39 Grad Fieber und der ganzen Palette der Grippesymptome. Aber die behagliche Nacht im eigenen Bett, die ich mir während des langen Fluges so sehnsüchtig ausgemalt hatte, sollte mir versagt bleiben – jedenfalls fürs erste.

Bei der Rückkehr stellte ich fest, daß meine Mutter todkrank war und dringend ins Krankenhaus mußte. Als Arzttochter wußte ich, was zu tun war, und veranlaßte auch alles Nötige, während mich das Fieber schüttelte und beutelte. Aber kaum lag meine chronisch kranke einundachtzigjährige Mutter Krankenhaus, erlitt sie einen Herzanfall. Ihr Zustand war äußerst problematisch.

Da ich die Grippe hatte, während meine Mutter von ihrer reaktivierten Tuberkulose heimgesucht wurde, war an eine Nachtwache am Krankenbett nicht zu denken. Ich war ansteckend und mußte nach Hause. Endlich durfte ich alle viere von mir strecken.

Nach einem Bad schleppte ich mich von Schüttelfrost geplagt ins Bett. Ich sank in die Kissen, wie ich es mir im Flugzeug in aller Ausführlichkeit ausgemalt hatte. Schlaf, köstlicher Schlaf umfing mich, und ich glitt hinüber.

Trommeln weckten mich. Ich richtete mich verärgert auf und lauschte.

Trommeln. Der verdammte Kerl von nebenan, entschied ich und raffte mich auf, um an die Wand zu wummern. Meine Faust hatte die Wand fast erreicht, als ich genauer hinhörte. Das Trommeln fand bei mir im Wohnzimmer statt, und außerdem *kannte* ich es. Es war das Trommeln, das ich auf der Insel in der Nacht der Wiederkehr der Toten gehört hatte. Es kam nicht aus der Nachbarwohnung. Es kam aus meinem eigenen Wohnzimmer.

Während ich mich verwirrt fragte, wer in meine Wohnung eingedrungen war, zwang ich mich, aufzustehen, und schleppte mich in die Richtung, aus der das Trommelgeräusch kam.

Im Wohnzimmer fand ich alle, *wirklich alle*, Lebende *und* Tote, vor, die auf der fernen Insel den Tempel gefüllt hatten und die jetzt in meinem eigenen Zuhause tanzten und mich begrüßten. Alle waren gekommen, und alle lächelten – so, als wären wir uns schon immer auf diese Weise begegnet und als sei jeder von ihnen froh, mich zu sehen. Niemand redete, alle lächelten, und die Trommler trommelten.

Luis war da, ein Mann, der sich mit uns auf der Insel angefreundet und uns von den Aparaca erzählt hatte, den unglücklichen, kreischenden Geistern, in deren Begleitung die Egun eintreffen. Er trug die weiße Kleidung der Eingeweihten und hielt den Stock in der Hand, um die Geister abzuwehren und die Grenze zwischen den Lebenden und den Toten sinnfällig zu markieren.

Christina stand in meiner Küche und kochte für die Versammlung, geradeso wie auf der Insel. Ein rätselhaft verlockender Duft wehte mich an, und ich staunte.

Ein anderes vertrautes Gesicht lächelte mich aus dem Sessel an; auch am Bücherregal stand ein alter Bekannter. Bier floß reichlich (ich habe kein Bier im Haus), ich hörte die Toilettenspülung, und Kinder spielten Fangen um den Kaffeetisch. »Alles wird gut werden«, sagte Luciano, der sich in der Hütte am Tempel lange mit uns unterhalten hatte. Er hatte uns erzählt, daß die Egun bei seiner Taufe erschienen und mit ihm davongerannt waren, zur Bestürzung der Tempelbesucher. Später erfuhren wir, daß Luciano als Säugling sehr krank gewesen war und die Egun ihn entführten, um ihn zu heilen.

Sergio gab mir als erster von dem Essen, das in meiner Küche zubereitet worden war, aber das Gedränge, der Rauch, der süßliche Geruch, der mein Wohnzimmer erfüllte, waren plötzlich zuviel für mich, und ich stürzte hinaus. Eine bunte, kopflose, murmelnde Gestalt folgte mir – ein Egun! Ich paßte auf, daß ich mit seinen Gewändern nicht in Berührung kam. Ich blieb stehen, fühlte mich zutiefst geehrt und war überwältigt von Dankbarkeit für seinen Besuch.

»Sukie, du halluzinierst«, sagte ich, die Arzttochter, Psychotherapeutin und New Yorker Skeptikerin, während ich mich vor diesem magischen, fremdartigen Wesen verneigte. »Geh ins Bett zurück, nimm ein paar Aspirin und schlaf wieder ein.«

Mitten in diesem Trubel rief Edmundo an – in Brasilien war es sechs Uhr morgens. Seine Frau hatte eine Fehlgeburt gehabt.

Dann meldete sich das Krankenhaus. Meine Mutter hatte einen zweiten Herzanfall erlitten. Da ich nach wie vor nicht an ihr Bett durfte, kehrte ich traurig in meines zurück.

Das Trommeln ging weiter, und ich merkte, daß mich gegen alle Wahrscheinlichkeit eine tiefe Ruhe überkam – mit dem Gefühl des Geehrtseins und des Trostes, das jene fremdartigen Wesen aus dem Jenseits in mir hinterließen.

Fragen schossen mir durch den Kopf, während ich mich im Bett dem Trommelrhythmus überließ:

– Würde meine Mutter, die im Sterben lag, mit ihrem Tod für immer verschwinden? Die Antwort präsentierte sich mir ebenso greifbar wie die bunten Gestalten in meinem Wohnzimmer: Nein, dachte ich, sie wird einfach »hinüberwechseln«, nur vielleicht ein wenig dauerhafter.

– Wenn es plötzlich mit mir zu Ende ginge, wäre das eine so große Tragödie? Auch hier schien meine Haltung gegenüber dem Tod dank dem bunten Treiben in meinem Wohnzimmer versöhnlicher geworden zu sein. Ich spürte das vielfältig verflochtene Miteinander der Lebenden und der Toten, in der Fieberhitze hatten die gewohnten Barrieren zwischen Leben und Tod keine Bedeutung mehr.

Was ging in dieser Nacht in meiner Wohnung vor? Träumte ich? Phantasierte ich? Halluzinierte ich? Meine Antwort lautet: Ich imaginierte. Mehrere Umstände – Erschöpfung, hohes Fieber, die Angst um meine Mutter – alles zusammen bildete einen klassischen Auslöser für meine vitale Imagination, für die Fähigkeit meiner Psyche, einen anderen Realitätsbereich nicht nur sichtbar werden zu lassen, sondern auch zu erleben.

Aus meinen Forschungen wußte ich, daß viele Menschen einen Zugang zu dieser anderen Wirklichkeit haben. Schamanistische Rituale, Kulte, geistige Landkarten der Nachtod-Sphäre und Berichte von den Bewohnern jener Sphäre – alles fügte sich ohne weiteres in den Alltag ein. Für viele Menschen ist die Nachtod-Sphäre ebenso wirklich vorhanden wie eine Stadt auf dem diesseitigen Globus. Sie leben in einer umfassenderen Wirklichkeit und nicht nur in dem Teil der Welt, den man mit den Augen sehen kann.

Eine wachsende Zahl von Büchern berichtet nicht nur von der Existenz dieser anderen Wirklichkeit, sondern untersucht auch die seltene, aber machtvolle Fähigkeit, sie zu erfassen. »Das Abenteuer des Entdeckens liegt nicht darin, daß man neue Aussichten sucht, sondern mit neuen Augen schaut«, schrieb Marcel Proust.

Zentral für diese Untersuchungen ist das Werk des französischen Gelehrten und Schülers der islamischen Mystik Henry Corbin. Corbin führte die Unterscheidung zwischen einem imaginierten Bereich und einem, wie er es nannte, *imaginalen* ein.

In den Bereich der Imagination dürfte etwa die Vorstellung gehören, die Sie beim Lesen meiner Schilderung der Egun empfangen haben. Der *imaginale* Bereich hingegen ist eine Wirklichkeit, die nicht nur mit den fünf Sinnen erfaßt wird, sondern auch mit einer hochgradig empfänglich gemachten, transformierten Einbildungskraft, die in sich und von sich aus als ein Wahrnehmungsorgan funktioniert.[1] Mit anderen Worten, sie ist keine Phantasie, kein Traum, keine Halluzination, sondern die Wahrnehmung eines normalerweise dem Blick unzugänglichen Aspekts einer umfassenderen Wirklichkeit.

Corbins Gedanken wurden vielfach aufgegriffen, weiterentwickelt und mit dem eigenen Denken verknüpft. Und nach allgemeiner Annahme ist diese Fähigkeit, das Verborgene zu erfassen, identisch mit den Kräften der Schamanen, wenn sie nach intensiver Schulung imstande sind, die Schranken der Alltagserfahrung zu überschreiten.

Kenneth Ring zum Beispiel bringt den Wechsel in einen anderen Wirklichkeitsaspekt auch mit den Sterbeerlebnissen in Verbindung, von denen Menschen berichten.[2] Für ihn sind die Wahrnehmung eines großen Lichtscheins, der Tunnel und das Wiedersehen mit geliebten Menschen die gleiche Art von Erfahrung, wie sie die Schamanen machen, die den Alltag transzendieren und ins Unsichtbare eintreten – auch wenn die Inhalte durchaus nicht dieselben sein müssen.

Die exakten Wissenschaften bekunden ebenfalls Interesse an der imaginalen Welt, jedenfalls dort, wo sich ihre Vertreter in die Grenzbereiche vorwagen. Der Physiker Michael Talbot äußert sich in seinem Buch ›The Holographic Universe‹[3] zu Corbins Werk und bezeichnet das Imaginale als Niemandsland; auch der Physiker Fred Alan Wolf verwendet den Begriff des Imaginalen in seinem Buch ›Die Physik der Träume‹.[4]

Auch für manche Schriftsteller der westlichen Tradition ist visionäres Erleben gleichbedeutend mit dieser außerordentlichen Wahrnehmungsfähigkeit. Samuel Taylor Coleridge und William Blake sind zwei Dichter, die andere, verborgene Welten geschildert haben. Gewisse bewußtseinsverändernde

Drogen, egal, ob sie in spiritueller Absicht oder aus Abenteuerlust genommen werden, weisen auf einen ebensolchen Durchbruch; Terence McKenna, von dem später noch die Rede sein wird, beschreibt mit Psychopharmaka erzeugte Bewußtseinszustände wie Nachtod-Erlebnisse.

All diese vielfältigen Zeugnisse schildern, wie man in die Tiefe der Alltagswirklichkeit – oder über sie hinaus oder hinter sie oder durch sie hindurch – gelangen kann. Am wichtigsten aber ist nicht, *wo* diese andere Welt geortet wird, sondern *daß* es sie gibt: Sie ist wirklich, sie hat Gestalt und Ausdehnung, und vor allem ist sie bewohnt.

Die imaginalen Wesen, denen ich in jener Fiebernacht begegnete, waren die Egun. Sowohl mein Vermögen, sie zu sehen, als auch ihre Gegenwart selbst waren Aspekte der vitalen Imagination.

Für viele Stammesvölker sind diese imaginalen Welten so real und letztlich so zuverlässig erreichbar wie Bestimmungsorte auf einer Flugroute. Sie mögen unsichtbar sein, aber dennoch sind sie ein bekannter Teil des Ganzen und werden als gegeben angesehen. Dem können wir entnehmen, daß man kein Schamane sein, keine Sterbeerlebnisse haben, nicht über eine besondere Begabung verfügen muß, um das Phänomen der vitalen Imagination zu erleben. Ich möchte behaupten, daß sämtliche Menschen diese Fähigkeit besitzen.

Die vitale Imagination ist gleichermaßen Mittel und Zweck. Wir zehren von ihr sowohl in unserer alltäglichen Existenz als auch dann, wenn wir in andere Bereiche vorstoßen. Die vitale Imagination ist deshalb so zu definieren, weil sie keine Grenzziehungen kennt. Sie ist weder das eine noch das andere, sie ist beides: Gefäß und Inhalt, Flugzeug und Bestimmungsort, Hammer, Nägel und Haus. Sie wirkt in uns und um uns herum.

Was also *geschah wirklich* in jener Nacht in meinem Wohnzimmer?

Ich habe keinen Zweifel: Meine vitale Imagination war ausgelöst worden, und ich hatte die normalen Schranken der Wahrnehmung durchbrochen. Meist sind es Extrembedingungen, die solche Durchbrüche bewirken. Schamanen und Mystiker stellen diese Bedingungen häufig durch Rituale her, andere bedienen sich möglicherweise bewußtseinsverändernder Drogen. Sterbeerlebnisse oder ähnliche Traumata führen ebenfalls, wenn auch unfreiwillig, zur Grenzüberschreitung. Bei mir war es das hochentzündliche Gemisch aus Erschöpfung, Krankheit und Besorgnis, das die vitale Imagination auf den Plan rief. Aber es gab auch noch mehr, was dazu beitrug, daß ich Zugang zu ihr erlangte: Ich sehnte mich nach Wissen, verzehrte mich danach, das Unbekannte, Unklare, Geheimnisvolle zu erleben. Dieses Verlangen verstärkte meine Fähigkeit, zur Grenze vorzustoßen.

Die Erlebnisse, zu denen die vitale Imagination uns verhilft, müssen nicht unbedingt so dramatisch und extrem sein wie meine mitternächtliche Heimsuchung. Es gibt Durchbruchsmomente, die so subtil und eindringlich sind wie ein Tanz, so natürlich wie der Wind. Die Wirkungen dieser Momente lassen sich nicht messen, aber wer sie beiseite wischt, ohne ihre Eigenart zu würdigen, dem entgeht der Hauch des Außerordentlichen, den sie dem Alltag verleihen.

RUTH

Ruth, eine Witwe, zählte achtundsechzig Jahre, als wir mit unserer gemeinsamen Arbeit begannen. Sie kam zu mir, nachdem man bei ihr eine chronisch-lymphatische Leukämie (CLL) festgestellt hatte. Wie bei Karzinomen häufig der Fall, nimmt CLL einen langsamen Verlauf; die Ärzte sagten Ruth, in ihrem Alter bestehe eine hohe Wahrscheinlichkeit, daß sie an etwas anderem sterben werde. Aber mit CLL zu leben ist nicht leicht: Ruths Haut wurde dünn und blutete leicht und nach einigen Jahren der Behandlung mit zahlreichen toxischen Präparaten hatte sie an Vitalität eingebüßt. Schließlich brauchte sie häufig Bluttransfusionen.

Ruth war nie zuvor krank gewesen und empfand den Zustand als emotional peinigend und äußerst furchteinflößend. Sie kam aus einer Familie, die Krankheit für selbstverschuldet hielt und die der Überzeugung war, wenn jemand erkranke, dann deshalb, weil er nicht ordentlich auf sich aufgepaßt habe. Ruth hatte sich auf ihre Fähigkeit etwas zugute gehalten, ordentlich auf sich aufzupassen. Dieses Bewußtsein stärkte ihr den Rücken. In ihren Augen war Krankheit fast eine moralische Schwäche; das vergrößerte ihren Leidensdruck noch.

Früher hatte man Ruth häufig für jünger gehalten, und sie war stolz auf ihr Aussehen und ihre Vitalität. Jetzt, da die Krankheit ihr zusetzte, wirkte sie älter als ihre Altersgenossinnen. Zum ersten Mal sah sie sich mit der Realität des Altwerdens konfrontiert. Sie war verstört und tief verängstigt. So kam sie in die Therapie.

Ruth setzte alles daran, ihr Leben so weiterzuführen, wie sie es vor der Diagnose geführt hatte. Im Laufe der Jahre wurden die Transfusionen häufiger, und ihre Haut blutete so leicht, daß ihre Kleider oft blutbefleckt waren, wo die Haut sich an einem Saum gerieben hatte. Trotzdem wollte sie leben wie immer – ins Theater gehen, Freunde treffen, einkaufen, kochen und sich amüsieren. Sie wollte um jeden Preis »normal« bleiben, Herrin über ihr Aussehen und ihr Leben sein. Alles andere war undenkbar. Während sie um die Bewahrung ihrer Normalität kämpfte, wurde ihr Verhalten zwangsläufig ritualistischer.

Unsere Sitzungen hatten im wesentlichen Stützfunktion. Es sah eher so aus, als würden wir plaudern, als daß wir wie Patientin und Therapeutin auf der Suche nach tieferen Einsichten oder Offenbarungen gewirkt hätten. Ruth ging ihrem Leben nicht auf den Grund; es fiel ihr auch nicht leicht, Vertrauen zu anderen zu fassen. Nachdem ich ihr viele Stunden lang zugehört hatte, wurde ich für sie die vertraute Freundin, die sie nie gehabt hatte, und sie kam jahrelang jede Woche, zwischen ihrem Friseurtermin und dem Abendessen mit »den Mädels«. Ich hörte ihr zu, während sie auf der Oberfläche ihres Lebens dahinglitt.

Dann eines Tages rief Ruth an und wollte einen Extratermin – was sie noch nie zuvor getan hatte. Ich war gespannt, was sie auf dem Herzen hatte. Wie ich bald herausfand, war der Anlaß ein Erlebnis der vitalen Imagination.

Ruth war zur Post gegangen, um ein paar Briefe aufzugeben. Während sie in der Schlange wartete, »veränderte sich alles«. Sie erzählte: »Ein starkes Gefühl überkam mich, und plötzlich verloren die Leute ihre Gesichter und ihre unterschiedliche Kleidung und wurden alle gleich, wie formlose Kleckse. Mir war schwach, weil ich noch nichts gegessen hatte. Ich hatte gerade eine neue Medizin geschluckt, die auf nüchternen Magen eingenommen werden mußte, und ich fühlte mich so merkwürdig, daß ich aus der Reihe trat und mich an eine Wand lehnte. Ich überblickte den ganzen Schaltersaal, und während ich mich ausruhte, kehrten die Dinge entgegen meiner Erwartung nicht wieder in ihren Normalzustand zurück. Statt dessen standen die Menschen – oder sollte ich sagen die Kleckse –, die ich sehen konnte, alle irgendwie in Zusammenhang miteinander. Ihre Bewegungen verbanden sich zu einer Art Ballett, aber es war ein ausgewogenes Ballett.«

»Was ist ein ausgewogenes Ballett«, fragte ich fasziniert.

Als wäre es das Selbstverständlichste der Welt, erklärte sie mir: Wenn eine Person – oder besser, ein Kleckswesen – auf der einen Seite des Raumes eine Bewegung mache, dann mache jemand auf der anderen Seite eine perfekt entgegengesetzte Bewegung.

»Während ich zuschaute«, berichtete Ruth, »sah ich, daß es eigentlich gar keine willkürlichen Bewegungen gab, keine Bewegungen, die nicht mit anderen Bewegungen korrespondierten. Das ganze Postamt pulsierte, agierte, hing zusammen, als bewegte es sich im Takt einer Musik, die ich nicht hören konnte. Jemand verließ eine Reihe, und ein anderer an einer anderen Stelle im Postamt reihte sich ein; jemand ging hinaus, und ein anderer trat ein; ein Angestellter war unhöflich, ein anderer war die Hilfsbereitschaft in Person. Und immer wenn man den dumpfen Ton der Stempelapparate hörte, hielten alle für den Bruchteil einer Sekunde – ich konnte den Bruchteil *sehen* – in ihren Bewegungen inne und machten dann weiter. Ich dachte, ich sei vielleicht verrückt geworden und würde da nie mehr rauskommen. Dann winkte mir jemand zu, ein Klecksmensch, der an der gegenüberliegenden Wand lehnte, und da wußte ich, daß ich wieder zu mir kommen würde. Was ist passiert, Sukie? Fehlt mir was?«

Ich hörte verblüfft und hingerissen zu. Unter all meinen Patienten hatte ich Ruth am wenigsten zugetraut, daß sie mit ihrer gehemmten, beherrschten Art einen Durchbruch schaffen würde. Nachdem wir eine Weile darüber geredet hatten, erinnerte sich Ruth an das neue Medikament und wies ihm sogleich eine ursächliche Rolle zu.

In Frageform entschied sie: »Es war das Medikament, oder? Ich war betäubt.« Die Formulierung sprach ihren Sinn für Normalität an. Jeder wußte, daß manche Medikamente benommen machten.

»Ja«, antwortete ich, »das glaube ich auch, aber nicht so, wie Sie meinen. Das Medikament war vielleicht der Auslöser, aber nicht die Ursache des Geschehens. Ich denke, das Medikament machte das Erlebnis möglich.«

Michael Murphy, Autor des Buches ›The Transformation of the Body‹ spricht von der »Imagination, die fähig ist, Schleier zu lüften«. Mit Hilfe dieses Bildes erklärte ich Ruth die vitale Imagination.

»Dann war es wirklich? Ich habe tatsächlich etwas *Wirkliches* erlebt?«

»Sie haben es erlebt – oder etwa nicht?« gab ich zur Antwort.

»Ja«, sagte sie sinnend. »Allerdings. Ich ging sogar am nächsten Tag noch einmal hin, aber das Postamt war wieder das alte: übelriechend, schmutzig, voller Gesindel – das Übliche.

Ich konnte nicht glauben, daß ich dort tags zuvor ein wunderbares Ballett erlebt hatte.«

»Tags zuvor«, sagte ich, »hatte die vitale Imagination für Sie den Schleier gelüftet. Aber danach war wieder alles normal. Ihr Körper hatte sich an das neue Medikament gewöhnt. Sagen wir, alles war wie gewohnt, das find ich besser als den Ausdruck ›normal‹, wagte ich mich vor. »Was ›normal‹ bedeutet, ist heutzutage nicht mehr leicht zu definieren.«

»Hm«, sagte sie nachdenklich; unsere Sitzung war zu Ende.

In den folgenden Jahren verlor Ruth an »Normalität«. Sie sprach nicht mehr über ihr Erlebnis, aber sie vergaß es nicht; wie andere Menschen mit ähnlichen Erlebnissen war sie irgendwie verändert. Sie fing an, sich für unkonventionelle Kunst und dann für avantgardistische Kunst und schließlich sogar für Performance-Kunst zu interessieren. Sie befreundete sich mit Leuten, die sie als kreativ bezeichnete – mit Künstlern und Designern; sie verlor ihre Starrheit und ihre Ängstlichkeit. Schließlich starb sie und war, wie sie mir erzählte, voller Erwartung, wohin ihre vitale Imagination sie als nächstes führen würde.

Die vitale Imagination hält mehr Gaben bereit als nur ein reicheres Erleben. Jeder, der auch nur für einen Moment die Grenze überschreitet, kann auf Offenbarungen hoffen.

NORMAN

Mein Patient Norman war nach Kalifornien gezogen, um an der Stanford School of Medicine eine Lehrtätigkeit zu übernehmen. Als er zu Weihnachten nach New York kam, erzählte er mir folgende Geschichte. Fasziniert von der Wildheit und dem üppigen Grün der Landschaft, die sich von der Hochschule bis zum Ozean erstreckte, war er an einem Samstag in die Berge gefahren, hatte sein Auto an der Straße abgestellt und war kurzerhand in den Wald gegangen.

Während er mir die Geschichte erzählte, mußte er lächeln und konnte nur den Kopf über sich schütteln. Wir waren uns einig, daß nur ein New Yorker so etwas Verrücktes fertigbrachte. Also wanderte er stundenlang geradeaus und hatte nichts weiter mit als eine leichte Jacke. Plötzlich merkte er, daß der Tag zur Neige ging; ihm wurde allmählich kalt. Er machte kehrt, aber je länger er lief, um so fremder kam ihm die Gegend vor.

Er schlug eine andere Richtung ein, weil er hoffte, so seinen Weg wiederzufinden, und weil er nicht zugeben wollte, daß er sich verlaufen hatte. Allmählich wuchs seine Angst. Er hatte niemandem gesagt, wohin er gefahren war. Es wurde langsam dunkel, und er war erschöpft. Er nahm alle Kräfte zusammen, kletterte auf einen dicht bewaldeten Bergrücken; ab und zu rief er laut, aber er hörte nichts als das Klopfen seines eigenen Herzens.

Als er den Kamm überschritt, sah er ein dicht bewaldetes Talbecken vor sich. Über dem Saum des Tales ging die Sonne unter. Er blieb stehen, schwitzend, erschöpft und verängstigt, und verfluchte seine Dummheit.

Dann passierte es.

»Plötzlich war ich nicht mehr allein. Ich wurde mir intensiv der Tausende und Abertausende von Bäumen um mich herum bewußt. Ihre Formen lösten sich allmählich auf, bis ich sehen konnte, was ich ihre ›Lebenskraft‹ nennen möchte. Sie waren nicht mehr einfach nur Bäume, sondern wogten, vibrierten und machten ein Geräusch, als summten sie. Sie waren immer noch Bäume, aber sie waren mehr als das.

Tiefer Friede kam über mich, und ich beschloß, mich unter eines dieser wunderbaren Wesen zu setzen. Wir alle sahen zusammen zu, wie die Sonne hinter dem Talsaum verschwand. Meine Gefühle machten mich fassungslos. Wie es sich für einen Arzt gehört, suchte ich gleich nach einer Beule auf meinem Kopf oder nach Blut an meinem Haar – vielleicht war ich gestürzt und erinnerte mich nicht daran, vielleicht hatte ich eine Gehirnerschütterung. Aber es gab keine Schwellung, kein Blut, und sogar mein Puls war normal.

Nach einer Weile kam eine Art Wind auf, und wir wiegten uns in ihm – was sonst? Was tut man im Wind, wenn nicht sich wiegen? So ungefähr war das Gefühl. Dabei wurde mir deutlich, daß wir in eine bestimmte Richtung schwangen, und ich begann dieser Richtung zu folgen. Aus einem unerklärlichen Grund war ich mir völlig gewiß, daß es die richtige Richtung war, und ich ging immer weiter – ohne Angst, obwohl es dunkel wurde. Schließlich trat ich aus dem Wald und fand mich auf der Straße wieder. Als ich mich umdrehte, waren die Bäume, wie sie vorher gewesen waren, groß, grün und fremd.«

»Wie erstaunlich«, sagte ich in die lichtdurchflutete Stille, die uns umgab.

»Und mein Wagen parkte etwa fünfundzwanzig Meter rechts von mir«, fiel ihm nachträglich noch ein.

Norman wußte, daß er sich die Sache nicht eingebildet, sondern wirklich erlebt hatte. Wie so viele hatte auch er für kurze Zeit das Gefühl gehabt, »irgendwo anders« zu sein, außerhalb der vertrauten Dimensionen von Raum und Zeit. Er drückte das so aus: »Es war, als hätte ich Zugang zu dem verborgenen Leben um mich herum gefunden.«

Wenn die vitale Imagination uns zum Nachtod-Erleben befähigt, dann verbindet uns das mit anderen, die ebenfalls dergleichen erlebt haben. Dieser Zugang und die Bereiche, die sich uns dadurch eröffnen, spenden uns Trost im Angesicht des Todes. Das Erlebnis der vitalen Imagination hat vielen Menschen die Zuversicht gegeben, daß Energie jenseits der Grenzen von Leben und Tod weiterexistieren kann. Das wirkt der Angst entgegen, wir könnten alle einfach verschwinden, wenn das Leben in der uns bekannten Weise endet.

In den Kulturen, in denen sich die vitale Imagination am freiesten entfaltet, ist der Tod nicht unbedingt eine Quelle des Schreckens. Die Menschen fürchten ihn nicht; oft sterben sie auf eine Weise, die sozialer, mitfühlender und heilsamer ist als das Sterben, das für unsere Kultur typisch geworden ist – ein Apparatealptraum, dessen Schauplatz das Krankenhaus ist.

Beim alljährlichen Tag der Toten veranstalten die Mexikaner auf Friedhöfen Picknicks und sogar Parties mit ihren toten Familienangehörigen und Freunden. Wie das Leben nach dem Tod weitergeht, wird mit Humor und Einfallsreichtum in den kleinen Skelettfiguren aus Ton dargestellt, die man überall antrifft. Die Skelette – manche mit Brille, manche mit Haar, manche pummelig, manche dünn – sind mit weltlichen Angelegenheiten wie Kochen, Baden, Schminken oder Sport beschäftigt. Figuren, die uns vielleicht grotesk oder morbide erscheinen, begleiten den Alltag der Mexikaner.

Ähnlich verhält es sich bei den Hindus. Häufig sieht man in den indischen Häusern Bildnisse der Göttin Kali, deren Beziehung zum Tod Ausdruck in ihrem schreckenerregenden Gesicht, ihren hängenden Brüsten und ihrem Halsband aus blutigen menschlichen Schädeln findet. In einem modernen westlichen Heim wären solche Kunstwerke undenkbar. Und doch gibt die Konfrontation mit solchen Bildern – Geschenken der vitalen Imagination – Gelegenheit, mit dem andernfalls Unbekannten vertraut zu werden. Aus der Begegnung mit der Göttin läßt sich Trost und Kraft gewinnen. Es überrascht deshalb nicht, daß für viele Hindus Kali zu den am meisten geliebten Gottheiten zählt.

Die vitale Imagination liefert uns unzählige Anschauungen vom Tod und vom Nachtod-Erleben. Eines meiner Lieblingsbeispiele stammt aus Nordjapan. An zwei Tagen im Jahr durchqueren verstorbene Kinder nach allgemeiner Überzeugung ein mit weißen Felsbrocken übersätes Tal, und während sie über die Felsbrocken gehen, verwandeln sich diese in Eierschalen. Die Eltern der toten Kinder versammeln sich am Ausgang des Tales und lassen sich von Blinden beraten, die als Medium dienen und gekommen sind, um die Kinder auf diesem letzten Weg zu begleiten. (Auch als Tote bleiben Kinder, was sie nun einmal sind, nämlich Kinder; deshalb trödeln sie lieber und wollen zwischen den Felsen spielen, statt ihren Weg zielstrebig fortzusetzen.) Die Eltern lassen Schuhe, Teddybären, Pullover und dergleichen im Tal zurück, damit ihre Kinder sich trösten können und es warm haben.

Als ich das vor Jahren das erste Mal las, hielt ich diese Dinge für symbolische Gaben, aber seit meiner Begegnung mit den Egun weiß ich, daß es sich um echte Geschenke handelt.

Um die Bilder und Vorstellungen in diesem Buch zu verstehen und aus ihnen Nutzen zu ziehen, muß man nicht bereits mittels vitaler Imagination verborgene Wirklichkeiten erlebt haben. Solche Erlebnisse sind selten, und die meisten gehen durchs Leben, ohne dieser Erfahrung je teilhaftig geworden zu sein.

Viele, wenn nicht die Mehrzahl derer, die in Mexiko auf den Gräbern der verstorbenen Familienangehörigen picknicken, haben die Beerdigten nicht drüben, auf der anderen Seite, besucht. Nicht jede Hindufamilie mit einem Bild von Kali im Haus ist der Göttin tatsächlich begegnet. Auch wenn vielen Menschen mit Hilfe von Ritualen und Rauschmitteln solche Durchbrüche gelingen, sind sie nicht unbedingt willentlich herbeigeführte Ereignisse; wen sie wie Ruth und Norman und mich selbst unverhofft treffen, dem geben sie mitsamt ihrer Bedeutung Rätsel auf.

Wir stehen in der Schuld all derer, die solche außerordentlichen Erlebnisse hatten und über sie berichtet haben. In den großen mythologischen, spirituellen und religiösen Bildwelten materialisiert sich vitale Imagination. Die visionäre Dichtung eines Blake, eines Dante und eines Coleridge zielt ins Herz dieser Mysterien.

Auch Mystiker und Menschen, die mit Psychopharmaka experimentierten, haben ihre Erlebnisse beschrieben. Wir können ihren Berichten die tröstliche Gewißheit entnehmen, daß es jene andere Welt gibt und daß sie auch uns zugänglich ist.

Aber ist es wirklich möglich, das Material, das die vitale Imagination anderer Menschen bietet, für sich selbst zu nutzen? Können Mythen und spirituelle Überlieferungen tatsächlich etwas bewirken?

VERN

Mit seinen zweiundsiebzig Jahren war mein Patient Vern ein höchst erfolgreicher Jazzmusiker. Er bezeichnete sich selbst als einen Mann der Tat und als »absolut bereit zu sterben, wenn es soweit ist«. Aber er kam in die Therapie, weil er seit Jahren regelmäßig von einem Alptraum heimgesucht wurde, in dem Ungeheuer »mir kreischend meinen Tod verkünden« und ihn in ein Grab stoßen wollen, auf dem bereits ein Grabstein mit seinem Namen steht.

Tagsüber schien Vern dem Tod unbekümmert ins Auge zu sehen und sein Leben im Griff zu haben. Aber in seinen Träumen stand er dem Problem des Alterns und des nahenden Todes weniger gleichgültig gegenüber. Der Alptraum verfolgte ihn seit seinem 65. Geburtstag; die nächtlichen Ängste und die Schlaflosigkeit, die daraus folgten, vergällten ihm das Leben.

Anfangs vermied es Vern, über den Traum, der ihn in meine Praxis geführt hatte, zu sprechen, und spielte nur indirekt auf ihn an, indem er betonte, wie müde und abgespannt er sei, wie dringend er seinen Nachmittagsschlaf brauche und so weiter. Als er dann aber schließlich zum Thema kam, fragte ich ihn, was nach seiner Ansicht mit ihm passieren werde, wenn er gestorben sei.

»Danach? Danach? Keine Ahnung!« erwiderte er in einem Ton, der mir zu verstehen gab, daß er meine Frage albern fand. »Es geht mir darum, was *jetzt* ist«, erklärte er. »Ich möchte einfach nur ein bißchen Schlaf finden.«

Ich hatte etwas für ihn zurechtgelegt, das Foto einer riesigen Statue des tibetanischen Gottes Yamantaka. Bei dieser klassischen Darstellung steht Yamantaka triumphierend auf einem Tier, das seinerseits einen Menschen besteigt. Der Gott ist ein Musterbild an Häßlichkeit und hat selbst den Kopf eines Tieres.

»Was halten Sie davon, wenn wir die eine Erscheinung durch die andere ersetzen?« fragte ich erwartungsvoll.

»Das ist ja noch schlimmer als mein Alptraum«, gab Vern zurück.

»Das ist eine Weisheitsfigur. Yama ist der Gott des Todes und Yamantaka ist der Überwinder der Todesangst. Er ist nicht der Tod selbst, sondern die Furcht vor dem Tod. Die Tibetaner glauben, daß man sich intensiv mit Yamantaka auseinandersetzen muß, sich an ihn gewöhnen und mit ihm vertraut werden muß, um die Todesangst zu überwinden und Seelenfrieden zu finden.«

Vern verfiel in ein langes Schweigen, was schon eine bemerkenswerte Verhaltensveränderung war. Dann sagte er mit einer ruhigen Stimme, die ganz anders klang als der scherzhafte Ton, den er sonst anschlug: »Wissen Sie, ich habe Sie angelogen. Tatsächlich habe ich schreckliche Angst vor dem Sterben.«

»Was Sie nicht sagen«, scherzte ich nun umgekehrt, weil ich wußte, daß Vern zuviel Ernsthaftigkeit nicht vertrug. »Meinen Sie, daß Sie der einzige sind?«

Während einer neuerlichen langen Pause hoffte ich, Vern werde über die tiefe Vereinsamung nachdenken, in die seine Ängste ihn getrieben hatten, und siehe da, meine Hoffnung wurde belohnt.

»Sie meinen, auch andere haben Angst vor dem Tod?« fragte mich mein ebenso vereinsamter wie extrovertierter Patient. »Es ist gar nichts so Außergewöhnliches?«

»Nein, es ist überhaupt nicht außergewöhnlich.«

»Und Sie glauben, daß die Angst vor dem Tod in meinen Träumen zum Ausdruck kommt?«

»Ich glaube, die Möglichkeit besteht.« Ich versuchte, möglichst sachlich zu klingen, um Vern nicht noch mehr zu befremden.

»Sie wollen also, daß ich mich mit diesem merkwürdigen tibetanischen Ding befasse«, lautete sein zutreffendes Fazit.

»Ein Versuch kann nicht schaden«, antwortete ich. »Ich glaube, es ist nützlich, zwischen dem Tod und der Angst vor ihm zu unterscheiden. Und dieser Gott besiegt die Angst. Nehmen Sie das Bild mit nach Hause, beschäftigen Sie sich damit und sehen Sie, was passiert.«

Vern nickte, steckte das Bild ein und wechselte sofort das Thema, indem er Witze über das New Yorker Verkehrschaos machte.

Das Nachdenken über den Gott Yamantaka, den Gott der Todesangst, half Vern tatsächlich. Er fand Trost darin, daß die tibetanische Kultur sich mit der Todesangst auseinandersetzte und ein Verfahren kannte, mit ihr fertig zu werden. Er stand mit seiner Todesangst nicht mehr allein, sondern teilte sie mit vielen anderen. Sie war kein befremdliches Gefühl mehr, das er vor sich und seinen Mitmenschen verbergen mußte. Obwohl Vern nicht Tag für Tag an Yamantaka dachte, wurden seine Alpträume bald seltener und verloren an Kraft. In den meisten Nächten konnte er ruhig schlafen.

Die folgenden Kapitel beschreiben die Reise, die wir nach dem Tod antreten, und ihre vier wesentlichen Etappen. Das ist eine Reise, die viele Menschen auf der Welt unternommen und aus der sie Kraft gezogen, die sie geschaut, geschildert und an der sie sich orientiert, von der sie uns schließlich Nachricht gegeben haben.

Der Dorfbewohner in Nigeria, der einer sterbenden Frau eine Schramme zufügt, damit man sie erkennt, wenn sie als Wiedergeborene zurückkehrt, der Hindu, der den Leichnam seiner Mutter im Ganges wäscht, die Frau in Mexiko, die am Tag der Toten das Picknick auf dem Friedhof vorbereitet, die Frau, die in New York im Krankenhaus liegt und erfährt, daß ihr nicht mehr zu helfen ist – all diese Menschen, wir alle, haben Zugang zur vitalen Imagination und können uns auf sie stützen.

ZWEITER TEIL

Die Erforschung des Danach

Die vier Stadien der Nachtod-Reise

3

Erstes Stadium: Warten

Ein Warteplatz – imaginiert

Sie hat nicht eigentlich gespürt, wie das Gewicht von ihr genommen wurde, aber plötzlich ist sie davon befreit – von dieser schrecklichen Bürde ihres kranken, schmerzgepeinigten Körpers, die so lange auf ihr gelastet hat. Jetzt spürt sie eine wachsende Leichtigkeit – sie ist die Leichtigkeit, und in untrennbarer Mischung fühlt sie Freude, Erleichterung und ein neuerwachtes Interesse an ihrer Umgebung.

Ah. Sie ist gestorben. Natürlich. Sie ist hinübergeglitten. Wenn sie sich dazu zwingt, an gerade erst vergangene Augenblicke zurückzudenken, hört sie ihren Mann und ihre Tochter, ganz von fern, wie sie flüstern, wie sie weinen. Obwohl sie ihren Körper schon verlassen hat, spürt sie, daß sie ihr abschiednehmend die Arme streicheln.

Sie ist nicht müde, aber ermattet. Zu gerne möchte sie wissen, aber ihr ist klar, daß sie genug Zeit haben wird, sich mit ihrer neuen Umgebung vertraut zu machen. Das Licht ist sanft und grau, eine Erholung von dem grellweißen Licht des Krankenhauszimmers, das sie viele Wochen lang genötigt hat, entweder die Augen geschlossen zu halten oder blinzelnd nach den Gesichtern ihrer geliebten Angehörigen zu suchen.

Um sie herum sind Stimmen, es tut sich etwas. Wenn sie wollte, könnte sie nachschauen. Aber sie ist sich gewiß, daß dafür noch genug Zeit ist.

»Ruh dich aus«, flüstern die Stimmen. »Du hast eine lange Reise hinter dir. Ruh dich nur aus.« Sie weiß nicht, ob sie die Worte wirklich hört oder ob es ihre innere Stimme ist, die da erklingt. Alles kommt ihr sehr vertraut vor; sogar das perlgraue, sanfte Licht ist vertraut.

Dann wird ihr klar: Es ist dasselbe Gefühl, das sie immer genoß, wenn sie sich nach einem schweren Arbeitstag in ihre Decke wickelte und auf der Couch ausstreckte. Das war die allabendliche Belohnung, die sie sich gönnte und nach der sie sich im Krankenhaus immer zurücksehnte. War es denn möglich, daß sie auf ihrer weichen, samtenen Couch gelandet war, bis zum Kinn eingemummelt in die Decke? Sie spürt, daß die Frage unsinnig ist und daß die Wesen, die sich um sie kümmern, ihr diesen Gedanken abnehmen wollen. »Ruh dich einfach aus«, sagen sie zu ihr oder denken sie ihr zu. »Sei einfach nur. Es ist für alles gesorgt.«

Man frage eine große Zahl von Leuten, die Angst vor dem Tod haben, worin genau ihre Angst besteht, und ihre Antwort wird wahrscheinlich lauten: »Es ist das Nichts, die Leere.«

Und doch beschreibt kein religiöses oder kulturelles System auf Erden die Nachtod-Sphäre als einen amorphen Klecks, ein Nichts. Ganz im Gegenteil: Diese Systeme erkennen und mildern den desorientierenden, angsterzeugenden Effekt der Leere, indem sie mehr oder minder ausführlich einen bestimmten *Ort* jenseits des Todes zur Vorstellung bringen, einschließlich landschaftlicher Gestaltung, Bewohner, Klima, Farben, Wege, Vergnügungen und Gefahren, kurz, das genaue Gegenteil des Nichts, das jene schreckt, die fürchten, daß »danach« nichts mehr kommt. So verschieden wie die Glaubensinhalte sind auch die Vorstellungen vom Nachtod, aber an Bestimmtheit fehlt es der Nachtod-Sphäre in keinem Fall.

In vielen Nachtod-Systemen ist die erste Station nach dem Eintritt des Todes ein Warteplatz. Nur wenige Darstellungen schildern die Reise von Anfang an als Strapaze. Es gibt in der

Tat welche, bei denen die Verstorbenen auf dem Rücken von Riesenvögeln durch den Kosmos sausen oder in die entlegensten Gefilde des Himmels katapultiert werden. Meist aber wird das Sterben als tiefgreifender Wandel und als Eintritt in eine neue Realität begriffen, der ein Innehalten, eine Wartezeit erfordert. Unser Mitarbeiter bei den Guarani-Indios in Brasilien zum Beispiel beschrieb den Übergang auf folgende Weise: »Wenn eine Seele an ihrem Bestimmungsort eintrifft, muß sie warten, bis Nhanderu die Tür öffnet. Vor der Tür ist der Warte- oder Rastplatz. Und wenn die Seele hineindarf, geht sie zuerst in das *opy* [Bethaus], wo sie in einer Hängematte ausruht, eine Pfeife raucht und einen Kinderkörper erhält.«

Als die »einfachsten« Systeme erscheinen uns jene, bei denen dieser ruhespendende Vorraum zur Nachtod-Sphäre nicht existiert. In vielen Kulturen, in denen das Reich des Todes eng mit dem Alltagsleben verknüpft ist, gleiten die Sterbenden einfach in eine Welt hinein, die identisch mit der Welt ist, die sie gerade verlassen haben. So verhält es sich bei den Kadiweu-Indios, einem Stamm von kaum mehr als tausend Menschen, die in den Wäldern des Mato Grosso leben. Einst bestatteten die Kadiweu – wie die Ägypter – ihre Toten mit all ihren Besitztümern: Schmuck, Waffen und Haushaltsgegenständen. Aber die Kadiweu trieben diesen Brauch noch einen Schritt weiter. Als große Pferdenarren nahmen sie auch ihre besten Pferde und sogar ihre besten Stallburschen mit ins Grab. Sie glaubten, daß sie nach dem Tod in eine Gemeinschaft eintraten, die der gerade verlassenen aufs Haar glich, also würden sie auch dort ihre Pferde und alles übrige brauchen.

In derartigen Systemen, wo die Toten einfach hinüberwechseln, sind nicht nur die physischen Gegebenheiten der Nachtod-Sphäre vertraut, sondern auch die Menschen selbst. Zu den Toten auf der anderen Seite gehören kürzlich Verstorbene ebenso wie ehrwürdige Ahnen – und alle weisen die Lebens-, Denk- und Glaubensgewohnheiten auf, die den Lebenden seit alters geläufig sind. Daß der Ort und seine

Bewohner so völlig vertraut sind, wirkt der Angst vor dem Unbekannten entgegen; die lähmende Konfrontation mit dem Nichts wird vermieden. Eben diese Vertrautheit mit dem Kommenden macht eine längere Eingewöhnungsphase und mithin den Aufenthalt an einem Warteplatz unnötig. Die Verstorbenen gehen einfach hinüber, was aber nicht heißt, daß sie dies immer widerstandslos tun.

In komplexeren Systemen sind die Vorstellungen vom Leben nach dem Tod gewöhnlich fremdartiger und verlangen dem Toten oft ebenso radikale wie unfreiwillige Anpassungsleistungen ab. Am häufigsten in diesen Systemen beginnt mit dem Tod eine Reise, die den Toten einem der vielen verschiedenen Zielen entgegenführt, zu denen etwa folgende zählen:

- das Ziel, sich mit geliebten Menschen zu vereinigen wie in Sterbeerlebnissen geschildert
- das Ziel, sich mit Gott zu vereinen wie im Christentum
- das Ziel, im Himmel mit der ewigen Seligkeit belohnt zu werden wie im Islam
- das Ziel, der Last des Lebens zu entrinnen wie im Hinduismus
- das Ziel, eine Form des Nirwana, das selige Einswerden mit dem Weltganzen wenn nicht im Leben, so doch im Tode zu erringen
- das Ziel, in einer gehobenen Kaste oder Position wiedergeboren zu werden, wie es Hindus ersehnen
- und das Ziel, aus seinen Fehlern zu lernen, um in einem höheren Bewußtseinszustand wiederzukehren wie in der Baha'i-Religion und in verschiedenen esoterischen Lehren.

In diesen zielorientierten Systemen reisen die Toten einem Bestimmungsort entgegen, aber vorher gelangen sie an jenen Ort des Wartens und der Sammlung, wo sie zur Ruhe kommen, ihre Angst sich legt und wo sie sich auf die große Reise vorbereiten.

Sommerland: Ein Warteplatz mit persönlicher Note

Besonders komplexe Vorstellungen der Reise nach dem Tod haben sich in esoterischen Glaubenssystemen entwickelt. Ein faszinierendes Beispiel bietet uns das Werk von Paul Beard, ehemals Rektor des Londoner College of Psychic Studies und einer der wichtisten Chronisten der esoterischen Bewegung. In seinem Buch ›Living On‹ (›Weiterleben‹) schildert Beard ausführlich einen solchen Warteplatz unmittelbar jenseits der Grenze des Lebens.

Beards Schilderung ist eine Zusammenstellung aus zahllosen »Kontakten mit Toten«, die er und seine Kollegen gehabt haben; sie handelt von Sommerland, dem ersten Haltepunkt der Nachtod-Reise. Sommerland ist vor allem ein Ruheplatz – und wo läßt sich besser Ruhe finden als an einem Ort, den man sich wünscht? –, eine Blockhütte am See, an die man sich aus der Kindheit erinnert, ein Penthouse mit Blick auf die New Yorker City, ein hohes Gebirge im Herzen Tibets. »Die geheimen Träume eines Menschen werden also auf die Probe gestellt, indem ihnen Erfüllung zuteil wird«, schreibt Beard. »All seine irdischen Wünsche werden Wirklichkeit – so jedenfalls scheint es. Zuerst herrscht eitel Staunen und Wonne. Der Betreffende hat offenbar wirklich zu sich gefunden ... Ein normaler, anständiger Mensch kann hier anfangen, sich in einer Umgebung zu Hause zu fühlen, die dem Anschein nach dem gewohnten irdischen Milieu ähnelt, in der er Freunde und Verwandte trifft und sogar das Haus vorfindet, das er sich immer wünschte.«[1]

Wie die vitale Imagination in Sommerland funktioniert, ist nicht schwer zu verstehen: Man lasse die Sterbenden einen Warteplatz ins Auge fassen, der ihnen das größte Wohlbehagen bereitet und wo sie sich, wenn sie sterben, als erstes wiederfinden. Nach Beards Vorstellung ist Sommerland sowohl imaginiert als auch real. Wie Henry Corbin im Blick auf die imaginale Realität ist auch Beard überzeugt davon, daß Gedanken eine Wirklichkeit darstellen, daß die Imagination Realitäten schafft. Diese Schöpfungen werden zu dem, was C. S. Leadbeater und Annie Besant, zwei wichtige Vertreter der Theosophie, als Gedankengestalten bezeichnen, zu manifesten Wirkungen der Energie unserer Vorstellungen, Empfindungen, Begriffe und Absichten. Haben wir diese Gestalten erst geschaffen, sind sie nicht nur sichtbar für uns, sondern haben auch die Fähigkeit, uns zu vervollständigen. Aber die Wirklichkeit unserer Gedanken erschöpft sich nicht in ihrer Energie: Sowohl Besant als auch Leadbeater bescheinigen bestimmten Gedanken eine besondere Färbung, Schwingungsfrequenz und Gestalt. »Jeder Mensch durchreist das All in einem Gehäuse, das er sich selbst gezimmert hat«, schreiben sie. »Durch dieses Medium blickt er in die Welt ...«[2]

Laut Beard ist es diese Kraft der Gedanken, greifbar und wirklich zu werden, die es den Verstorbenen ermöglicht, sich ihren eigenen Warteplatz zu gestalten.

Ein Ort der Wandlung

Ruhe, Trost und Gelegenheit, die Angst abzulegen – all das sind unwiderstehliche Vorzüge der Warteplätze direkt hinter dem Tod. Sich diese Stätten (als physische Orte oder wie auch immer) vorzustellen, ermöglicht es sowohl den Sterbenden als auch denen, die ihr Hinscheiden anteilnehmend begleiten, ihre Ängste zu besänftigen. Aber dies sind nicht die einzigen Funktionen des Warteplatzes – und aus Sicht dessen, der in die Nachtod-Sphäre reist, nicht einmal die wichtigsten.

In allen Systemen, in denen Warteplätze eine Rolle spielen, stellt die Wandlung die Hauptfunktion dar, die hier erfüllt wird. Am Warteplatz streift die verstorbene Person die Hüllen des physischen Lebens ab und beginnt, sich in Geist zu verwandeln.

Beim Vorstoß ins Jenseits werden der Körper, die Gefühle und alle Illusionen, die wir brauchten, um uns im diesseitigen Leben »real« zu fühlen, zum Ballast, der abgeworfen werden muß. In seiner Beschreibung von Sommerland beschwört Paul Beard ein klassisches archetypisches Bild, das diese Wandlung symbolisiert: die Metamorphose der Raupe zum Schmetterling.

Wenn wir im Leben Raupen sind, die sich von einem Blatt zum anderen durchfressen, um am Leben zu bleiben, dann ist der Verpuppungszustand, in den wir beim Tod eintreten, unser Warteplatz. Dort vollziehen sich dann allmählich die für unser Dasein erforderlichen Veränderungen, und wir schlüpfen in die Nachtod-Sphäre als flüchtige Geister aus, die nicht länger durch Zeit und Raum gebunden sind. Für jemanden, der sich vor dem Sterben fürchtet oder um einen anderen bangt, der im Sterben liegt, verleiht die Vorstellung von der Metamorphose der Raupe dem Transformationsprozeß ein Moment von Vertrautheit, indem sie seine Zugehörigkeit zu den Kreisläufen der Natur suggeriert.

Paul Beard schildert die Transformation als einen Vorgang, bei dem unser Geist die vielen Gewänder ablegt, in die er gehüllt ist.[3] Die transpersonale Psychologie hat ihre eigene Art, den notwendigen Wandel vom physischen zum spirituellen Sein zu beschreiben: Das Ich stirbt dabei, und was zurückbleibt, wird das Selbst genannt. Obwohl viele Praktiken diese Wandlung bereits im Leben vorwegnehmen, geschieht es doch erst am Warteplatz, daß der Tote Geist, Selbst oder Seele wird.

Halten wir hier inne, um für ein paar terminologische Klärungen zu sorgen, da die Sprache häufig verschleiert, wie ähnlich sich Systeme sind, die sich für einmalig halten. Es gibt zwar gewichtige Unterschiede, aber es lohnt sich festzuhalten, daß all diese Systeme bemüht sind, die Geheimnisse der menschlichen Seele und ihren Ort, ihre Funktion, in einer umfassenderen Wirklichkeit zu beschreiben. Was in der transpersonalen Psychologie als das Selbst bezeichnet wird, ist gleichbedeutend mit dem ewigen Wesen, das der christliche Gedankenkreis als die Seele kennt. Dieses Wesen nennen die Hindus *Atman*, während es in afrikanischen Glaubensvorstellungen die *Ahnen* sind, in den altägyptischen Religionsvorstellungen nennt es sich *Ka*, bei den Chenece *hun* und im Judentum *nefresch*.

Das Ich – und sein Träger, die Persönlichkeit – ist das handelnde Subjekt im Leben, das in der Welt der Zeit, des Raumes und der anderen Ichs die Aufgaben des Lebens bewältigen, seine Herausforderungen bestehen, seine Kämpfe ausfechten muß. Demgegenüber agiert das Selbst, die Seele, das *Atman*, außerhalb von Zeit und Raum und ist das Gefäß nicht des Wissens – von dem das Ich lebt –, sondern der Weisheit. Ich bevorzuge die Begriffe *Geist* oder *Reisender*, wenn ich von diesem Wesen rede, das nach dem Übergang aus dem Leben in Erscheinung tritt; das ganze Buch hindurch bleiben diese beiden Begriffe austauschbar.

Am Warteplatz tritt demnach der unverstellte Geist in Erscheinung. Hier werden wir nach Ansicht mancher, die den Vorgang beschrieben haben, für die Reise vorbereitet und all der Eigenschaften entkleidet, die nur im Leben einen Sinn hatten – oder zu haben schienen.

CANDOMBLE-VISION

Die erregende Erfahrung, tot zu sein, erhebt den Menschen zum Geist. Die Begeisterung darüber entlädt sich in der übermenschlichen Kraft, die Welt so zu sehen, wie ... Gott es tut, einschließlich der Welt der Träume. Das gelebte Leben läuft ab wie ein Film; nicht nur die verblichene Vergangenheit, auch die Gegenwart erwacht zu neuem Leben. Der Geist sieht ohne Augen. Der Geist ist die Vision selbst. Wenn wir nicht aufpassen, sieht er durch unsere Augen.

Candomble-Interviewpartner über die Geistwerdung, Brasilien

Neuere Vorstellungen vom Warteplatz

Der Warteplatz ist ein ruhiger Ort, ein Ort des Übergangs. Manche Menschen mit Sterbeerlebnissen berichten, sie hätten wie im Wartezimmer eines Arztes in einer Warteschlange auf dem Bahnhof gestanden. Plötzlich hätten sie »begriffen«, daß irgend jemand oder irgend etwas für sie entschieden hatte. Sie durften nicht weiter, sondern mußten ins Leben zurückkehren.

Die vielleicht fremdartigste aller Schilderungen von Warteplätzen liefern uns die Spiritisten Brasiliens, deren Glaubenssystem auf den Ideen des europäischen Denkers Alan Kardec basiert. Der höchst modernen Vorstellung zufolge, die diese Spiritisten von der Nachtod-Sphäre haben, werden die Verstorbenen in einem Raumschiff zu Einrichtungen transportiert, die sich am besten als Erholungskliniken beschreiben lassen, denen aber die bedrückende Atmosphäre unserer Krankenhäuser abgeht.

Um ihre körperliche Gesundheit brauchen sich die Toten natürlich nicht zu sorgen; statt dessen werden sie von Süchten wie dem Rauchen, dem Alkohol und der Freßsucht geheilt. Bezweckt wird damit nicht die Bestrafung, sondern nur die Reinigung der Toten.

An diesen Orten, schreibt Hernani Andrade, einer unserer Mitarbeiter und angesehener brasilianischer Parapsychologe, »erholen sich die Geister von Traumata, die ihrem Tod vorangegangen sind. In diesen Behandlungs- und Erholungszentren durchlaufen sie eine Periode der Anpassung an die neue Lebensform.«[4] Der Aufenthalt wird als geruhsam und zeitlich bemessen beschrieben. Die Toten halten sich hier auf, bis es Zeit ist, die Reise fortzusetzen.

Hüter des Warteplatzes

Die Warteplätze zeichnen sich dadurch aus, daß sie nicht weit weg, sondern unmittelbar hinter der Grenze zwischen Lebenden und Toten liegen – und dies zum potentiellen Wohle beider Seiten. Schamanen können dorthin gelangen und mit ausführlichen Schilderungen und beruhigenden Auskünften von dort zurückkehren. Ein Beispiel hierfür bieten die Delawaren, deren Häuptling Elkhair seine Vision von der Seelenreise zu Protokoll gab:

> Er sah einen Vogel von gewaltiger Größe auf einem Berg ruhen. Dorthin wurde er von einem Geist geleitet, der ihn so weit führte, wie die Seele eines Lebenden vordringen konnte. Dies geschah, um ihn darüber aufzuklären, welchen Weg die Seele nach dem Tod nehmen würde ... Elkhair gelangte nicht über die Berge des Sturms hinaus ... Obwohl ihm das Weitergehen verwehrt war, hörte er die Stimmen der aus dem Leben geschiedenen Seelen, die ihre himmlische Existenz genossen.[5]

Der Besuch von Häuptling Elkhair dient seiner Unterrichtung, während bei einem anderen Beispiel, das uns der sibirische Stamm der Goldi liefert, ein Schamane in eigener Person eine Seele auf die andere Seite hinüberbringt. Er fängt die Seele der verstorbenen Person in einem heiligen Kissen und steigt dann auf einen Baum, um seinen Weg zu erkunden. Zwei Geister kommen ihm zu Hilfe, dann machen sie sich, reichlich mit Proviant versehen, mit einem besonderen Hundeschlitten auf die Reise. Nachdem sie die Nachtod-Sphäre – hier als Unterwelt vorgestellt – erreicht haben, läßt der Schamane die Seele bei den Verwandten und kehrt, beladen mit Geschenken und Grüßen, zu den Lebenden zurück.[6]

In diesem frühen Stadium unmittelbar nach dem Tod können die Lebenden noch an den Erfahrungen der Gestorbenen teilhaben. Viele Bräuche, die mit den Trauerritualen in Verbindung gebracht werden, dienen in Wirklichkeit dazu, die Toten zum Warteplatz zu geleiten, ihre Verwandlung zu unterstützen oder sie noch ein wenig verweilen zu lassen.

Der Hinduismus hat ein hochentwickeltes Brauchtum ausgebildet, das genau diesen Zweck erfüllen soll. Die Hinterbliebenen vertrauen ihre Toten Spezialisten aus der Kaste der Mahapatra, der Unberührbaren, an, die mit Hilfe bestimmter Rituale für die natürliche Transformation der Toten sorgen sollen.

Wenn ein gläubiger Hindu stirbt oder dem Tode nahe ist, unternimmt die Familie, die sich das leisten kann, eine Pilgerfahrt nach Varanasi am heiligen Ganges. Dort suchen sie einen Mahapatra, der beim Leichnam des Verstorbenen bleiben und die für den Wandlungsprozeß nötigen Rituale vornehmen soll. Der Leichnam wird gesalbt, in bunte, golddurchwirkte Tücher gewickelt und im Beisein der Angehörigen auf einem Scheiterhaufen verbrannt. Dann beginnen die komplizierten Rituale, die den Geist des Toten läutern sollen und ihm bei seinem Aufbruch vom Warteplatz Liebesdienste erweisen. Der Mahapatra muß fasten und andere Entbehrungen auf sich nehmen, während der *Atman* (das hinduistische Selbst) auf seiner Schulter hockt.

Zehn Tage lang übernehmen die Mahapatra die Fürsorge für den Geist. Sie beginnen ihre Arbeit damit, daß sie einen Topf mit einem Loch an den Baum hängen. Dieser Topf wird zum Warteplatz des Geistes. Er sitzt im Topf und trinkt das Wasser, das aus dem Loch im Boden tropft. Am zehnten Tag wird der Topf zerschlagen, und der Geist setzt seine Reise fort. Erst dann hat der Geist die Loslösung vom Körper vollständig vollzogen. Während er den Topf bewohnt, besitzt er offenbar noch eine gewisse Körperlichkeit, denn die Mahapatras streiten ständig darüber, wie groß der Geist eines Verstorbenen ist: Manche sagen, er habe die Größe eines Knöchels oder eines Daumennagels, andere behaupten, er sei genau sechsundvierzig Zentimeter groß.

Das Topfritual stellt sicher, daß der Geist beim Mahapatra am Warteplatz bleibt, während der erforderliche Wandlungsprozeß vor sich geht. Für die Lebenden hat das Ritual die Funktion der Trauerbewältigung. Auf diese Weise spendet der Warteplatz Lebenden wie Toten Ruhe, Trost und Entlastung von Angst und Trauer.

Derartige Rituale, die dazu dienen, die Trauer zu bewältigen, besitzen die meisten Kulturen. Ein anderes Beispiel bietet die jüdische Religion, die beim Tod eines Familienangehörigen eine strenge Trauerzeit von sieben Tagen – genannt *Schiwa* – vorschreibt. Während dieser Woche verweilt der Geist des Toten in der Nähe der Lebenden, so wie er sich bei den Hindus in der Nähe der Mahapatras aufhält. Nach der Kabbala, dem zutiefst esoterischen Ausdruck der jüdischen Überlieferung und Gesetzesreligion, kehrt der Geist in diesen sieben Tagen nach dem Tod immer wieder zum Grab zurück und versucht, in den Leichnam zurückzugelangen: Gleichermaßen unfähig zum Bleiben und zum Abschiednehmen, wartet er. Erst am siebenten Tag, wenn er sieht, wie die Würmer seinen Körper zurichten, erkennt er, daß er wirklich und wahrhaftig tot ist, und wandert weiter.[7]

Während dieser sieben Tage sitzen die Trauernden auf harten Holzbänken beisammen; alle Spiegel im Haus sind mit Tüchern verhängt. Die meisten sehen in diesem Brauch eine Mahnung an die Lebenden, daß die Eitelkeit in einem Trauerhaus nichts zu suchen hat; die Kabbala lehrt allerdings, daß diese Vorkehrungen auch für den Geist des Toten wichtig sind. Wenn die Spiegel verhängt sind, kann er nicht dem Irrglauben erliegen, er sei noch am Leben. Sieht er die Hinterbliebenen auf harten Bänken sitzen und beten, wird ihm klar, daß etwas Furchtbares passiert sein muß, ein unwiderrufliches, unabänderliches Unglück.

Im krassen Gegensatz dazu stehen die Trauerrituale auf Bali, wo die Hinterbliebenen eine Reihe lebensfroher Aktivitäten entfalten müssen. Häufig bleibt der Leichnam so lange begraben, bis die Familie genug Geld für eine wahrhaft grandiose Einäscherung zusammen hat. Aber schon die Beerdigung ist aufwendig. Der Leichnam muß ordnungsgemäß gewaschen und angekleidet werden, ein Grab wird ausgehoben und eingezäunt, ein Sarg wird gezimmert und auf jedes Auge des Verstorbenen wird ein kleiner Spiegel gelegt, damit er oder sie im nächsten Leben stark, anziehend und scharfsichtig ist. In die Ohren wird je eine Blume gesteckt, damit dem Toten alle Geräusche angenehm klingen.

Wenn der Tag der Einäscherung festgelegt ist, beginnen weitere aufwendige Vorbereitungen. Jede Einäscherung von Format erfordert einen oder gar mehrere Sarkophage von Tiergestalt und von überdimensionaler Größe. Je nach Kaste und Geschlecht des Toten kann das ein Stier, eine Kuh, ein Löwe, ein Reh oder ein Fisch-Elefant sein. Aber all diese Tiere müssen Vierfüßler sein, als Symbol für die vier Brüder oder Schwestern, die zusammen mit dem Verstorbenen zur Welt kamen und ihn, sofern sie angemessen behandelt wurden, durchs Leben begleiteten, ihn schützten und ihm Beistand leisteten.

Als nächstes wird ein Einäscherungsturm gebaut. Der stellt das balinesische Universum dar: am Fuße die kosmische Schildkröte, umgeben von zwei Drachenschlangen, und dann elf Stufen zur Plattform hinauf, Sinnbilder der elf Ebenen des Himmels, der Erde und des Weltbergs.

Bis zum Tag der Einäscherung brennt eine Lampe, die der herumirrenden Seele heimleuchten soll; oft wird eine lebensgroße Puppe aus alten chinesischen Lochmünzen gefertigt, die mit einem weißen Faden zusammengehalten werden.

Am Tag der Verbrennung spielt ein Orchester aus Schlaginstrumenten auf, Tänzer in eigens dafür bestimmten Kostümen symbolisieren Krieger, die den Geist vor bösen Einflüssen schützen sollen. Die Sarkophage werden in tumultartigem Eiltempo zum Friedhof getragen. Das Durcheinander soll dem Geist die Orientierung nehmen, damit er nicht mehr zu seiner Familie zurückfindet. Im Turm werden Menschen mitgetragen, die manchmal zwei junge Hühner fliegen lassen, als

Symbol der davonfliegenden Seele. Die Flugrichtung der Hühner bietet einen Hinweis darauf, wie glückverheißend das Ereignis ist; deshalb werden heutzutage die Hühner oft bewußt in eine »gute« Richtung geworfen.[8]

In all diesen Fällen – beim gewissenhaften Umgang der Hindus mit den Wassertöpfen, beim feierlichen Schiwa-Sitzen der Juden und bei den Bestattungsritualen der Balinesen – stellt die am Warteplatz verbrachte Zeit eine Übergangsphase dar, in der die Toten und die Lebenden einander noch nahe sind und, wenn schon nicht unmittelbar, so symbolisch, miteinander kommunizieren können. Beide Seiten müssen einen Übergang bewältigen: Der Verstorbene das Leben hinter sich lassen, und die Lebenden müssen auf die Gesellschaft des Verstorbenen verzichten. Für Tote wie Lebende ist dies die letzte Gelegenheit eines Beisammenseins; in ihrer zweifachen Zweckbestimmung sind die Rituale darauf aus, zwischen den Lebenden und den Toten Harmonie zu stiften und den Abschied zu erleichtern.

Gespenster

Nicht immer allerdings führt geduldiges Warten dazu, daß wir uns nach dem Tode mit unserem Schicksal versöhnen. Schließlich sind wir auch als Tote noch menschliche Wesen und nicht immer bereit, uns zu fügen. Wir setzen uns über die Realität hinweg, und wenn das nicht länger möglich ist, verleugnen wir sie. Gleichgültig, wo wir aufgewachsen sind, ob im brasilianischen Mato Grosso oder im Mittelwesten der USA oder in den Wolkenkratzerschluchten von Manhattan – viele sträuben sich dagegen, »ruhig in die gute Nacht zu wandern«, um ein berühmtes Wort des Dichters Dylan Thomas aufzugreifen. Vielleicht tun das nur die wenigsten.

VERSCHIEDENE ARTEN VON GESPENSTERN

Die Geister der Verstorbenen können in allerlei Gestalt auftreten. Doch eines haben sie gemeinam: Bei den Lebenden sind sie nicht gern gesehen. Das Volk der Tanka in Südchina kennt viele Arten von Gespenstern, die sorgfältig unterschieden werden:

– Gespenster der Hölle. Das sind Gespenster, denen in der Hölle so übel mitgespielt wurde, daß sie dort keine Bleibe haben.

– Wassergespenster. Das sind die Geister der Ertrunkenen, die schnell im Wasser verschwinden, wenn man ihnen naht.

– Gespenster von Gehenkten. Das sind natürlich die Geister derjenigen, die am Galgen endeten.

– Junge Gespenster. Das sind die Geister toter Kinder. Für sie halten die Eltern Hochzeitszeremonien ab, wenn sie »erwachsen« werden. Die jungen Gespenster werden auch Jammergespenster genannt, weil die Kinder vorzeitig gestorben sind.

– Schweinegespenster, Kuh-, Hühner- und Entengespenster. Es erscheint logisch, daß diese Gespenster zumeist von Bauern gesehen werden.

– Zurückkehrende Gespenster oder Wiedergänger. Die Seele eines Verstorbenen kehrt in den Wochen nach dem Tod zurück – alle Toten werden also zu Wiedergängern. Daher müssen die Hinterbliebenen und Nachbarn ihre Türen nachts verschließen. Einem Wiedergänger zu begegnen, bringt Unglück. Das trifft, wie wir gesehen haben, auf viele Kulturen zu: Die Rückkehr von Seelen aus der Nachtod-Sphäre verstößt gegen die natürliche Ordnung; deshalb tun die Lebenden alles, um die Toten zur Fortsetzung ihrer Reise zu ermutigen.

Nankai Social & Economic Quarterly, 1937

Mit anderen Worten, die Toten sträuben sich oft gegen das Unausweichliche. Selbst nach der vorgeschriebenen Zeit im Übergangsstadium weigern sich viele, das Feld zu räumen. Sie wollen ihren Weg nicht fortsetzen.

Die parapsychologische Literatur ist voll von Berichten über Gespenstererscheinungen, die auch mit wissenschaftlichen Methoden gründlich erforscht werden.

»Unseren Erhebungen zufolge glauben eine beträchtliche Anzahl Menschen aller Bildungsstufen, daß das Jenseits von Wesen bevölkert ist. Andere Untersuchungen, die wir durchgeführt haben, erlauben uns, diese Zahlen und Überzeugungen noch zu detaillieren. Zum Beispiel glaubt einer von neun Amerikanern (oder elf Prozent der Gesamtbevölkerung) an Gespenster. Und obwohl in vielen spirituellen Fragen die Zahl der Gläubigen in den USA größer ist als in anderen Ländern, glauben zum Beispiel nicht weniger als zwanzig Prozent der Briten an Gespenster, wobei sieben Prozent zu Protokoll gaben, sie hätten schon einmal ein Gespenst gesehen!«[9]

Besonders nach den ersten zwölf Tagen – und es ist auffällig, wie viele Kulturen sich darauf festgelegt haben, daß das erste Stadium nach dem Tod etwa zwölf Tage dauert – wollen oder können manche Geister einfach nicht Abschied nehmen. Sie möchten ins Leben zurückkehren, sie halten sich in der Nähe ihrer Gräber oder ihrer Familien auf und suchen nach Wegen, sich den Lebenden wieder beizugesellen. Manchmal sind sie einfach nicht bereit, sich von ihren Besitztümern oder den sonstigen Annehmlichkeiten des Lebens zu trennen. Andere sind schlicht zu bekümmert – sie können nicht gehen, weil ihre Kinder noch klein sind, ihre Arbeit noch nicht beendet ist, die Zukunft der Familie auf dem Spiel steht. Manchmal werden diese Probleme durch Nachlässigkeiten bei der Abwicklung der Trauerrituale verursacht: Unter solchen Bedingungen kann ein Geist seine Reise einfach nicht fortsetzen.

Ein für die Fon im afrikanischen Benin zuständiger Mitarbeiter erklärte die Bedeutung der Begräbnisregeln folgendermaßen: »Vernachlässigt man die Bestattungszeremonien, so hat das zur Folge, daß die Seelen umherirren und auf der Erde ein Durcheinander entsteht. Die Verstorbenen können die Nachtod-Sphäre nicht erreichen. Beim Begräbnis müssen einige Vorschriften beachtet werden: Die erforderliche Farbe ist weiß, der Tote muß ein wenig nach links gedreht im Sarg liegen, auch der Kopf muß sich nach links wenden. Nur unfruchtbare Frauen werden auf dem Rücken liegend begraben. Es gibt ein ausführliches Ritual, dem man genügen muß. Sonst belästigen solche irritierten Seelen des Nachts die Lebenden.«

Berichte über Gespenster Verstorbener gibt es überall. Ein typisches Beispiel entstammt der Tradition der amerikanischen Ureinwohner. »Die Schwarzfußindianer glauben«, schreibt Clark Wissler, »daß die Geister Verstorbener nicht sofort in die andere Welt aufbrechen. Sie fühlen sich einsam und möchten Heim und Freunde nicht verlassen. Sie streifen etwa zwei Monate lang in der Umgebung herum, bis sie sich an den neuen Zustand gewöhnt haben und in die Geisterwelt aufbrechen. Manche werden dort nie glücklich.«[10]

Im westafrikanischen Nembe lernte ich eine Mutter mit Tochter kennen, die nach dem Tod des Familienvaters beide von Alpträumen, Migräne und anderen Beschwerden geplagt wurden. Sie klagten verzweifelt über Schlaflosigkeit, weil ihnen der Verstorbene mit seinen Beschimpfungen und Belästigungen zusetze. Ohne Schlaf konnte man nicht leben. Etwas mußte geschehen.

Die Mutter engagierte also eine Schamanin, die ihren Verdacht bestätigte, daß der Tote die Ursache ihrer Kopfschmerzen und Schlaflosigkeit sei. Sie war mit dem Mann seit langem zerstritten, und als er starb, waren Frau und Tochter voller Wut auf ihn. Mir gegenüber vermuteten sie, daß sie das Begräbnis nachlässig vorbereitet hatten. Sie waren voller Zorn; er hatte sie schlecht behandelt. Jawohl, zugegeben. Sie hatten ihn in aller Hast beerdigt. Und sie hatten es billig gemacht.

Der Geist des Mannes fand also keine Ruhe; er konnte oder wollte seine Reise nicht fortsetzen und quälte seine Familie nach Kräften. Kurz, es handelte sich um ein Gespenst, das nicht zur Ruhe kam.

Die Schamanin war eine junge Frau mit schönem rundem Gesicht und runden Augen. Sie trug einen hinreißenden grün-goldenen Turban aus afrikanischer Baumwolle und ein dazu passendes weites Gewand. Sie war eine eindrucksvolle Person: Ich sah sie nicht ein einziges Mal lächeln, als sie auf ihrer Bank saß und zur Mutter, der Tochter und dem Gespenst sprach.

So gepflegt und farbenfroh sie selbst erschien, so schäbig und für meine Begriffe unordentlich präsentierte sich ihr Arbeitsplatz, an dem Flaschen, Speere, Holzstücke und Lumpen scheinbar wahllos verstreut lagen. Die nun folgende Sitzung verlief bewundernswert sachlich wie eine normale Geschäftsverhandlung. Zuerst sprach die Witwe, dann die Tochter; die Schamanin verlieh dem Standpunkt des Gespenstes Ausdruck. Es wurden Pausen gemacht; man trank schlückchenweise Wasser. Nach vier Stunden war ein Übereinkommen erzielt. Die Frauen waren bereit, im Namen des Ehemannes und Vaters drei Kühe und vier Flaschen Schnaps zu opfern. Das Gespenst war empört; es hatte *sechs* Flaschen verlangt. Aber zu seiner eigenen Verblüffung hatte es zugegeben, sich vor seinem Tod den Frauen gegenüber schofel benommen zu haben. Widerstrebend akzeptierte es das Angebot. Im Laufe etwa einer Woche wurde die Vereinbarung erfolgreich in die Tat umgesetzt; die Schamanin vollzog die Opfer, auf die man sich geeinigt hatte. Das Gespenst ließ die Frauen fortan in Ruhe, nahm seinen Abschied und fand sich mit dem Tod ab.

Die Qual des Kommunizierens

Die Meinungsforscher von Gallup haben festgestellt, daß in den USA mehr als die Hälfte derer, die einen Todesfall betrauern, mit ihren verstorbenen Angehörigen sprechen.[11] Die meisten dieser Begegnungen finden bald nach dem Tode statt, dann nimmt die Häufigkeit allmählich ab. Beschrieben werden sie von den Betroffenen sehr unterschiedlich – die Erlebnisse reichen von der unsichtbaren, stummen »Präsenz« des Verstorbenen bis zu detaillierten Träumen und Visionen. Manche Besucher sprechen; andere blicken nur stumm. Die einen übermitteln trotz ihres Schweigens eindeutige Botschaften; andere nur ein Gefühl – des Trostes oder der Liebe oder des Kummers.

Als mein Vater starb, hielten wir beide weiterhin engen Kontakt zueinander. Es war unser Geheimnis; wir führten lange, lange Gespräche. Ich sah ihn nicht, aber ich spürte seine Gegenwart, und seine Stimme war so klar und deutlich wie zu seinen Lebzeiten. Ich stellte ihn mir halb als Engel, halb als Geist vor.

Eines Tages, während einer langweiligen Sitzung, fing ich an, mit meinem Vater zu plaudern, wie ich das auch sonst tat und wie ich etwa eine Freundin angerufen hätte, um mich ein wenig abzulenken. Aber diesmal redete er zu mir in einem so entschiedenen Ton, wie ich es von ihm nicht gewöhnt war. »Ich gehe jetzt, Sara«, hörte ich ihn durch das Stimmengewirr, das mich umgab, wobei er durch die Verwendung meines offiziellen Namens unterstrich, daß es ihm ernst war. »Ich sehe, daß du glücklich bist. Du hast deine Arbeit, deine Ehe. Ich gehe jetzt, Liebes. Leb wohl.« Und wir haben nie wieder miteinander gesprochen. Auch seine Gegenwart oder den Drang, Kontakt aufzunehmen, habe ich seitdem nicht mehr gespürt. Heute, wo er bereits mein halbes Leben lang tot ist, bin ich mit ihm nur noch durch Fotos und Erinnerungen verbunden.

Jahre nach unserer letzten Begegnung wurde mir im Zuge meiner Studien klar, daß ich, ohne es zu wissen, meinen Vater nach seinem Tod sehr unfreundlich behandelt hatte. Redet man mit Menschen, die in Kontakt zu den Geistern der Toten stehen, und mit denen, deren Gedanken und Werke einen Teil des sogenannten okkulten Wissens bilden, findet man rasch heraus, daß für Geister der Besuch der Lebenden und besonders das Kommunizieren mit lebenden Wesen unter Umständen äußerst qualvoll ist. Die Geister müßten längst den Warteplatz verlassen und in das nächste Stadium der Reise eingetreten sein.

Um mehr darüber zu erfahren und um mein Wissen auf dem neuesten Stand zu bringen, fuhr ich kürzlich nach Mainz, um mit Ernst Senkowski zu sprechen, einem führenden Kenner und begeisterten Forscher auf dem Gebiet der instrumentengestützten Parapsychologie. Mit elektronischen Geräten und mathematischen Berechnungen hat er und andere Forscher sich auf die Verbindungskanäle zwischen dieser Welt und der Sphäre des Nachtods spezialisiert. Um Kontakt zu den Geistern der Toten herzustellen, schalten sie einen unbelegten Fernsehkanal ein und richten eine Videokamera auf den Bildschirm. Unter wissenschaftlich kontrollierten Bedingungen, um sicherzustellen, daß sie nicht Daten oder Frequenzen von außen empfangen, nehmen sie dann den Videofilm auf und lassen ihn anschließend Einstellung um Einstellung rückwärts ablaufen, um dort Bilder von Verstorbenen zu entdecken – manchmal einzelne Bilder, manchmal eine Abfolge von Bildern nebst Ton. Auch über Fax und durch das Telefon treffen Daten aus der Welt jenseits des Todes ein.

Bei meinem Besuch, in dessen Verlauf ich mir verschwommene Videobilder ansah und Tonbänder anhörte, fühlte ich mich in den Set eines Science-fiction-Films von 1952 versetzt. Senkowski, der Anfang sechzig war, konnte genug Englisch, um wiederholt und mit Nachdruck zu erklären: »Here is, what is!«

Zu den Überzeugungen, die er am eifrigsten verfocht und mit Hilfe von Tonbändern beziehungsweise einer wachsenden Palette von Forschungsergebnissen aus Deutschland, der Schweiz und Amerika untermauerte, gehörte die These, daß für die Toten die Materialisation und die Verständigung mit den Lebenden absolut kräftezehrend war – entsetzlich strapaziös und letztlich eine grandiose Leistung ihrerseits. Was er meinte, konnte ich den Stimmen anhören, die er mir vorspielte: Diese Seelen gaben ein angestrengtes Krächzen von sich, als hätten sie einen Luftröhrenschnitt und müßten ungeheure Anstrengungen unternehmen, Luft aus dem Bauch durch die Kehle zu pressen, um Wörter zu artikulieren.

So seltsam die instrumentengestützte Kommunikation auch wirkte, ließen Senkowskis Gesprächspartner aus dem Jenseits doch keinen Zweifel daran, daß es für die Toten eine außerordentliche Anstrengung und Qual bedeutet, Kontakt zu den Lebenden aufzunehmen. Geister verspüren offenbar den *Drang*, ihren Weg fortzusetzen, und die Lebenden können ihnen dabei helfen. Diese Hilfe kann zum Beispiel so aussehen, daß sie herausfinden, was die Toten an der Fortsetzung ihres Weges hindert – vielleicht ein unerledigtes Geschäft oder das ungewisse Schicksal der Hinterbliebenen –, und daß sie alles tun, um die Hindernisse aus dem Weg zu räumen. Kurz, wenn unsere Geister uns am Herzen liegen, dann sollten wir sie nicht nur ziehen lassen, sondern ihnen sogar dabei behilflich sein.

Die Guaranis, eine kleine Gruppe von Indios an der brasilianischen Atlantikküste, haben schreckliche Angst vor den Toten und verleihen dem Anliegen, sie zum Weggang in die Nachtod-Sphäre zu ermuntern, einen extremen, wenn auch nicht ungewöhnlichen Ausdruck. Wenn einer der Ihren stirbt, ändern die Hinterbliebenen ihre Namen, stecken ihre Häuser in Brand, packen ihre Habe zusammen und verlassen die Gegend – auf diese Weise wollen sie es dem Geist, dem der Abschied schwerfällt, unmöglich machen, ihnen zu folgen und sie zu belästigen. In ihren Ausführungen über eine andere Gruppe, die nordamerikanischen Fox-Indianer, beschreiben Denise und John Carmody eine weniger radikale Vorgehensweise, bei der das Schwergewicht auf den Lebenden liegt:

> Der Anführer des Clans sprach zu der verstorbenen Person und forderte sie auf, keine Neidgefühle gegen die Lebenden zu hegen. Vielmehr müsse sie sich rasch auf den Weg nach dem Land der Ahnen im Westen machen. Nach dem Tod stehe eine Reise an, und die oberste Pflicht des Verstorbenen sei, sie hinter sich zu bringen ... Indem der Clan das Tun des Verstorbenen als eine vom Dorf wegführende Bewegung beschrieb, gab er zu verstehen, daß die neuen Verpflichtungen einen klaren Bruch mit dem Gewesenen erforderten. Psychologisch gesehen, liegt auf der Hand, daß der Clan auf den Toten das Erfordernis einer klaren Trennung projizierte, die er selbst im Blick auf den Toten verspürte. Wie sehr auch immer der Tote geliebt worden war und wie heilsam auch immer die Pflege teurer Erinnerungen sein mochte – das Leben mußte weitergehen. Wenn Mitglieder des Clans den Tod eines Angehörigen zu lange oder zu leidenschaftlich betrauerten, dann diente das keinem vernünftigen Zweck.[12]

Sosehr wir es gewohnt sind, Eingeborenenkulturen als völlig andersgeartet zu betrachten – diese Schilderung erinnert lebhaft an die jüdischen Trauerrituale. »Weine nicht ungebührlich um eine tote Person und betrauere sie nicht ohne Maß. Wie lange [soll die Trauerzeit währen]? Drei Tage fürs Weinen, sieben Tage fürs Wehklagen, dreißig Tage für gebleichte Kleider und für [das Verbot,] die Haare zu schneiden«, führt die Tora aus.[13] Danach müssen die Lebenden ins Leben zurückkehren (auch wenn die Trauer für einen Elternteil ein Jahr dauert) – die Lebenden müssen das Leben wieder aufnehmen, und der Tote muß in *Olam haba*, die künftige Welt, eintreten, einen Ort, um den sich die Literatur des Judentums nicht kümmert und den sie nicht beschreibt.

Überall auf der Welt die gleiche Aussage: Wenn wir unsere Toten lieben, ist das Mindeste, was wir für sie tun können, daß wir sie gehen lassen und sie zu ihrer Reise ermutigen. Wie tröstlich kann es für Trauernde sein, eine Aufgabe zu haben, etwas, womit man sich im Angesicht des traumatischen Verlusts beschäftigen kann. Die Vorstellung von einem Warteplatz, wo der Geist wartet und ausruht, vermag einen Übergang zu erleichtern, der andernfalls unvermittelt, sinnlos und im Hinblick auf die Angst, die er hervorruft, sogar grausam erschiene.

MAXINES VERGLEICH

Bei Joanne, über die ich im zweiten Kapitel berichtet habe, war es der Gedanke ans Wiedersehen, der ihr gelinden Trost brachte. Bei Maxine tat das der Gedanke an die Scheidung.

»Als meine Ärzte mir sagten, sie könnten nichts mehr für mich tun, überfiel mich das bestens bekannte Gefühl – eine Art von Angst, die schlimmer war als die Krankheit, schlimmer als alles sonst. Ich kannte dieses schreckliche Gefühl, konnte es aber nicht unterbringen. Dann ging mir ein Licht auf. Genauso hatte ich mich gefühlt, als Gordon mich vor vielen, vielen Jahren verließ. Als ob ich am Rande einer Felswand balancierte und im Begriff war, abzustürzen.«

Als Gordon sich von ihr scheiden ließ, konnte sich Maxine, obwohl Professorin und vielseitig interessiert, ein Leben ohne ihn nicht vorstellen. Sie hatten keine Kinder, und wenn sie an ihre Zukunft dachte, blickte sie in ein verschattetes Nichts. Die Leere machte ihr schreckliche Angst; deshalb begann sie eine Therapie.

Acht Jahre später kam sie erneut, diesmal, weil man bei ihr einen metastatischen Brustkrebs im Endstadium diagnostiziert hatte. »Sehen Sie? Ich stehe wieder vor demselben Problem.«

»Vor welchem Problem?« fragte ich.

»Vor dem Nichts. Der Leere. Einer amorphen Finsternis.«

»Fürchten Sie sich?«

»Schrecklich. Ich hab einen solchen Horror davor. Genauso wie ich mich nach der Scheidung fühlte, als das alte Leben völlig hinüber war und ich mir kein neues vorstellen konnte.«

Ich dachte über Maxines Vergleich nach. Ich fragte sie, ob sie sich jetzt einen ähnlichen Wandel vorstellen könne, wie sie ihn acht Jahre zuvor, nach ihrer Scheidung, dem Tod ihrer Ehe, erlebt hatte. Damals wurde sie von Phasen der Mutlosigkeit und Verzweiflung befallen, wie es vielen Menschen in dieser Situation ergeht, wenn sie die eheliche Geborgenheit und die vertraute Alltagsroutine vermissen, mag beides auch noch so unbefriedigend gewesen sein. Wie ein Gespenst kreiste sie um das Grab ihrer Ehe und sehnte sich nach der Rückkehr in das alte Leben, obwohl sie unwiderruflich in eine neue Existenz eingetreten war.

Allmählich hatte sie dann doch eine neue Lebensorientierung entwickelt und die Vergangenheit hinter sich gelassen. Ich äußerte den Gedanken, daß sie nach dem Tod vielleicht zu einer ähnlichen inneren Klärung kommen könne. War es im Angesicht des Todes nicht denkbar, daß es jenseits der Schwelle eine andere Realität gab, die dem menschlichen Bewußtsein nicht zugänglich war, es sei denn mit Mitteln der Kunst, der vitalen Imagination oder der visionären Meditation?

»Das ist ein zutiefst tröstlicher Gedanke«, antwortete sie.

Um den Prozeß des »Verschwindens« mit einem Inhalt, einer Bedeutung, einem Sinn auszustatten, begann Maxine zu zeichnen. Sie ließ sich Farbstifte und Zeichenpapier ins Krankenhaus mitbringen und entfaltete eine Schaffenskraft, die alle überraschte. Einst hatte sie im Nebenfach Kunst studiert, das kam ihr nun zugute, als sie tibetisch-buddhistische Mandalas abzeichnete, die sie als visueller Ausdruck der Meditation schon immer fasziniert hatten.

Scheinbar instinktiv versuchte sie, sich das Unvorstellbare in einer wahrnehmbaren Form vor Augen zu stellen. Da sie die abstrakte Kunst nie gereizt hatte, fügte sie in die visionären Zeichen Pflanzen, Gestalten und Landschaften ein. Irgendwann erzählte ich ihr von Paul Beards Sommerland, und voller Begeisterung setzte sie diese Vorstellung zeichnerisch um, indem sie versuchte, ihren längst verblaßten Erinnerungen an Orte, Begegnungen und Erlebnisse bildlichen und farblichen Ausdruck zu verleihen.

»Stellen Sie sich bildlich vor Augen, was nach dem Tod mit Ihnen passiert?« fragte ich sie.

»Ja und nein«, erwiderte sie ein wenig abwehrend. »Nun, vielleicht doch, zumindest am Anfang, aber es ist das Zeichnen selbst, das meine Angst besänftigt. Wenn ich diese Kreise zeichne und mir den Kopf darüber zerbreche, womit ich sie ausfüllen kann, dann existiert nur noch das für mich. Ja, ich glaube, auf irgendeine unbestimmte Art stelle ich mir etwas vor, was dann auf mich zukommen wird. Aber wichtig ist mir nur das Entwerfen solcher Vorstellungen, nicht die genaue Verbildlichung des Danach. Soll ich Ihnen verraten, was wirklich hilft?« sagte sie zu mir. »Wenn es mit dem Zeichnen klappt, vergesse ich alles um mich herum, bis zu einem gewissen Grade sogar die Schmerzen. Ich gehe völlig darin auf. Dieses herrliche Gefühl totaler Hingabe habe ich seit meiner Kindheit nicht mehr gekannt. Ich habe das Gefühl zu schweben, körperlos.«

JONATHAN

Jonathan, der zu den ersten gehörte, bei denen Aids diagnostiziert wurde, zog keinen Gewinn daraus, sich das Leben nach dem Tod als eine Reise vorzustellen. Er war ein bekannter Modedesigner, der im Mittelwesten aufgewachsen war und der in diesen Anfangsjahren der Seuche auf keine stützende Gemeinschaft zurückgreifen konnte. Tatsächlich stand er in seinem endlosen Ringen mit den Folgeinfektionen ebenso allein wie in Hinsicht auf die sozialen Folgen der Krankheit: Wem sollte er davon erzählen, zu welchem Zeitpunkt und warum, wem konnte er sich anvertrauen? Kurz, Jonathan litt in den ersten Jahren seiner Krankheit furchtbare körperliche und seelische Qualen.

Bei einer der Sitzungen mit Jonathan schnitt ich ein neues Thema an. Ich hatte just an diesem Morgen über die muslimische Nachtod-Sphäre gelesen, die ein schwelgerischer Ruheort unmittelbar jenseits der Welt der Lebenden ist, wo die Guten auf weichen Kissen lagern, Trauben essen und der Sinnenlust frönen. Jonathan war ein frommer Christ und zugleich ein ausgemachter Genußmensch. Ich hoffte, die Beschreibung des Vorzimmers zum muslimischen Himmel – das denjenigen offenstand, die ein gutes Leben geführt hatten; die Hölle war abscheulich – würde in Jonathan etwas wachrufen, worauf er seine Hoffnung richten konnte. Ich begann, detailliert wiederzugeben, was ich gelesen hatte.

Plötzlich brach Jonathan in Tränen aus. »Hör auf, Sukie!« schrie er. »Hör auf! Das halte ich nicht aus!«

Ich verstummte.

»Ich bete darum, daß dort Nichts ist«, entrang es sich ihm nach einer Weile. »Ich bete darum, daß da einfach nur süßes Nichts ist. Ich bin zu fertig für irgend etwas anderes.«

Plötzlich erkannte ich, daß Jonathan mit der Möglichkeit eines *Danach*, von dem dieses Buch handelt, nichts anzufangen wußte. Er hatte das Leben in jeder Hinsicht satt. Weitere Überraschungen, welcher Art auch immer – selbst die schwelgerischsten, selbst die bloß imaginierten –, waren nicht mehr erträglich für ihn. Als ich mich darauf einstellte und Jonathan von dem Warteplatz erzählte, wo er sich, falls das sein Wunsch war, mit Nichtstun bescheiden und aufhören konnte, an irgend etwas zu denken, verlor sich seine Angst vor dem »Danach«, und er kam wieder und wieder auf die Vorstellung zurück, weil sie ihm Hoffnung und Trost einflößte.

Reflexionen zum ersten Stadium: Das Warten

Wir alle wissen, was es heißt, zu warten. Für manche vielleicht irritierend, für andere beruhigend und erfrischend, schafft das Warten Zeitinseln in unserem Leben. Wir warten auf den richtigen Partner, dann auf die Hochzeit, dann darauf, daß wir ein Kind kriegen. Wir warten auf Gehaltserhöhungen und auf Beförderungen. Auch wir, die wir diesseits der Schwelle leben, kennen also Warteplätze. Statt aber aus ihnen Gewinn zu ziehen, statt »brachzuliegen«, wie der englische Analytiker Masud Khan es genannt hat,[14] sind wir oft ungeduldig und haben das Gefühl, daß der Strom unseres Lebens unterbrochen ist.

Das Leben ist voll von Veränderungen und kleinen Toden – Minitoden, wie ich sie gern nenne. Wir alle haben schon mit angesehen, wie eine Ehe in die Brüche ging, hochfliegende Ideen Schiffbruch erlitten, sorgsam aufgebaute Karrieren scheiterten. Wir haben erlebt, wie uns körperliche Fähigkeiten, Durchhaltekraft, jugendliches Aussehen, wichtige Freundschaften, an denen uns etwas lag, verlorengingen. Nach jedem solchen Ereignis besteht für uns die Möglichkeit, einen Warteplatz zu beziehen. Zu Verlusten jedweder Art gehören in der Realität eine Trauerzeit und eine Zeit schlichten Wartens. Verlust kann auch Übergang bedeuten, geradeso wie am Warteplatz, wo sich die Wandlung vollzieht.

Mich als Psychotherapeutin erfüllen Übergänge mit großem Respekt; ich bin mir der Tatsache bewußt, daß sie oft den Keim zu seelischem Wachstum bergen. Übergänge – unsere Antworten auf die lebensbedingten Wandlungen, die unsere Wirklichkeit verändern – sind niemals leicht; keiner geht einfach durch sie hindurch. Jeder Übergang kann ein Ereignis von ungeheurer persönlicher Tragweite sein.

Für die Verstorbenen wie für die Lebenden ist der Warteplatz der Ort, an dem die Veränderung in ihrer ganzen Realität erfaßt wird. Sowohl nach dem Tod als auch nach einem Minitod erlaubt uns das Warten, zur Ruhe zu kommen. Die Zeit bringt Linderung, selbst in der tiefsten Krise. Sowohl die Lebenden als auch die Toten gewinnen im Warten allmählich ihre Orientierung zurück.

Roberto Assagioli, Begründer der als Psychosynthese bekannten psychotherapeutischen Schule und Zeitgenosse von Freud und Jung, spricht von bifokaler Wahrnehmung – der Fähigkeit, gleichzeitig zwei verschiedenen Realitäten Platz in unserem Seelenleben einzuräumen.[15] Diese Fähigkeit erlaubt uns, die Verzweiflung zu kennen und gleichzeitig ein winziges Fenster der Hoffnung zu entdecken, das Ausblick auf einen neuen Pfad gewährt. So kann unsere Erfahrung an den Warteplätzen des Lebens und der Nachtod-Sphäre aussehen, wenn zuerst nur Dunkelheit um uns ist – dann Licht *und* Dunkelheit – und dann ungeahnte Möglichkeiten, die sich allmählich als Wirklichkeit enthüllen.

4
Zweites Stadium: Gericht

Ein Augenblick des Gerichts – imaginiert

Ein ungeheuer großer Saal. Die Decke wölbt sich hoch droben, und die Wände sind mattgolden getäfelt. Hell strahlendes Licht durchflutet den Gerichtssaal. Er steht an einer Wand mit wundervollen Einlegearbeiten aus Holz oder erdfarbenem Stein. Das Muster erinnert an ein Mandala und lenkt seine Aufmerksamkeit auf die Mitte wie die Iris eines Auges.

Man hat ihn nicht an diese Stelle gewiesen oder genau hier im Saal postiert. Dennoch wußte er genau, was er zu tun hatte – und nun weiß er mit absoluter Sicherheit, daß er an diesem Ort den Augenblick der Wahrheit erleben wird.

Weil hier keine Zeit existiert, gibt es auch keine Verzögerung; obwohl in dem großen Saal kein Laut ertönt, nichts zu sehen ist und nichts sich bewegt, weiß er, daß der Prozeß begonnen hat. Jemand, etwas, prüft ihn. Etwas hält Rückschau auf sein Leben, wägt es ab, und während dieser Prozeß voranschreitet, vollzieht sich auch in ihm selbst ein Urteilsvorgang. Seine Lebensgeschichte wird beleuchtet, aber nicht einfach als Erinnerung. Vielmehr werden ihm seine Handlungen, Gedanken, Ziele, Absichten, geheimen Motive und Begierden als Faktoren einer mathematischen Rätselaufgabe enthüllt. Die Lösung der Aufgabe ist das Los, das ihn erwartet.

Nichts bewegt sich, nichts verändert sich. Ehe der Prozeß begann, beschlich ihn ein Gefühl der Spannung, aber jetzt war-

tet er ruhig darauf, daß ihm sein Schicksal eröffnet wird. Wenn er den Saal verläßt, beginnt er die nächste Etappe seiner Reise, einem Bestimmungsort entgegen, der so unausweichlich ist wie ein Dorf am Ende einer Straße.

Man braucht kein Theologe zu sein, um zu verstehen, daß nicht alles in der Nachtod-Sphäre freundlich und hell sein kann, mag der Gedanke des Warteplatzes auch noch so aufmunternd und ansprechend wirken. Schon Kinder von vier oder fünf Jahren, ob christlich, hinduistisch oder tibetanisch, wissen, daß es nach einer Phase des Ausruhens wieder neue Arbeit zu tun gibt.

Sobald der Reisende seine körperliche Existenz abgelegt hat, verläßt er den Warteplatz und tritt ins nächste Stadium seiner Reise ein, wo über sein Schicksal entschieden wird. Welchen Weg wird er einschlagen? Was wird sein Bestimmungsort sein? Wie wird das Fazit des gerade gelebten Lebens aussehen – wird es Schmerz oder Lust, Strafe oder Belohnung sein? In vielen Kulturen, wenn auch keineswegs in allen, werden diese Fragen durch einen Prozeß entschieden, der uns Lebenden nur zu vertraut ist: Eine Gottheit, ein Vertreter der göttlichen Macht oder sogar irgendwie das System als solches prüft, bewertet und beurteilt den Lebensgang des Verstorbenen und entscheidet unwiderruflich über sein Schicksal.

Von den vielen Aspekten der Nachtod-Szenerie stellt das Gericht die härteste Herausforderung dar. Viele Menschen wenden sich den Ideen des »New Age Lite« zu und suchen dort die Gewißheit, daß kein Winkel ihrer Existenz zu belastend und keine persönliche Verantwortung zu schwer zu ertragen ist. Beginnt man indes, die verborgenen Winkel der Existenz zu erforschen, kann man sicher sein, daß man auf das schwere Problem des Gerichts und seiner Folgen stößt. Und der Gedanke des Gerichts bringt Unbehagen mit sich – Selbstzweifel, Anspannung, Angst vor Bestrafung ...

Ein warnender Hinweis: Dieses Kapitel bereitet dem Leser

möglicherweise Bauchschmerzen. Gleichzeitig kann es sein, daß ihm die hier angesprochenen Ideen vertraut vorkommen. Anders als die Probleme des Wartens, des Himmels und der Hölle oder der Wiedergeburt und Wiederbegegnung stellt das Gericht ein elementares Phänomen unseres Lebens dar. Jeder von uns ist ein Richter: Oft geben wir keine Ruhe, bis wir etwas gefunden haben, worüber wir ein Urteil fällen können. Unserem Urteil entgehen weder die Familie noch die Nachbarn, Politiker und Berühmtheiten, vor allem aber wir selbst nicht. Das gegenseitige Abwägen könnte sogar ein wesentlicher Bestandteil unserer Beziehungsmuster sein. Die Vorstellung vom Gericht nach dem Tod dürfte jedenfalls für viele, die über den Verlauf der Reise nachdenken, alles andere als eine Quelle des Trostes sein.

DOREEN

Meine Patientin Doreen reagierte auf die Eröffnung, daß sie nicht mehr lange zu leben habe, mit heftiger Erregung. Ihre Hauptreaktion bestand darin, daß sie zum Telefonhörer griff und erst zu telefonieren aufhörte, als sie kein Wort mehr herausbrachte. Statt, wie es heißt, ihre »Angelegenheiten zu ordnen«, wurde Doreen von der fixen Idee gepackt, sämtliche Menschen anzurufen, die sie seit ihrer Kindheit kennengelernt hatte. Sie wollte sich für alles entschuldigen, was sie anderen absichtlich oder unabsichtlich im Laufe ihres Lebens zugefügt hatte.

Doreen betrieb diese Anrufe mit an Raserei grenzender Hektik. Nicht, daß sie das Gefühl hatte, ein ausnehmend böser Mensch gewesen zu sein, aber sie wußte, daß sie Menschen tausendfach gekränkt und unabsichtlich beleidigt hatte, wie das den meisten passiert, ohne daß sie auch nur Notiz davon nehmen. Doch sie wurde von dem Gedanken verfolgt, wie es ihr im Gericht nach dem Tod ergehen werde.

»In meinen Träumen bin ich ganz allein und weiß nicht, was ich dem unsichtbaren Richter sagen soll«, erklärte sie mir.

»Und alles Schlechte, das ich anderen zugefügt habe, all die niederen Empfindungen, die ich ihnen gegenüber gehegt habe, kommen mir wieder in den Sinn, wenn ich daran denke. Ich fühle mich einfach elend und habe furchtbare Angst.«

Die Freude, die sie anderen geschenkt hatte, die Liebe und Großmut, mit der sie ihre Kinder großgezogen hatte – nichts von alledem zählte für Doreen. Für sie gab es nur die Negativbilanz und die unerträgliche Vorstellung, als schlechter Mensch zu ewigen Höllenqualen verurteilt zu werden.

Sie telefonierte und telefonierte, bis sie starb. Viele von denen, die sie telefonisch aufspürte, erinnerten sich kaum an sie geschweige denn an das »Böse«, das sie ihnen angetan hatte. Aber Doreen ließ sich nicht von ihrem Unternehmen abbringen, und daß sie daran festhielt, hatte seinen guten Sinn. Sie hatte schon immer zur peniblen Selbsterforschung und Selbstkritik geneigt. So traurig es sein mochte, eine Überraschung war es nicht, daß die Diagnose ihrer tödlichen Erkrankung zum Anlaß wurde, sich voll Furcht und Zittern auf die Gerichtsphase ihrer Reise nach dem Tod zu konzentrieren und alles in ihrer Macht Stehende zu tun, um sich vorher noch »reinzuwaschen«.

Daß wie bei Doreen die Ängste um die große Abrechnung kreisen, die nach dem Tode folgt, ist nichts Ungewöhnliches. Viele von uns kennen Menschen, die an der Schwelle des Todes plötzlich von Reue erfaßt werden. Eines der markantesten Beispiele stammt aus der Politik, wo Grausamkeit, Spott und Vernichtungswille an der Tagesordnung sind. Es war ergreifend zu erleben, wie Lee Atwater, Vorsitzender des Hauptausschusses der Republikaner unter Präsident Bush und bekannt für seine hemmungslosen Attacken gegen alle, die sich den politischen Zielen seines Präsidenten widersetzten, öffentlich Abbitte leistete, nachdem bei ihm ein tödlicher Hirntumor diagnostiziert worden war. Lag seiner Reue die Angst zugrunde, ein besudeltes Andenken zurückzulassen – oder war sein Motiv die Angst vor dem Gericht *nach* dem Tode, das ihm plötzlich drohend vor Augen stand und ihm sein Lebenswerk in einem neuen, schärferen Licht erscheinen ließ?

Den meisten Menschen ist es wichtig, welchen Eindruck sie hinterlassen; wie Doreen kommen sie im Angesicht des Todes häufig auf frühere Beziehungen zurück, um eine alte Schuld abzutragen. Aber auch für jemanden, der immer rechtschaffen gelebt hat, kann die Aussicht auf eine Rechenschaft nach dem Tode beunruhigend sein, wenn nicht gar in besonders starkem Maße. In den Nachtod-Vorstellungen, die ich studiert habe, war das Stadium des Gerichts immer das schwerwiegendste und bedeutendste, obwohl oft unklar bleibt, vor welcher Instanz man sich verantworten muß. Zwei zentrale Fragen erheben sich diesem Punkt der Reise, um deren Beantwortung wir nicht herumkommen:

– Erwarten mich Freuden, Belohnungen und Seligkeit oder Strafe, Verdammnis und Vernichtung?

– Worin bestand der Sinn des Lebens, das ich bald verlasse? Habe ich mir und anderen Leid zugefügt? Waren meine Erfolge und Leistungen wertvoll? Haben meine Bemühungen etwas Gutes erbracht, was mir nun positiv angerechnet wird? Habe ich so gelebt, daß ich etwas zum Wohl des Weltganzen beigetragen habe?

Verfahrensweisen des Gerichts

Wie schon bei der Vorstellung vom Warteplatz sind es nur die stärker »zielorientierten« Nachtod-Systeme, die den Geist an einen Scheideweg gelangen lassen und über sein Schicksal nach Maßgabe seines vergangenen Lebens entscheiden. Andere Nachtod-Methoden ermöglichen einen reibungsloseren, natürlicheren Wechsel von der einen Welt in die andere, vielleicht sogar unter freundlicher Mithilfe der Lebenden.

Zwei Kunstwerke kommen einem in den Sinn, die den Gegensatz zwischen gerichtsorientierten und nichtgerichtlichen Systemen plastisch hervortreten lassen. Das eine, ›Herr der sechs Bedingungen für die Wiedergeburt‹ (es hängt im Pariser Musée Qumet) ist eine buddhistische Darstellung des göttlichen Gerichts, ein überwältigendes Gewirr aus Farben, Figuren und Symbolen: Vielfältige Brücken überspannen einen Teich und verbinden die oberen und die unteren Regionen. Oberhalb des Teichs befindet sich das Paradies des Höchsten Buddha, das von einer Reihe leuchtender Wesen bevölkert wird. Unten sitzt auf einem Thron der Bodhisattva Ksitigarbha, eine buddhistische Gottheit, deren Aufgabe es ist, bei den Höllenrichtern Fürsprache einzulegen. Um den Boddhisattva schweben sechs Figuren und verkörpern die »sechs Bedingungen der Wiedergeburt«. Das Gemälde ist ein Meer aus Bewegung und komplexer Symbolik und spiegelt die Bedeutung wider, die das Gericht in den buddhistischen Nachwelt-Vorstellungen spielt.

Vergleichen wir diese Darstellung mit der schönen, in Stein geschnittenen Zeichnung, die von einem Eskimo stammt und den Titel ›Der sterbende Mann wird ein Wolf‹ trägt (Exponat der Winnipeg Art Gallery). Hier erleichtert ein Eskimomädchen seinem Vater den Übergang in die andere Welt durch einen Zaubergesang, den sie mit Zauberatem singt. Mit ihrer Hilfe wird er in den Körper eines Wolfes eintreten und im Jenseits ewig das Karibu jagen. Der Vater wechselt in die andere Welt über, ohne daß er über sein Vorleben Rechenschaft ablegen muß.

In den Systemen, die auf dem Gericht aufbauen, lassen sich vier verschiedene Typen ausmachen – die einen mit expliziten Richtern, die anderen ohne. Eine von diesen vier Prüfungen findet man in den meisten Nachtod-Vorstellungen wieder, die entweder als Abrechnung oder als Karma, als Entwicklungsprozeß oder als Bewährungsprobe angelegt ist.

DIE ABRECHNUNGSMETHODE

Die Abrechnungsmethode ist der Buchhaltung vergleichbar: gute Taten, lautere Gedanken, Wohlverhalten und Frömmigkeit werden gegen die Sünden aufgewogen. Wenn ein Geist am Ende schwarze Zahlen aufzuweisen hat, hat er sein Ziel, nach christlicher Vorstellung den Einzug ins Himmelreich und die Vereinigung mit Gott, erreicht. Stehen hingegen am Ende rote Zahlen – das heißt ein Sündenregister, das nicht durch gute Taten ausgeglichen wurde, ist man zur Hölle verdammt.

Auch die alten Ägypter hielten sich an diesen Abrechnungstyp. Bei ihnen benutzte der Geist Zauberformeln – von denen er einige im Leben auswendig gelernt hatte, während andere als Gedächtnishilfe aufs Grab geschrieben wurden –, um von einem Stadium der Reise zum nächsten zu gelangen. Schließlich erreichte man die Stätte, wo über den Wert der Seele Gericht gehalten wurde, die Halle von zweifach Recht und Wahrheit, um dort vor ein Kollegium aus zweiundvierzig göttlichen Richtern zu treten. Die Seele bekannte ihre Sünden: »Ich habe Unrecht getan, gelogen, gewalttätigen Raub begangen und Schmerz zugefügt.«[1] Anschließend wurde das Herz, das für die Ägypter Sitz des Bewußtseins und Symbol der Seele war, gegen eine Feder aufgewogen. Blieben die Waagschalen im Gleichgewicht, wanderte die Seele den Freuden des Paradieses entgegen. Falls nicht, gab es kein Wenn und Aber: Die Seele kam in die Hölle.

Auch wenn die jüdische Religion kein Jenseits kennt und sich lieber aufs Leben konzentriert als auf das, was danach kommt, gibt es doch in der Überlieferung des orthodoxen Judentums zwei Engel, die den Menschen durchs Leben begleiteten. Der eine, der ihm zur Rechten geht, verzeichnet seine guten Taten; der andere zur Linken registriert die Sünden. Wenn nach dem Tod die Zeit des Gerichts gekommen ist, tritt ein dritter Engel, ein »sonnengleiches Wesen«, in Erscheinung und nimmt die beiden Protokolle in die Hand, um die gerechten Taten gegen das sündige Tun abzuwägen. »Am Tage des Großen Gerichts wird jedes *Maß* und jedes *Gewicht* und jede *Waage* wie auf dem Markte offengelegt; und jeder wird sein *Maß* erkennen, und gemäß seinem Maß wird jeder seinen Lohn empfangen.«[2] [Hervorhebungen von mir]

Dieses jüdische Engelspaar hat vieles mit den Wesen gemein, von denen einer unserer hinduistischen Mitarbeiter berichtete. »In der nächsten Welt hat man keine Macht über das, was mit einem geschieht«, erklärte er, ein Mahapatra, der sich am Ufer des Ganges um die Toten kümmerte. »Was man tut und was mit einem passiert, darüber entscheiden die Handlungen, die man in dieser Welt begeht. Solange man auf der Erde lebt, sind da zwei *schrawanas* [übernatürliche Wesen], auf jeder Schulter einer; während man nachts schläft, gehen sie nach Jamaloka und erstatten Tschirragupra, dem Hüter der »Rechnungsbücher«, Bericht über die Vorgänge des verflossenen Tages, woraufhin dieser entsprechende Eintragungen ins Buch macht. Darauf basiert am Ende, was man bekommt: Lust oder Pein.«

Nicht zuletzt dank der üppig entwickelten Kunst des Christentums treten in der christlichen Tradition die Belohnungen und Strafen, die dem Abrechnungsverfahren entspringen, in einer Formenvielfalt und inhaltlichen Fülle auf, die ihnen bis zum heutigen Tage großes Gewicht verleihen. Wir besitzen gemalte Darstellungen von Himmel und Hölle aus vielen Jahrhunderten, aber kein Gemälde kann es auch nur annähernd mit dem Detailreichtum aufnehmen, den der großartigste aller christlichen Dichter erreicht: Dante Alighieri, der Chronist des christlichen Nachtod-Erlebens.

Wie Strafen verhängt werden – in Dantes Schilderung sind das höchst plastische, qualvolle und häufig von objektiver

DER ÄGYPTISCHE WEG

Im Sarg ist eine Scheintür, damit der Verstorbene Bewegungsfreiheit hat. Es gibt auch einen gemalten Tisch mit Gaben, damit er versorgt ist, eine Karte und eine Beschreibung vom Feld Hetep, das eine Paradiesversion darstellt, und eine Liste der Teile eines Schiffes, die für den Verstorbenen nützlich ist, weil er sich dem Sonnengott in dessen Barke zugesellt und diese über den Himmel steuert.

Auf den Innenboden der meisten Särge ist eine weitere Karte gemalt: ein von Hügeln umgebener blauer Wasserlauf für den Taghimmel und eine von Wasser umgebene schwarze Landroute für den Nachthimmel. Zusammen mit einem Text aus einem Dokument, das als ›Buch der Zwei Wege‹ bekannt ist, soll diese Karte eine Reihe von ungewöhnlichen Dämonen kenntlich machen und einige allgemein bekannte Ortsnamen den betreffenden Stätten in der Sphäre des Nachlebens zuordnen.

Tatsächlich besteht dieses Buch aus zwei verschiedenen Büchern – das eine ist ein geographischer Führer durch die Landschaften des Jenseits, während das andere die Zaubersprüche enthält. Kennt der Verstorbene die Zaubersprüche für das erste Stadium, wird er ein Stern am Himmel und gesellt sich dem Mondgott Thot bei. Kennt er die für die nächste Phase, gesellt er sich Osiris bei. Und kennt er alle Zaubersprüche, gelangt er in die Himmelsbarke des Gottes Re.

Aus ›The Encyclopedia of Religion‹, herausgegeben von Mircea Eliade, New York 1987

Ironie erfüllte Strafen –, führt den Mechanismus der Abrechnungsmethode am deutlichsten vor Augen. Wenn sich zeigt, daß ein Geist am Ende »in den roten Zahlen steht«, macht sich Minos, ein zottiges, wutschnaubendes Menschenbiest, mit Genuß daran, das Urteil des Richters zu vollstrecken. Der Torwächter Minos ist ein Monstrum mit einem furchtbaren Schwanz. Langsam nähert sich der Schwanz, windet sich um den Körper des Sünders und schnürt ihm die Luft ab. Zu welchem der Höllenkreise ist der unselige Geist verdammt? Die Zahl der Windungen des Schwanzes um den Körper gibt an, in welche Tiefen der Hölle der Geist hinabstürzt. Nachdem die Windungen die vorgesehene Zahl erreicht haben, hebt Minos den Schwanz und schleudert den Geist für alle Ewigkeit hinunter.

Ist im Zuge der Abrechnungsmethode das Urteil erst gefällt, verfangen keine Einwendungen, keine Fragen, keine Erklärungen mehr. Das Urteil ist schroff, zupackend, erbarmungslos quantifizierbar. Dennoch gilt, was ein mit dem viktorianischen Romancier Anthony Trollope befreundeter Geistlicher einmal geäußert haben soll: »Ohne die Gewißheit, daß die Hölle letztlich denjenigen erwartet, der zwar erfolgreich, aber verrucht ist, wäre das Leben auf Erden unerträglich.«[3] Die furchtbare Mathematik der Abrechnungsmethode bezeugt dieses menschliche Bedürfnis nach einem schließlichen Triumph der Gerechtigkeit.

Interessanterweise verfällt der Sünder nicht immer und überall ewiger Verdammnis. Wie bei einer Kontoüberziehung läßt sich unter bestimmten Bedingungen die Sache wieder in Ordnung bringen. Dantes Schilderung des Fegefeuers zeigt im Unterschied zu seiner Darstellung der Hölle, wie sich Seelen geduldig der Buße unterziehen. Hier herrscht mehr Licht, mehr Hoffnung als in der Hölle, und schließlich kann man aus der »Pestluft« der Hölle durch neun Ebenen des Fegefeuers zum Himmel aufsteigen. Sooft dies geschieht, frohlocken alle Seelen im Fegefeuer und preisen mit Jubelgesängen die Befreiung der erlösten Seele.

Wer in Kalifornien lebt, bekommt das Wort »Karma« reichlich zu hören. »Nein echt! Du mußt ja ein erstaunliches Immobilienkarma haben!« – »Mann, was hast du in einem früheren Leben getan, daß du so ein ungeheures Gesundheitskarma besitzt?« Vielleicht erfassen diese saloppen Äußerungen das Prinzip in seiner simpelsten Form, aber der Komplexität und Feinsinnigkeit dieses Systems, das seinen vollständigsten Ausdruck in den Religionen des Hinduismus und des Buddhismus gefunden hat, werden sie nicht einmal andeutungsweise gerecht. Wenn die Abrechnungsmethode des Gerichts eine einfache Bilanzierungs- oder Rechenprozedur ist, dann stellt die Karmamethode ein computerisiertes Verfahren dar, das mit einer fast unendlichen Menge von Details hantiert, die alle miteinander zusammenhängen. Aus wie vielen Gedanken, Handlungen, Absichten besteht ein Leben? Das entzieht sich jeder Schätzung. Bedenkt man die unendliche Vielzahl von Variablen, die hier miteinander in Wechselwirkung stehen, dann fängt man an – wohlgemerkt, man fängt nur an –, einen Eindruck von der Kompliziertheit des Beziehungsgeflechts zu gewinnen, das für die Karmamethode des Gerichts maßgebend ist.

Die Karmamethode bestimmt die Gesamtsumme aus all diesen Möglichkeiten menschlichen Strebens und ihren moralischen Folgen und gelangt zu einem einheitlichen Urteil darüber, wie das nächste Leben des Betreffenden beschaffen sein wird. Werden wir zur Strafe für unser Karma degradiert ins Leben zurückkehren – als Kamel vielleicht oder als Hund? Oder werden wir mit einem höheren Leben als dem gerade zurückgelassenen belohnt werden – mit dem Leben eines geachteten Gelehrten oder Lehrers, vielleicht sogar dem Leben eines Herrschers? Oder werden wir gar, was das Wünschenswerteste von allem wäre, das höchste und herrlichste aller Ziele erreichen: werden wir imstande sein, dem Rad des Lebens zu entgleiten und auf eine der Ebenen des Nirwana zu gelangen, eines Zustands unbeschreiblichen Friedens, der *jenseits* aller Himmel ist, frei von der Welt des Raumes und der Zeit? Nirwana ist ein Zustand der Erlösung, der spirituellen Freiheit, der wahren Gesundheit und des Eintauchens ins kosmische Bewußtsein – des Einswerdens mit ihm.

Es war ein heißer Tag in der heiligen indischen Stadt Varanasi, wohin die hinduistischen Pilger ihre Toten bringen, damit sie dort in die Nachtod-Sphäre eintreten; Edmundo und ich saßen am Ufer des Ganges im Schatten eines staubigen Gebäudes gegen eine Mauer gelehnt und unterhielten uns mit unserem Interviewpartner, einem Mahapatra. Um uns herum brodelte das Leben – und ganz besonders das Leben, das der Sorge um die Toten geweiht war: Auf dem Weg zu den Einäscherungsplätzen kamen unablässig Gruppen mit ihren Leichen vorbei. Inmitten dieses lärmenden Tumults, zu dem sich Leben und Tod vermengten, bat ich unseren Begleiter, mir das Karma zu erklären.

»Nun ja, das Karma ist der Ursprung von *allem*«. sagte er und schien sich zu fragen, wo er anfangen sollte. »Lassen Sie mich Ihnen eine Geschichte erzählen.« Er streckte seine langen dürren Beine aus. »Ein Mensch starb an einem Schlangenbiß, und die Schlange kam vor Gericht und wurde gefragt, warum sie den Menschen gebissen hatte. ›Der Tod hat es mir befohlen‹, antwortete die Schlange. Also mußte der Tod vor Gericht erscheinen. ›Warum hast du der Schlange gesagt, sie soll den Menschen beißen?‹ – ›Die Zeit hat es mir befohlen‹, antwortete der Tod. Nun wurde die Zeit gerufen. ›Das Karma des Menschen hat nach mir gerufen‹, antwortete sie. Das Karma seinerseits antwortete: ›Des Menschen Seele verlangte nach dem Tod.‹ Die Seele im Menschen wiederum erklärte, des Menschen Geist und Vernunft hätten sie gezwungen, sich zu Wort zu melden. Geist und Vernunft machten geltend, der Mensch habe eine Nahrung gegessen, die sie zum Sprechen gebracht habe. Die Nahrung aber gab dem Lebensunterhalt die Schuld – wäre der Mensch einer anderen Erwerbstätigkeit nachgegangen, sagte sie, hätte er nie und nimmer etwas wie sie gegessen. Die Moral der Geschichte?« fragte er breit lächelnd. »Die Moral ist, daß man seinen Lebensunterhalt nicht aus unannehmbaren Einkünften bestreiten soll, die einen dazu bringen, schlechte Nahrung zu sich zu nehmen; denn schlechte Nahrung verdirbt den Geist, der wiederum die Seele verwirrt, und so weiter, und so weiter. Es gibt nichts Zufälliges und Unzusammenhängendes, nichts im Leben eines Menschen, das nicht Auswirkungen auf sein nächstes Leben hat. Und sehen Sie, das ist nur eine Kurzfassung der Geschichte, sie ließe sich unendlich viel länger ausspinnen. Alles und jedes ist mit allem und jedem verknüpft, eines verändert alles andere, alles wirft ein neues Licht auf die Dinge. Um ein gutes nächstes Leben zu haben, muß man jederzeit sehr, sehr behutsam sein.«

Wie groß die Behutsamkeit sein muß, macht die Tatsache deutlich, daß jenes feingesponnene Gerichtsverfahren, als das sich das Karma darbietet, selbst dem Einfluß der Götter entzogen ist. Hören wir eine weitere hinduistische Erzählung:

Eines Tages, als die Götter gerade müßiggingen, zog ein junger Heißsporn unter ihnen gegen das Karma vom Leder, nannte es grausam und meinte, seine unwiderruflichen Entscheidungen seien zu unversöhnlich. »Ach, das Karma entzieht sich bei weitem unserer Macht«, antworteten die älteren Götter.

»Aber ihr seid doch Götter!« sagte der junge Gott.

»Laß dir zeigen, was wir meinen. Schau hin«, riefen die Götter. Sie spähten hinunter auf die Erde und sahen einen Bettler, der einen Waldpfad entlangtrottete. Er trug seine ganze weltliche Habe in einem Sack auf dem Rücken und war vom Leben niedergedrückt und gebrochen. »Jetzt, paß auf!« riefen die Götter und warfen dem Bettler einen großen Beutel mit Gold vor die Füße. Der Bettler indes schenkte ihm keine Beachtung, ging um ihn herum und setzte seinen Weg fort.

»Schau weiter hin!« riefen die Götter und nahmen den Beutel auf, um ihn wieder hinunterzuwerfen, diesmal dem Bettler auf den Rücken. Der lief weiter, als wäre nichts geschehen.

Die Geschichte geht endlos weiter: Die Götter werfen dem Bettler das Gold direkt auf den Kopf, sie legen es unter den Baum, wo er Rast macht. Aber kein einziges Mal bemerkt ihn der Bettler, weil er sein Karma auslebt, das Schicksal, das er sich durch die Taten seines früheren Lebens selbst gewirkt hat.

Das Gericht als Abrechnungsverfahren ist mit der Überzeugung verknüpft, daß die Menschen sich Verdienste erwerben und dadurch auf ihr Schicksal Einfluß nehmen können. Und mindestens theoretisch erfüllen Erfolge bei diesem Bemühen die Reisegenossen mit Freude – denken wir an die Gesänge und den Jubel, der aus Dantes Fegefeuer aufsteigt, wenn sich ein Sünder die Erlösung verdient hat. Die überwältigende Kompliziertheit der Karmamethode dagegen führt zu einer Art von fatalistischer Indifferenz – wir können zwar *versuchen*, uns den Aufstieg in ein höheres, nächstes Leben zu verdienen, aber eine gleichgültige Hinnahme unseres Schicksals erscheint angesichts des unwandelbaren Weltcomputers, der darüber entscheidet, möglicherweise als die angemessenere Reaktion auf das Gericht.

DIE EVOLUTIONSMETHODE

Bei dem Verfahren, das ich als Evolutionsmethode bezeichne, gilt das Universum als in ständiger Entwicklung begriffen, und unser Leben wird danach beurteilt, wie weit wir zu dieser Entwicklung des Ganzen einen Beitrag geleistet haben. Bei dieser Methode dient jeder von uns im Leben wie im Tode einem doppelten Zweck: sich als Individuum zu entwickeln und auf irgendeine Weise etwas zum Universum beizutragen.

Diese großartige Idee – die den einzelnen im Zusammenwirken mit den Kräften einer umfassenderen Wirklichkeit vorstellt – hat zahlreiche Ausprägungen gefunden. Sie ist das treibende Motiv hinter der Baha'i-Religion, in deren Zentrum der spirituelle Fortschritt steht, der gleichermaßen das Ziel des menschlichen Lebens und die Quelle menschlicher Glückseligkeit darstellt – vor dem Tode wie auch danach. Für die Anhänger des Bahaismus ist das Gericht in der Form, in der es existiert, Konsequenz der in der Seele vorhandenen Bereitschaft, sich in der Richtung auf Gott zu entwickeln und die dafür nötigen Schritte zu unternehmen. Belohnung und Strafe sind dabei aufs engste mit diesem einen Ziel verknüpft: Wer systematisch danach strebt, Gott näher zu kommen, erfährt die Freude der Erfüllung; wer sich von diesem spirituellen Ziel entfernt, den ereilt die Strafe, daß ihm die Freude versagt bleibt.

Eine stärker okkulte Ausprägung des Evolutionsmodells trifft man in der Theosophie an, einer weltweiten Bewegung, die im letzten Jahrhundert von der umstrittenen Visionärin Madame Blavatsky begründet wurde. In dieser spirituellen Tradition ist der Geist gleichfalls etwas Ewiges; im Zuge einer Reihe von Wiedergeburten erklettert er die Leiter des Seins, bis er im Zustand vollkommenen Seins angelangt ist. Den emporsteigenden Geistern wird bei diesem Prozeß Hilfestellung von den sogenannten Meistern geleistet, denen, die den Aufstieg bereits hinter sich haben.

Weder im Bahaismus noch in der Theosophie gibt es äußere Richter. Vielmehr ist man selbst sein eigener Richter. Nehmen wir an, die verstorbene Person hat Sommerland erreicht, sich dort ausgeruht und schließlich verwandelt: Was sie nun auswertet, sind nicht so sehr ihre begangenen Handlungen, sondern ihre hinter den Handlungen stehenden *Absichten* und der Grad von Übereinstimmung, in dem diese Absichten mit der Entwicklung eines universalen Bewußtseins stehen. Hier, im Evolutionsverfahren, gibt es keine Auspeitschungen, keine Schwänze, die einen erdrosseln, keine

Engel, die dem Menschen über die Schulter sehen und alle seine Gedanken und Taten abwägen. Statt dessen blickt der Geist selbst auf das Leben zurück, das er gerade geführt hat, und läßt es wie auf einer Leinwand vor sich abrollen – allerdings erschöpft sich sein Zuschauen nicht in einer Folge von Beobachtungen, auf deren Grundlage er dann zu einem Urteil gelangt. Vielmehr *erlebt* er die Auswirkungen, die jeder seiner Gedanken und jede seiner Handlungen auf andere gehabt haben.

Diese Selbstbewertung im Anschluß an den Tod kann eine Tortur sein. Wir erleben nicht nur die Erinnerung, sondern all das Leid, das wir zugefügt haben, fühlen, wie uns angesichts unseres Egoismus das Herz bricht, gewahren ohne jede Beschönigung unsere Gleichgültigkeit gegenüber anderen und sehen, anerkennen und empfinden innerlich mit, wieviel Schrecken und Ungemach wir im Laufe unseres Lebens anderen bereitet haben.

Bei diesem Prozeß durchleben wir unser Leben in handgreiflicher Identifizierung und aufrichtigem Mitgefühl mit allen, denen wir Böses getan haben. Wir schauen unseren innersten Absichten ins Auge – den heimlichen Beweggründen und verborgenen Gründen für unsere Verhaltensweisen. Meister oder große Lehrer machen diese Absichten sichtbar; sie enthüllen sich uns, als stünden wir vor einer riesigen Filmleinwand.

Wir sehen uns also vielleicht, wie wir Barmherzigkeit üben – und dabei sorgfältig darauf achten, daß es die anderen auch mitbekommen, wie barmherzig wir sind. Wir sehen uns vielleicht, wie wir unsere Kinder aufziehen und glückliche Menschen aus ihnen zu machen suchen – und das nur, um auf uns selbst, die »idealen« Eltern, stolz sein zu können.

Die Evolutionsmethode mag im Vergleich mit der Abrechnungsprozedur und dem Computerverfahren des Karma auf den ersten Blick als eine freundlichere, weniger unerbittliche Bewertungsmethode erscheinen. Tatsächlich aber ist sie ein grausamer Urteilsprozeß, der den Geistern der Toten abverlangt, sich selbst ungeschminkt wahrzunehmen. Das hat zur Folge, daß wir uns völlig neu als nackte Seelen sehen, befleckt und zerschrammt von den Auswirkungen unserer egoistischen Bestrebungen und Regungen, von denen wir wissen, daß sie doch so tief im Menschen verankert sind.

Daß wir im Nachtod-Erleben unser Leben zum ersten Mal ohne Schutz- und Blendmechanismen zu Gesicht bekommen, verhindert indes nicht die reine Freude, die im Bahaismus herrscht, wenn es uns schließlich gelingt, in den Entwicklungsstrom zu gelangen, der Gott entgegenstrebt.

Und in der Theosophie finden wir uns, nachdem wir uns in unserer Blöße wahrgenommen und der Wahrheit gestellt haben, im Ersten Himmel wieder, wo unsere Seelen, nachdem die qualvolle Arbeit der Konfrontation mit dem Bösen in uns beendet ist, frei zu einem Leben in Schönheit und Liebe sind.

Im Blick auf den herrlichen Ersten Himmel liefert Beard eine besonders ausführliche Schilderung von der Nachtod-Sphäre, die hier einer utopischen Akademie voll großartiger Baulichkeiten, mit dem denkbar mildesten Klima gesegnet, ähnelt – unser Geist beginnt wieder, sich weiterzuentwickeln. Neben vielem anderen lernen wir dort, nach Belieben in die Dimension der Zeit einzutreten, um mit den Lebenden auf dem Weg über die Träume telepathische Botschaften zu senden. Die Lebenden erfahren diese Mitteilungen, die ihnen von seiten lieber Verstorbener zuteil werden, als weise Entschlüsse, tiefe Einsichten und Beweise vormundschaftlicher Leitung, die sie wiederum zu einem von lauteren Absichten bestimmten Leben drängen.

Im Ersten Himmel, der die erste Station nach Sommerland darstellt, nutzen die Geister ihre Ratgeberfunktion gegenüber den Lebenden als eine Gelegenheit, die besudelten und verderbten Bestrebungen zu sühnen, denen sie während ihrer schmerzhaften Selbstprüfung auf die Spur gekommen sind. Und indem sie das tun, verliert ihre Selbsteinschätzung allmählich den quälend negativen Zug und wird zu einem positiven Beitrag, der in die Totalität der universalen Entwicklung einfließt.

DIE BEWÄHRUNGSMETHODE

Das Gerichtssystem des tibetanischen Buddhismus hat in der ganzen Welt nicht seinesgleichen, gleichermaßen was seine Dimensionen und seine Großartigkeit betrifft. Alle übrigen Methoden verblassen vor der vielfältigen, beziehungsreichen Bildwelt des Nachtod-Erlebens im tibetanischen Buddhismus und vor dem herausfordernden Ausmaß an Gewissenserforschung, dem sich der Geist dort konfrontiert sieht.

Ich spreche von »Bewährungsmethode«, weil hier das Gericht aus einer Reihe von Ereignissen besteht, die allesamt ingeniös darauf abgestellt scheinen, den Geist die Orientierung verlieren zu lassen. Wer bei dieser Methode versagt, wird unter Umständen in einer niederen Existenzform wiedergeboren; nur eine Kette von bestandenen Bewährungen im Angesicht zunehmend schrecklicher Herausforderungen lassen den Geist ans höchste Ziel gelangen und ermöglichen ihm, dem Rad des Lebens zu entrinnen und in eines der vielen als Nirwana bezeichneten himmlischen Zustände überzuwechseln.

Im evolutionären Nachtod-System des tibetanischen Buddhismus verfährt der Geist entweder nach dem Karmaprinzip oder nach dem Entwicklungsschema (siehe Kasten). Mit seiner Reihe von Bewährungsproben beginnt er vier Tage nach dem Tod, wobei die vier Tage die Wartezeit darstellen, die das tibetanische System für die Trennung der Seele vom Körper vorsieht. Auch wenn das letzte Urteil in der Tat sowohl vom gerade zurückgelassenen Leben als auch vom Zustand des Geistes im Augenblick des Todes beeinflußt wird, gibt doch den machtvolleren Bestimmungsgrund für das Schicksal des Reisenden die Art und Weise ab, wie er die ihm bevorstehenden Herausforderungen meistert. Die Reihe

DER TOTENRICHTER DHARMARAJA

Einer der tibetanisch-buddhistischen Vorstellungen vom Gericht zufolge herrscht Dharmaraja über die toten Seelen, die durch seinen Höllenpalast hindurchmüssen. Wie es sich für jemanden gehört, der über Schicksale entscheidet, ist Dharmaraja gigantisch groß und rot; in der Rechten hält er ein Schwert und in der Linken »den Spiegel der Gerechtigkeit«. Während er auf seinem Thron sitzt und seine Füße auf einer Lotusblume ruhen, befinden sich vor ihm gute und böse Geister – schwarze und weiße, die alle gleichzeitig geboren sind – und schütten weiße und schwarze Steine aus Säcken auf getrennte Haufen, die für die zu Lebzeiten begangenen Taten derer stehen, über die Gericht gehalten wird. Zu der Szene gehört außerdem ein tierköpfiger Schreiber, der das Urteil aufzeichnet, das über die vorbeiziehenden Seelen gesprochen wird.

Während sie einzeln vor den Richter treten, werden die Steine gegen ein Eisengewicht aufgewogen. Wem bescheinigt wird, daß er ein schlechtes Leben geführt hat, der wird der einen oder anderen Höllenqual überantwortet, die von glühenden Feuerstätten über Eiseskälte bis zu Wäldern reichen, deren Laub aus drohenden Schwertern besteht. Auf einem herrlichen Pfad hingegen verlassen jene den Schauplatz, die einen Freispruch erlangt haben: dieser Pfad führt sie in ein westlich gelegenes Paradies.

dieser Herausforderungen besteht aus neunundvierzig Ereignissen, die sich in jener Sphäre abspielen, die ich als Nachtod-Sphäre bezeichne, während der tibetanische Buddhismus sie Bardo-Zustand nennt und als ein Zwischenstadium zwischen den Existenzen begreift.

Die Prüfung selbst besteht aus uralten Bildern, in denen buddhistische Lehrer und Gelehrte Manifestationen unserer eigenen, nur allzu menschlichen Seele sehen. Mit anderen Worten, so fremdartig und furchterregend diese uns auf die Probe stellende Bilderwelt anmuten mag, sie kommt aus uns selbst. Eher heraufbeschworen als neugeschaffen sind diese detaillierten Gestalten Darstellungen der Gier, der Lust, der Unwissenheit, des Verlangens, des Stolzes, des Neides und des Hasses, die uns selbst zu eigen sind. Wenn sie auf diese Weise vor unsere Augen treten, werden sie in all ihrer Schrecklichkeit sichtbare, bedrohliche, aufwühlende Wirklichkeit.
Das Folgende soll einen Eindruck von den Prüfungen vermitteln, wie sie im ›Tibetanischen Totenbuch‹, hier in der Übertragung von Louise Göpfert-March, in aller Ausführlichkeit geschildert werden.

– Am fünften Tag scheint das grüne Licht der Urform des Elements Licht auf dich. Zu dieser Zeit wird aus dem Grünen Nördlichen Reich der Erfolgreichen Ausübung Bester Handlungen der Bhagavân Buddha Amoghasiddhi ... auf dich scheinen ... Die Urform der Gesamtheit des Wollens, die als das grüne Licht alleswirkender Weisheit scheint, ... geschmückt mit Sternenwelten, die von Satelliten-Strahlungssternenwelten umgeben sind, ... werden dein Herz treffen ... Daneben scheint ein Licht von trüber grüner Farbe aus dem Asura-loka auf dich, erzeugt aus der Ursache des Eifersuchtsgefühls ... Darauf wirst du durch den Einfluß starker Eifersucht vor der blendenden Strahlung des grünen Lichts erschrecken und vor ihr fliehen (wollen).[4]

– Am siebenten Tag kommen die Wissenshaltenden Gottheiten aus den heiligen Paradiesreichen, um einen zu empfangen. Gleichzeitig empfängt einen auch der durch Leidenschaft und Geistesverdunklung erzeugte

Pfad zur Tierwelt ... O Edelgeborener, fünffarbige Strahlungen der Gleichzeitig-Geborenen Weisheit ... gehen von den Herzen der fünf Wissenshaltenden Hauptgottheiten aus und treffen dein Herz so hell, daß das Auge es nicht ertragen kann, sie anzublicken. Gleichzeitig scheint ein trübes blaues Licht aus der Tierwelt neben den Strahlungen der Weisheit.[5]

– (Am achten Tag kommt) der Große Glorreiche *Buddha-Heruka*, dunkelbraun an Farbe, mit drei Köpfen, sechs Händen und vier fest aufstehenden Füßen, das rechte (Gesicht) weiß, das linke rot, das mittlere dunkelbraun, mit einem Körper, von dem Strahlungsflammen ausgehen, mit neun weitoffenen Augen, mit schrecklichem Blick, mit Augenbrauen, die wie Blitze zucken, mit glänzenden, übereinandergestellten, hervorstehenden Zähnen, der sich Luft macht mit tönenden Ausrufen wie »a la la« und »ha ha« und durchdringenden, pfeifenden Tönen, das Haar von einer rötlich-gelben Farbe, das ihm zu Berge steht und Strahlung ausschickt, die Köpfe geschmückt mit getrockneten (Menschen-)Schädeln und (den Symbolen von) Sonne und Mond; schwarze Schlangen und rohe (Menschen-)Köpfe bilden eine Girlande für seinen Körper ...[6]

Wie diese Beispiele zeigen, sind der Detailreichtum, die Farbigkeit und die Lebendigkeit der tibetanisch-buddhistischen Nachtod-Sphäre geradezu überwältigend. Jede der neunundvierzig dramatischen, farbigen und höchst kraftvoll inszenierten Begegnungen stellt den der Gewissenserforschung unterworfenen Reisenden auf die Probe und fordert ihn heraus.

Wie sieht die korrekte Reaktion auf die Ungeheuer aus, die – eines nach dem anderen und eines immer bedrohlicher als das andere – in Erscheinung treten? Was muß der Geist tun, damit seine Behandlung der zunehmend aufwühlenden Vorgänge als erfolgreich beurteilt werden kann? Die Antwort findet man in den folgenden fünf Zeilen aus dem ›Tibetanischen Totenbuch‹, die Sogyal Rinpoche in ›Das Tibetanische Buch vom Leben und vom Sterben‹ zitiert:

> Nun, da mir der Bardo des Todes dämmert,
> will ich alles Greifen, Sehen und Anhaften aufgeben,
> will unabgelenkt in das klare Schauen der Lehren eintreten
> und mein Bewußtsein in den Raum des ungeborenen Rigpa ausschleudern.
> Nun, da ich diesen aus Fleisch und Blut zusammengefügten Körper verlasse,
> will ich ihn als flüchtige Illusion erkennen.[7]

»Ich will ihn als flüchtige Illusion erkennen.« Einfach, aber schwer. Wenn in Reaktion auf die neunundvierzig Ereignisse im Bardo-Zustand der Reisende von Begierde gepackt wird, weint, schreit, sich duckt oder furchtsam zurückschreckt, wenn er trotz der zutiefst subjektiven Beschaffenheit der Ereignisse auch nur einen Augenblick lang an die objektive Realität der drohenden Ungeheuer glaubt, hat er die Probe nicht bestanden, und es wird ein strenges Urteil über ihn gefällt. So persönlich mitreißend jede Begegnung sein mag, so faszinierend sie sein mag, so dramatisch und aufregend und furchteinflößend sie sein mag – alles ist Illusion. Eine andere Wahrheit gibt es nicht.

»Ich will ihn als vorübergehende Illusion erkennen«, sagt uns nicht nur, was wir als wahr erkennen sollen – daß alles Illusion ist –, sondern auch, wie wir es wahrnehmen sollen: Wir sollen uns nicht irre machen lassen. Im Kern sind die neunundvierzig Ereignisse nichts anderes als der Versuch, uns zu verwirren und von der fundamentalen Wahrheit, daß alles Illusion ist, abzulenken. Damit wir außerordentlich leicht abzulenkenden menschlichen Wesen diese Wahrheit unbeirrt und ohne Rücksicht darauf, was vor unseren Augen passiert, schauen, müssen wir die Konzentration auf die Wahrheit und die Immunisierung gegen Ablenkungen unablässig üben.

Wie können wir das? Durch »ernsthaftes, anhaltendes Reflektieren« – kurz, durch Meditation.

Meditation gehört zum Kern der buddhistischen Lebenspraxis, aber ihr Wert erstreckt sich auch in die Nachtod-Sphäre. Meditation ist das Mittel, das dem Reisenden dabei hilft, sich auf die neunundvierzig Begegnungen im Bardo-Zustand vorzubereiten, so daß er sie mit gelassener Einsicht bestehen kann. Diese einzigartige Kontinuität der Zielsetzung, die sich über die Grenze des Todes hinaus erstreckt, findet ihren Niederschlag in dem Brauch, das ›Tibetanische Totenbuch‹ nicht nur den Sterbenden, sondern auch noch neunundvierzig Tage lang nach dem Tod den Verstorbenen vorzulesen.

Die Lesungen aus dem ›Tibetanischen Totenbuch‹ dienen dem dreifachen Zweck, den Reisenden daran zu erinnern, daß alles Illusion ist, ihn vor Ablenkungen zu bewahren und ihm eine Stimme zur Verfügung zu stellen, die ihm durch ihr leises, monotones Rezitieren das Meditieren erleichtert.

Unter allen Beispielen für ein Zusammenwirken zwischen Lebenden und Toten hat keines stärkere Intensität als dieses und dürfte keines für die Reisenden wie für die Lebenden segensreicher sein. Während der Lesende durch sein Lautlesen den Reisenden daran erinnert, daß die Wirklichkeit Illusion ist, fördert der Text gleichzeitig beim Lesenden selbst das Verständnis davon, was Illusion ist und welcher Wert dem »ernsthaften, anhaltenden Reflektieren« zukommt.

Wege zum Gericht

In vielen Systemen und Kulturen ist die Reise, die den Geist seinem Schicksal entgegenführt, ebenso spannend wie unter Umständen schreckensvoll – so schreckensvoll für die Verdammten, wie sie segensreich für diejenigen ist, die dem Paradies zustreben. Ich liebe die Bilder, die das Procedere im Anschluß an den Augenblick der Wahrheit symbolisieren: Sehr häufig in der Literatur über das Nachtod-Erleben trifft man hier Brücken oder Leitern an.

Brücken eignet in vielen Systemen große symbolische Bedeutung. Bei der Jungschen Traumarbeit können sie Mittel der Wandlung sein; in der griechischen Mythologie dienen sie der Überbrückung von Problemen, auf dem Gebiet des Spirituellen und des Emotionalen ebenso wie im Bereich der Körperwelt. In Nachtod-Systemen haben sie häufig die Funktion, Geister voranzubringen – dort sind sie nicht nur der Weg zum Ziel, sondern auch selbst das Kriterium, das über das Ziel entscheidet.

Bei den Bewohnern der indonesischen Insel Sulawesi ist die Nachtod-Reise lang und schwierig und schließt ein kompliziertes System von Brücken ein; wie wir von einem Mitarbeiter erfuhren, braucht es »einen starken Büffel, der einem hilft, ans Ziel zu gelangen«. Die Toten müssen den Salu Bombo, den Seelenfluß, überqueren. Fünf Bögen führen über den Fluß, von denen jeder für eine eigene Klasse von Seelen bestimmt ist: Für die Adligen gibt es eine Goldbrücke und für die Sklaven beziehungsweise jene, die eines unnatürlichen Todes durch einen Speerstoß gestorben sind, eine Palmblattbrücke.

Der Islam hat seine Brücke Sirat, die sich über die Hölle spannt und zum Himmel führt. Diese Brücke ist schmaler als ein Haar und scharfkantiger als ein Schwert. Das Gericht, das sich als Abrechnungsmethode darstellt, bei der die

Bücher mit allen verzeichneten Taten gewogen werden, findet auf der Brücke, auf halbem Weg zwischen Himmel und Hölle statt; als erster überschritt einst der große Prophet Mohammed die Brücke.

Hier ist es so, als spräche die Brücke selbst das Urteil. Der rechtschaffene Geist überschreitet die Brücke Sirat mit Leichtigkeit, während die Sünder, beschwert durch ihre Schuld, sie kriechend überqueren müssen und unfehlbar in die Flammen der Hölle stürzen, die unter der Brücke lodern.[8]

DIE BRÜCKE DES SCHEIDERS

Beim zoroastrischen Totengericht überqueren die Verstorbenen die Brücke des Scheiders. Für die Bösen ist die Brücke kurvenreich und scharfkantig, so daß es fast unmöglich ist, sie zu überqueren. Verfolgt von der Erinnerung an ihre Missetaten im Leben, verlieren sie beim Versuch, die Brücke hinter sich zu bringen, unfehlbar das Gleichgewicht und stürzen in den Abgrund der Hölle. Wenn die Gerechten die Brücke des Scheiders überqueren, ist hingegen die gleiche Strecke ein ebenes und bequemes, entgegenkommendes Stück Weg. Sie überschreiten die Brücke ohne jede Schwierigkeit und schlüpfen mühelos in den Himmel.

Die Brücke Sirat hat bemerkenswerte Ähnlichkeit mit der Brücke Chinvat der von Zoroaster begründeten parsischen Religion. Der Parsismus war die Religion des alten Iran, die erste »institutionalisierte« Religion der Welt, die den Gedanken des Gerichts und die Vorstellung einführte, daß dem Leben auf Erden Bedeutung für das Nachtod-Leben zukommt. Auch hier steht die Brücke im Zentrum des Gerichts; in der parsischen Literatur findet man viele Beschreibungen der Brücke Chinvat. Voll innerer Anspannung geht der Geist seinem Bestimmungsziel in der Nachtod-Sphäre entgegen:

> Da ist eine scharfe Schneide wie bei einem aufrechtstehenden Schwert, und unter der Brücke ist die Hölle. Dann wird die Seele dorthin getragen, wo sich die scharfe Schneide befindet. Dann, wenn [die Seele] rechtschaffen ist, bietet die Schneide ihre Breitseite dar ... Ist die Seele verworfen, bleibt die Schneide auf der Kante stehen und gewährt keinen Durchgang ...[9]

Vielleicht kann selbst die sündigste Seele sich beim ersten Schritt auf die Brücke Chinvat noch in falschen Hoffnungen wiegen, aber wenn sie die Mitte erreicht, ist ihr Schicksal entschieden, und dieses Schicksal ergibt sich als Konsequenz aus ihrem gesamten Leben.

Auch Leitern stellen Wege zum Nachtod-Ziel dar – man steigt zum Paradies auf oder aber hinab in die dunklen Tiefen. In ihrer Schilderung des Begräbnisses eines Ijo-Priesters im südlichen Nigeria stellt eine Beobachterin dar, wie eine Leiter konkret an der Entscheidung darüber beteiligt ist, welches Schicksal den Geist des toten Priesters erwartet. »Dreht die Hand«, werden diejenigen, welche die Leiter halten, durch die Amtswalter beim Begräbnis aufgefordert. Daraufhin beschreibt die Leiter Kreise, und die Richtung dieser Kreise zeigt an, ob der Tote Zauberei verübt hat oder nicht, was wiederum Einfluß auf sein Schicksal in der Nachtod-Sphäre hat.[10]

Gericht: Eintauchen in die Wahrheit

Meine Patientin Doreen starb im gleichen Zustand der Beängstigung, in dem sie ihr ganzes Leben verbracht hatte. Sie neigte schon immer zu unerbittlicher Selbsterforschung und zu einer übertrieben harten Beurteilung ihres Verhaltens; seit der Kindheit hatte sie Angst davor, in die Hölle zu kommen. Noch in den letzten Tagen ihres Lebens war sie damit beschäftigt, Leute anzurufen, Abbitte zu leisten, alte Sünden und Taktlosigkeiten zu übertünchen.

Ich konnte Doreen kaum dabei helfen, von ihren Selbstbezichtigungen Abstand zu nehmen und ihre Angst zu lindern. Aber ich fragte mich, welcher Wechsel der Sichtweise nötig gewesen wäre, um über das letzte Gericht, das sie so sehr in Angst und Schrecken versetzte, gefaßter nachzudenken. Die Antwort, auf die ich dabei stieß, wohnt allen beschriebenen Gerichtsmethoden inne: Es ist der Balsam der Wahrheit.

Bei jeder der beschriebenen Methoden besteht das Gericht in der Erforschung, der Bewertung und der Entscheidung zwischen Belohnung und Strafe. Aber wenn wir uns den *Kontext* anschauen, in dem sich das Gericht in der Nachtod-Sphäre unfehlbar abspielt, dann finden wir eine Atmosphäre lauterer, unverfälschter, befreiender Wahrheit. Die Wahrheit im Nachtod-Erleben ist etwas so völlig anderes als das, was in unserem Leben für Wahrheit gilt, daß ich den Unterschied am ehesten mit dem zwischen einem kristallklaren Gletscherbach und dem Wasser eines verseuchten Tümpels vergleichen möchte.

Soweit mein Kollege Edmundo Barbosa mich nicht auf Interview-Expeditionen rund um die Welt begleitet, praktiziert er Psychotherapie in seinem Spezialbereich; das heißt, er hilft Gruppen und einzelnen, mit terminalen Krankheiten fertig zu werden. Bei seiner Arbeit hat er eine besondere Beziehung zur Wahrheit: Er sucht sie, um mit ihrer heilenden Kraft seine Patienten zu befreien.

»Ich erzähle Geschichten – Geschichten von anderen Menschen, Geschichten aus der Literatur, Geschichten und Parabeln und kleine Gleichnisse aus den religiösen und spirituellen Traditionen der ganzen Welt. Einiges steuern die Tibeter bei, einiges die Cree-Indianer. Anderes mein Nachbar drunten auf der Straße oder ein Patient von vor zehn Jahren mit seinen Befürchtungen und dem, was ihm passierte. Das klingt vielleicht alles falsch und konstruiert, als hätte es mit der Wahrheit nichts zu tun, aber die Geschichte setzt sich im Patienten fest, er geht nach Hause und denkt die ganze Woche darüber nach, erzählt sie vielleicht auch dem Ehepartner oder den Kindern. Und sehr häufig durchbricht die Geschichte als solche den Widerstand, der die betreffende Person daran hindert, den Tod zu akzeptieren.

Denn die Geschichten sind *nicht* falsch und konstruiert: Sie sind Transportmittel der Wahrheit. Sie zu erzählen ist eine Methode, die Wahrheit ins Gehirn hineinzuschmuggeln, wo sie – nicht immer, aber unter Umständen – der Verleugnung der Wahrheit entgegenwirkt und plötzlich die Mauern zum Einsturz bringt.

Was ich gesehen habe, ist folgendes: Akzeptiert man erst, daß man im Begriff ist, zu sterben, gelangt man in einen Zustand, für den ich in Nigeria die Beschreibung gehört habe, jemand sei ›reif zu sterben‹. Für mich liegt in diesem Ausdruck die Vorstellung von einem natürlichen Prozeß, und im Naturprozeß steckt fundamentale Wahrheit.

Laß es mich folgendermaßen ausdrücken: Denken wir uns einen Baum, ein lebendes System. Eine Frucht an diesem Baum ist Teil des Systems, und wenn sie reif ist, hat sie ihren Erfüllungszustand erreicht, was Aroma, Geschmack, Nährwert betrifft; sie ist reif, verzehrt zu werden. Und deshalb ist sie bereit, das System des lebenden Baums zu verlassen, um sich in den Dienst des den Baum umgebenden Lebens zu stellen. In meiner Praxis leistet ein Patient, der die Reife erreicht hat, nicht länger Widerstand, sondern akzeptiert die Tatsache seines Sterbens. Daraus folgt dann zwangsläufig, daß der Betreffende praktische Anstrengungen unternimmt, diejenigen, die er liebt und die er zurückläßt, mit den Früchten seines Lebens zu nähren – er macht ein Testament, bezahlt seine Steuerschulden, ordnet seine Geschäfte, regelt Probleme in der Familie. Aber mehr noch zieht der Sterbende selbst Nutzen aus seinem rückhaltlosen Eintritt in die Wahrheit.

Wo die Wahrheit Raum greift, endet die Zerrissenheit; man muß nicht mehr kämpfen. Sich der Wahrheit zu widersetzen, ist qualvoll; sie zu akzeptieren bedeutet, sich nahtlos in die Wirklichkeit einzufügen. Viele Menschen verdrängen das Bewußtsein ihres bevorstehenden Todes, weil sie sich fürchten, im Hier und Jetzt zu enden, und Angst haben davor, daß sie nach dem Tode ein strenges Gericht und eine harte Strafe erwartet. Aber mit der Wahrheit kommt die Einsicht, daß die Qualen im Widerstand, nicht in der Wahrheit liegen. Und mit dem Widerstreit kann auch die Angst verschwinden.

Den zweiten Nutzen zu erläutern, ist heikler, denn soweit ich weiß, gibt es für ihn keine empirisch-wissenschaftliche Bestätigung. Aber meine lange Erfahrung mit Sterbenden hat mich zu der Überzeugung geführt, daß Verleugnung den Todeskampf verschärft und daß dagegen die Bereitschaft, den Tod anzunehmen – die Reife oder die Offenheit für die Wahrheit –, Erleichterung bringt.

Ein Junge in einer Gruppe von Krebskranken hat einmal diese Möglichkeit und ihre große Bedeutung in Worte gefaßt: ›Als ich herkam‹, berichtete er uns in der Gruppe, ›hatte ich die größte Angst davor, *wie* ich sterben würde. Ich hatte nur immer gehört, daß es mit großen Schmerzen und Qualen verknüpft war, wenn man an meiner Krankheit starb. Ich hatte schreckliche Angst vor Schmerzen, aber ebensosehr machte mir der Gedanke Angst, daß meine Familie mich im Todeskampf sehen würde. Und hier, wo Woche für Woche Leute aus der Gruppe sterben, erlebe ich nun, daß wir die eine Woche noch da sind, und in der nächsten sind wir gegangen. Der Tod kann sich demnach viel einfacher und viel leichter einstellen, als ich dachte. Und dadurch ändert sich alles für mich, und ich muß keine Angst mehr haben.‹«

ESALEN

»Und die Wahrheit wird dich frei machen« – das ist zweifellos keine neue Einsicht, aber wichtig bleibt sie. Ein Beispiel für sie stammt aus meiner Zeit als Gruppenleiterin am Esalen Institute, einem weltberühmten Zentrum für Persönlichkeitsentfaltung an der kalifornischen Küste. Die meisten Menschen, die sich in den herrlich über dem Meer gelegenen Bädern von Esalen aufhalten, verbringen dort geraume Zeit miteinander.

Sie alle sehen sich mit einer unbeschreiblichen Vielfalt von körperlichen Verfassungen konfrontiert – sie sehen dicke, dünne, runzlige und schlaffe Leiber, schöne und abgenutzte, mißgebildete und aufgedunsene, Menschen mit Narben, Brustamputationen, fehlenden Hoden, aufgeschwemmten Bäuchen, Kolostomien und anderen chirurgischen Veränderungen. Fast jeder zittert und zagt, wenn er sich das erste Mal auszieht und ins Bad steigt, weil er felsenfest von seiner Häßlichkeit überzeugt ist und Angst hat, zum Gespött zu werden.

Wir veranstalteten fünftägige Workshops, in denen unter anderem auch geübt wurde, sich der Wahrheit zu stellen, um ihre Macht zu erfahren. Teilnehmer wurden aufgefordert, zu sagen, was ihnen an ihrem Körper am besten gefiel und was ihnen am schlechtesten daran vorkam. »Zeigen Sie uns den Teil des Körpers, dessen Sie sich am meisten schämen, und den Teil, auf den Sie am meisten stolz sind.«

Wenn wir dann die Runde durch die Gruppe machten, konnten wir sicher sein, daß die Teilnehmer zuerst zeigten, was sie für das Beste an ihrem Körper hielten. »Ich mag meine Muskeln, mein Brusthaar, meine Brüste«, sagten sie etwa. Oder: »Ich bin jahrelang Rad gefahren und habe sehr schlanke Schenkel.« Oder: »Ich mag es, wie meine Arme aussehen, wenn ich sie waagerecht halte.« Und danach kam der schwierige Teil, wenn die »schlechten Partien« thematisiert wurden: Narben, Verunstaltungen, Schwellungen, Krampfadern, Überbeine und Fettwülste.

Die meisten Menschen wühlte diese Übung zutiefst auf: daß sie soviel privater, menschlicher Wahrheit ins Auge blickten, die kaum je zur Sprache gekommen war. Manchmal indes ließ sich ein Gruppenmitglied vom allgemeinen Wahrheitsdrang hinreißen und sagte zu der Person, die gerade an der Reihe war: »Wissen Sie, ich sage es nicht gern, aber diese Mastektomie sieht irre aus, ehrlich!« oder »Was ist denn mit *Ihnen* passiert?« Das hatte dann ein kurzes angespanntes Schweigen zur Folge, das sich schließlich in den meisten Fällen in einem aus Lachen und Tränen gemischten Schrei der oder des Angesprochenen entlud.

Der Schrei war Ausdruck der Erleichterung. Endlich, nach Jahren der Scham und des Versteckspiels hinter verschlossenen Türen, erklärte die betreffende Person, seien die gefürchteten Worte gefallen. Sie sei, erläuterte sie weiter, mit der schrecklichen Vorstellung ins Bad gekommen, auf andere abstoßend zu wirken, habe die ganze Woche davor Angst gehabt und wäre beinahe vorher abgereist. Und das Schlimmste sei tatsächlich eingetreten: es habe sich bewahrheitet. Die anderen dächten genau das, was sie befürchtet habe.

Nachdem nicht nur die betreffende Person, sondern auch andere aus der Gruppe erst einmal in Lachen und Tränen ausgebrochen sind, kommt garantiert jemand darauf zu sprechen, wie angenehm es ist, mit der Wahrheit dazusitzen, und wie wunderbar, daß niemand tot umgefallen ist, als das Unsichtbare sichtbar und das Unaussprechliche schließlich ausgesprochen wurde.

Urteile in diesem magischen Bad, in diesen magischen Gruppen, konnten trotz ihres negativen Charakters sehr aufbauend sein. Nicht selten hörte man einen Satz wie den folgenden: »So sieht also eine Mastektomie aus? Ich dachte immer, sie würde richtig abstoßend wirken, aber eigentlich, wissen Sie, ist gar nichts dagegen einzuwenden.« Oder: »Schauen Sie sich an, was diese Narbe für einen Schwung hat! Sie ist richtig schön!« Die Wahrheit hält ihre Überraschungen bereit, vor allem aber ist sie, im Leben wie im Tod, eine Quelle der Entlastung.

Nachtod-Systeme ohne Gericht

Im Laufe unseres Lebens sind über jeden von uns Urteile gefällt worden, und jeder von uns hat Urteile über andere gefällt. In beiden Fällen kann das Erleben vom Gefühl des Unangenehmen bis zur regelrechten Qual reichen. Zu urteilen bedeutet, sich gegen andere abzukapseln und sich von ihnen zu distanzieren. Und auch beurteilt zu werden bedeutet Abkapselung und Trennung von anderen. Vielleicht haben wir uns unser ganzes Leben lang nach Verständnis gesehnt; jetzt, in der Nachtod-Sphäre, macht manchen von uns die Erfüllung dieser Sehnsucht zu schaffen. In einigen Systemen indes gibt es überhaupt kein Gericht.

Für viele Indiogruppen Mexikos besteht der einzige Unterschied zwischen Leben und Nachtod in der Skelettgestalt, die wir annehmen. Und bei Yoruba-Gruppen in Nigeria gilt der Nachtod als identisch mit dem gelebten Leben; nach dem Tod tritt man einfach wieder in die Landschaft ein und nimmt eine vertraute Existenz an. Von diesen und ähnlichen Vorstellungen zu hören, half meiner Patientin Eleanor.

ELEANOR

Eleanor, eine sechsunddreißigjährige leitende Angestellte in der Werbebranche, hatte Krebs und war felsenfest überzeugt davon, daß sie an ihrer Krankheit selbst die Schuld trug. Das war eine Überzeugung, wie ich sie Kollegen und Patienten nur zu oft hatte äußern hören. Die Qualen, die dieses egozentrische Credo den mit der Krebserkrankung ohnehin verbundenen Problemen und Leiden hinzufügte, verfehlten nie, meinen Zorn zu erregen; wann immer ich einen Patienten diese Ansicht äußern hörte – Ausdruck eines Versuchs, für eine so verheerende wie komplizierte Krankheit die ganze Verantwortung zu übernehmen –, hatte ich Mühe, ruhig zu bleiben.

Auf Eleanors Anspruch reagierte ich mit gespielter Verwunderung – die Ironie entging ihr –, und sagte: »Du lieber Himmel! Wie *haben* Sie das nur fertiggebracht?«

Menschen, die sich die Schuld an ihrer terminalen Krankheit zuschreiben, gehen davon aus, daß sie über große persönliche Kraft verfügen, mögen sie auch letztendlich den kürzeren ziehen. Eleanor, die aus diesem Holz geschnitzt war, antwortete in aller Unschuld: »Ach, es war der Streß. Ich konnte meinen Streß nicht unter Kontrolle bringen! Ich ließ ihn in meinem Leben, meiner Familie, über die Stränge schlagen. Ich nahm mir nie die Zeit, zu meditieren, mich auf meine Atmung zu konzentrieren, all die Techniken anzuwenden, die ich seit Urzeiten kenne. Ich glaube, ich ließ mich einfach gehen, kümmerte mich nicht um den Streß, während er sich aufbaute. Das Ergebnis war der Krebs. Ich habe ihn selbst heraufbeschworen.«

So wohlgesetzt und gut einstudiert ihre Worte daherkamen – ich nahm sie ihr nicht ab. »Was Sie da sagen, Eleanor, überzeugt mich nicht«, erklärte ich und verzichtete auf alle Beschönigungen. »Ich kenne viele Menschen, die nicht meditieren, die sich nie auf ihre Atmung konzentrieren, die unvorstellbar gestreßt sind und die trotzdem keinen Krebs haben.«

Eleanor aber wiederholte ihre einstudierte Version. »Wenn ich nur entspannen, lockerlassen, atmen, mich treiben lassen, jede Stunde so nehmen könnte, wie sie sich mir gibt, ohne dagegen anzukämpfen oder angstvoll oder besorgt zu sein«, jammerte sie, »wäre ich gesund. Aber ich bin einfach nicht stark genug dazu. Etwas in mir will einfach nicht zur Ruhe kommen.«

Ihre Selbstbezichtigungen waren zuviel für mich, und der Zorn übermannte mich. »Verdammt noch mal, wie soll denn das ›zur Ruhe kommen‹ angesichts einer sich rasch ausbreitenden Krebserkrankung aussehen?« fragte ich und wurde laut. »So etwas zu denken ist verrückt, Eleanor. Wie Sie *mit* dem Krebs leben, wie Sie auf ihn einwirken können, da er nun einmal da ist – das sind Dinge, glaube ich, auf die Sie großen Einfluß nehmen können. Aber wenn Sie glauben, daß Sie selbst schuld an dem Krebs sind, dann ist das Unsinn und übrigens auch ganz schön anmaßend von Ihnen. Niemand behauptet zu wissen, wie Krebs verursacht wird. Katzen bekommen Krebs. Bäume kriegen Krebs. Glauben Sie, daß die ebenfalls ihre Krankheit selbst verschuldet haben? Ich habe noch nie einen vom Streß zermürbten Baum gesehen, Sie etwa?«

Diesmal blieb die Antwort aus. Meine Worte hallten im Raum nach. Wir saßen schweigend da.

Und schließlich wollte dann diese harte Richterin, dieses Schwurgericht in Person, einfach nur wissen: »Sind Sie sicher, daß Katzen und Bäume Krebs bekommen?«

»Ja«, antwortete ich. »Es ist nicht derselbe Krebs wie beim Menschen. Und sie können ihn auch nicht an uns weitergeben. Aber es *ist* Krebs, und er ist *zerstörerisch*. Die Katze und der Baum sterben daran.«

Eleanor wußte nichts darauf zu erwidern. Unsere erste Sitzung war vorüber. Als sie sich verabschiedete, fragte ich mich, ob sie wiederkommen würde. Ich fragte mich, ob ich zu grob gewesen war, ob ich ihr Kraftpotential falsch eingeschätzt hatte und meinem Zorn zu sehr die Zügel hatte schießen lassen.

Aber Eleanor kam tatsächlich, und während des folgenden Monats wiederholten wir wieder und wieder diese erste Sitzung, wenngleich mit ein paar Variationen. Im wesentlichen sprach Eleanor aus einer gottgleichen Perspektive das Urteil über sich, ich entlarvte das Urteil als Anmaßung, und danach endeten die Sitzungen in Schweigen.

Allmählich begannen wir, über Urteile zu reden – darüber, wie wichtig sie in einem positiven Sinne für ihre Karriere waren und wie sie als dicke, picklige übergewichtige Jugendliche unter ihnen gelitten hatte. Wann waren Urteile hilfreich? fragten wir uns gemeinsam. Und wann waren sie das nicht?

Während Eleanors Krankheit ihren Körper immer mehr verwüstete und sie dem Tode näherbrachte, bekundete sie Angst davor, wie das Gericht über sie ausfallen würde, nachdem sie gestorben war.

»Niemand kann strenger über Sie richten als Sie selbst«, antwortete ich, und wir lachten. Aber die Frage war wichtig; deshalb erzählte ich ihr von meinem Besuch in Nembe, einem kleinen nigerianischen Dorf.

Wie Edmundo und ich bei unserem Aufenthalt begriffen, kann es für Menschen, die von klein auf glauben, daß sie im Leben und im Tode Rechenschaft über sich ablegen müssen, eine tröstliche Überraschung darstellen, wenn sie Kenntnis von Nachtod-Systemen erlangen, in denen die Toten überhaupt nicht gerichtet werden. David, der in Oxford ausgebildete Sohn unseres Mitarbeiters, machte mit uns einen Spaziergang durch das Heimatdorf seines Vaters, das etwa dreihundert Einwohner zählte; er zeigte uns die Häuser von Freunden, Verwandten, Spielgefährten aus der Kindheit. Er winkte und rief Grußworte, wir winkten ebenfalls, und aus manchen Häusern klangen Grußworte zurück. In anderen Häusern herrschte Schweigen.

Plötzlich fragte Edmundo unseren Gastgeber: »David, sind alle diese Häuser bewohnt?«

David lachte. »Also, irgendwie schon!« sagte er. »Wir begraben unsere Toten entweder in ihren Häusern oder in einem neuen Haus, das wir extra für sie bauen. Das Problem ist allerdings, daß der Platz knapp wird, und manche drängen darauf, die Häuser am Dorfrand zu bauen, wie ihr das mit euren Friedhöfen macht. Aber sie haben wenig Erfolg damit – niemand möchte nach dem Tod etwas verpassen, bis auf einen. Er ist ein Einsiedler, der mit niemandem redet. Er ist damit einverstanden, daß sein Haus außerhalb des Ortes gebaut wird.«

Gleichgültig, wer sie waren, gleichgültig, was sie taten, die Toten von Nembe blieben Teil der Gemeinschaft. Hier in Nembe gab es kein ausgetüfteltes Abrechnen, Beurteilen und Entscheiden. Das gerichtlose Nachtod-System sorgte für den unversehrten Fortbestand der Gemeinschaft und aller, die ihr angehörten. Der Tod in Nembe war eine reine Formalie.

Eleanor erzählte mir später, daß diese Geschichte sie ebensosehr berührte, wie meine Bemerkung über Bäume und Katzen bei ihr auf Resonanz gestoßen war. Sie zog im Gespräch die Möglichkeit in Betracht, daß es in der Nachtod-Sphäre gar kein Gericht gab. Ich holte die Fotos heraus, die Edmundo in Nembo gemacht hatte, die Bilder von unserem Führer David und von den Häusern der Toten und der Lebenden. Eleanor bat mich, eines behalten zu dürfen. Ich ließ es rahmen und schenkte es ihr, als sie ins Pflegeheim ging.

Reflexionen zum Gerichtsstadium

Zu unseren großen Klischeevorstellungen gehört die wundervolle Totenbettszene, bar jeder Vorstellung von Gericht und erfüllt von Liebe und sanfter Trauer. Aber die Hinterbliebenen wie auch die Sterbenden selbst passen nicht unbedingt in dieses Bild. Oft plagen uns Schuldgefühle und vergällen uns strenge Selbstbezichtigungen und bittere Urteile über den Sterbenden das Leben. Wie können wir es uns verzeihen, daß wir an die Schulden denken, die der Sterbende bei uns hat, daß wir nicht vergessen können, welch gemeine Sarkasmen der Sterbende noch kürzlich von sich gegeben hat, daß wir insgeheim wünschen, es hätte ihn schon eher erwischt? »Wie konnte ich nur! Ich schäme mich so!« Diese Klage hört man vielfach.

Manche bezichtigen sich, zu wenig getan zu haben. »Meine Schwester hätte mehr Zuwendung verdient, als sie von mir bekommen hat.« – »Daß mein Vater das durchmachen mußte, hätte nicht passieren dürfen; und doch habe ich nichts unternommen.«

Manche maßregeln die Sterbenden und möchten, daß sie auf die »richtige« Art sterben: »Warum meditiert er nicht?« – »Warum ist sie nicht von der Liebe und dem Licht des künftigen Lebens erfüllt?« – »Warum kämpft sie nicht ein bißchen mehr?« – »Warum bessert er sich nicht?« Und das Schlimmste: »Warum will sie gerade jetzt sterben?«

Als Menschen neigen wir dazu, alles auf uns zu beziehen. In der Kindheit sehen wir uns als Mittelpunkt der Welt, um den die Eltern kreisen, bis sich allmählich unser Horizont erweitert. Ab und zu aber verfallen wir wieder in die kindliche Sicht. So kommt es, daß wir uns bestimmte Schicksalsschläge selbst zur Last legen und manchmal sehr hart über uns richten und daß wir die Sterbenden auf etwa die gleiche Weise beurteilen.

Das Sterben geliebter Menschen können wir nicht aufhalten, können wir nicht zum Stillstand bringen, bis bestimmte Dinge erledigt oder bis *wir selbst* hinlänglich vorbereitet sind auf den Tod der Sterbenden. Wir müssen aufpassen, daß wir den Sterbenden nicht unsere unzähligen Vorstellungen davon aufdrängen, wie man sterben sollte; und ebenso aufpassen müssen wir, daß wir nicht uns selbst unsere unzähligen Vorstellungen davon aufdrängen, wie man das Sterben begleiten sollte. Sofern wir den meisten

Nachtod-Systemen der Welt glauben dürfen, erwartet uns alle ein Gericht, wenn wir sterben. Wir brauchen am Totenbett und danach nicht kostbare Zeit mit Urteilen und Vorwürfen zu verschwenden.

Mit dem Durchgang durch das Gerichtsstadium gelangen wir an einen Schlußpunkt. Nachdem das endgültige Urteil gesprochen ist, fallen die Ungewißheit, das Schwanken und die Spannung des Wartens vom Geist ab. Die Motive und das Verhalten des Geistes sind auf die eine oder andere Weise begutachtet worden, seine Zukunft steht fest, und den Reisenden treibt es auf der ihm bestimmten Bahn weiter fort.

5

Drittes Stadium: Möglichkeiten

Ein himmlisches Reich – imaginiert

Das kristallene Laub funkelt und klirrt sanft in der leichten Brise. Gebannt bleibt sie stehen und setzt sich unter den Baum, um den bläulichweißen Lichtschein zu sehen, der vom Himmelsreich durch die Blätter leuchtet. Eine Gestalt in der Nähe strahlt das Entzücken ab, das sie beim Anblick des Baums empfindet. Diese Strahlung umgibt die Gestalt zartleuchtend wie eine Luftblase und ebenso kurzlebig, gerade beständig genug, um sich ihr einzuprägen, bevor sie in der sanften Strömung verweht.

Sie ist für den Eindruck dankbar und sendet eine Botschaft der gleichen Art zurück, um sich für die Anteilnahme der fremden Gestalt erkenntlich zu zeigen. Verbunden damit ist ihre Frage: Welchen Gedanken verfolgst du gerade?

Die Gestalt grübelt einen Moment und antwortet mit einem Satz, der ihr zu denken gibt: Ich studiere die Balance und alles, was sie stört.

Balance. Der Begriff ist in dem luftig wirbelnden Fluidum schwer zu fassen. Sie ist nicht sicher, ob sie richtig verstanden hat, und fragt erneut.

Balance – erklärt die Gestalt – zwischen den zahllosen Dimensionen des Universums; zwischen Vergangenheit, Gegenwart und Zukunft; zwischen Nähe und Distanz; zwischen innen und außen – der Unendlichkeit des Seins. Ist unsere Balance zu starr, erdrücken wir die Kraft der Bindungen. Ist sie zu schwach, wagen wir nicht, uns ihr anzuvertrauen. Siehst du nun, warum man die Empfindlichkeiten der Balance genau studieren muß?

Sanft wogen die luftigen Gestalten in der Brise, begleitet von der Musik der kristallenen Blätter. Die Antwort fließt in ihren Gedankenstrom ein, der sie fortträgt und die Gedankenkiesel im Flußbett zum Rollen bringt.

Varanasi ist sowohl für Hindus als auch für Nicht-Hindus eine heilige Stätte. Sogar die ungläubigsten Besucher können einen geistigen Genuß an den Riten und Bräuchen empfinden, die – viele davon mit dem Tod verbunden – im Freien vollzogen werden, oft auf den breiten Stufen, den *ghats*, die zum heiligen Ganges hinunterführen.

Doch Varanasi ist auch eine heiße, überlaufene Stadt – laut, staubig und voller aufdringlicher Kinderhorden mit einem scharfen Auge für Touristen. Edmundo und ich waren hierher gereist, um die Mahapatra – die Wächter der Todesriten – zu suchen, und wir gingen geradewegs zum Ganges. Wir wollten soviel wie möglich über diesen Ort der Pilger und des Todes erfahren, so daß wir in doppelter Eigenschaft auf den Fluß zusteuerten: als Sammler von Daten und als Touristen.

Die Touristenrolle war mit einer Pflicht verbunden: Man *mußte* eine Bootsfahrt bei Sonnenaufgang entlang der *ghats* machen, wo die Pilger aus allen Teilen Indiens ihre morgendlichen Waschungen im heiligen (und unglaublich verschmutzten) Flußwasser vornehmen. So exotisch der Anblick der Badenden und der Kühe im Morgenrot erschien, lag doch über allem der Rauch der Verbrennungsstätten, und jedem, dem sein morgendliches Bad in der Wanne heilig war, mußte diese Szenerie haarsträubend vorkommen. Jedenfalls ersehnte ich, als ich um fünf Uhr morgens in einem engen, schaukelnden Boot auf dem Ganges schwamm, meinen Kaffee wie eine Süchtige. Auch Edmundo war gereizt – seine Kamera war zu Bruch gegangen. Nach der Bootsfahrt stapften wir verdrossen den *ghat* hoch und bahnten uns einen Weg durch die Pilger und Straßenhändler, um zur Straße zu gelangen, wo wir ein Taxi zum Hotel nehmen wollten.

Wir waren noch nicht weit gekommen, als uns eine Menschenmenge entgegenkam, die im Chor singend und rufend eine Bahre mit einem eingehüllten Köper auf den Schultern zum Fluß hinab trugen. Wir traten beiseite, um sie passieren zu lassen. Und schon kam die nächste Gruppe, die ebenfalls im Sprechgesang einen Leichnam zum Fluß trug, schnell gefolgt von einer weiteren. Wir gaben unser Vorhaben auf und blieben stehen, um das Geschehen zu verfolgen. Zufällig waren wir dorthin geraten, wo die Bestattungszeremonien ihren Weg nahmen. Ein Leichenzug nach dem anderen kam an uns vorbei; die Träger, barfüßig, mit nackten Oberkörpern, sangen »*Ram naam satya hai*« – »Gottes Name allein ist wahr«. Dieser Gesang von der irdischen Sterblichkeit übt eine hypnotische Wirkung aus, besonders wenn er vom Stampfen nackter Füße skandiert wird.

Plötzlich kam ein heißer Windstoß auf und hüllte uns in den Staub und die Asche der Scheiterhaufen ein. Als die Asche auf uns niederrieselte, fiel alles von uns ab – die schlechte Laune, die Bedrängung, unsere touristischen und menschlichen Sorgen. Alle kleinlichen Bedenken und Kümmernisse waren vom heißen Wind wie weggeblasen, der unsere Kleidung, unser Haar, unsere Augenbrauen mit Staub bedeckte. Schweigend und starr standen wir und merkten nicht, wie die Zeit verging. Wir waren von der greifbaren Vermischung von Leben und Tod umgeben und konnten sie wortwörtlich schmecken. Nicht länger mehr ein Begriff oder eine Metapher, stand uns der Tod direkt vor Augen, er bedeckte unsere Lippen und verklebte unsere Hände in der Hitze.

Das nackte *Sein* rieselte sanft als Staub auf uns nieder. Nicht nur die fleischliche Existenz, die wir normalerweise als die entscheidende Realität betrachten, umgab uns, sondern auch die Toten und möglicherweise auch ihre Geister. Geist belebte unsere eigenen Körper und die Körper Tausender Pilger und Kinder und Händler an den *ghats*, nicht aber die Körper, die von den Trägern hoch über den Köpfen transportiert wurden. Deren Geister waren entschwunden – aber wohin? Ich stand inmitten des Trubels von Leben und Tod und staunte.

Mit Edmundo und unseren Mitarbeitern hatte ich nun seit Jahren Daten über den Nachtod gesammelt, wir hatten die ganze Welt bereist, Fragen gestellt und Material ausgewertet. In meinem Leben hatte ich viele Tote gesehen. Aber erst hier, an diesem staubigen Weg, im Ohr die hämmernden Gesänge und die stampfenden Füße, die den Boden erbeben ließen, wurde meine Reise vom Körper weg – in all ihren Implikationen und Mysterien – für mich ganz real. An diesem Tag machten Edmundo und ich die seltene und großartige Erfahrung der totalen Hingabe, ermöglicht durch die vitale Imagination.

Die vitale Imagination – neu betrachtet

Wie erinnerlich, eröffnet uns die vitale Imagination den Zugang zu verborgenen Realitäten. Tief und offen, wie sie ist, ermöglicht diese Wahrnehmungsfunktion jene Momente von Hyperrealität, in welcher sich die Bildhaftigkeit dessen, was wir sehen, mit unseren tiefsten Gefühlen und schärfsten Einsichten verbindet, um eine kohärente und sinnreiche Realität zu schaffen. Wahrnehmungsmäßig sind diese einzelnen Erfahrungen so scharf und erinnerlich, wie wir fähig sind, sie zu verstehen. Emotionell ist das hervorgerufene tiefe Gefühl mit diesen filigranen Wahrnehmungen völlig konsistent. Und *intellektuell* – vielleicht sollte ich metaphysisch oder existentiell sagen – ist die Bedeutung, die diesen emotionsgeladenen Wahrnehmungen innewohnt, zutiefst befriedigend für den forschenden menschlichen Geist. Diese Wahrnehmungsmomente einer vitalen Imagination sind Meilensteine im geistigen Leben der Menschen, und wer sie erlebt hat, vergißt sie niemals.

So war es für mich – und, wie sich zeigte, für Edmundo – an diesem Tag am Ganges. Möglich, daß der Anblick der Leichname oder die Wirkung der Gesänge das Bewußtsein einer tiefen Sinnhaftigkeit des Geschehens in uns erzeugte und uns ganz in den Bann zog. Merkwürdigerweise empfinde ich diese Erfahrung auch heute noch als einen Ruhepunkt meines Lebens, inmitten einer wimmelnden, schreienden Menge – Händler, Tiere, kleine Kinder –, umgeben vom Gestank der Fäkalien und des jauchigen Wassers, bedrängt von der Hitze, von Fliegen, Flöhen, räudigen Hunden. Und doch hob uns ein tiefes Gefühl aus dieser zerlumpten Sphäre in eine andere Wahrnehmungsebene hinauf.

Was ich dort sah, war wundersam: Sonnenlicht, das die Felsen umspielte, eine rhythmische Bewegung, die alle Menschen erfaßte, eine musikalische Kraft, die von den Leichenträgern ausging, das Glänzen der golddurchwirkten Leichentücher. Alle Lichttupfer schienen zur großen Illumination zu gehören, die von den Scheiterhaufen ausging, von den Flammen, die von den goldgewirkten Stoffhüllen und den Leichnamen genährt wurden. Ich konnte hören, wie sich die Flammen durch den Stoff fraßen, und dann die Asche fühlen, die sanft auf uns herabregnete.

Dieser Tag am Ganges sollte sich als der wertvollste der Reise erweisen. Solche Momente, die unendliche Vielfalt solcher Momente ergeben die Spannweite dessen, was wir als Nachtod-Sphäre bezeichnen – die Gesamtheit der verschiedenartigen Vorstellungen, die sich auf dieser Welt mit dem Tod verbinden.

Erwartungen und Möglichkeiten

Das Reich des Todes in einer Stadt der Asche nahm eine ungeahnte Bedeutung für mich an, das Gefühl, mit meiner Arbeit auf dem richtigen Weg zu sein, fand hier eine unschätzbare Bestätigung. Obwohl ich von dem Tag nichts anderes erwartet hatte, als die Erledigung einer Reihe lästiger Pflichten unter der brütenden Sonne Indiens, sah ich mich plötzlich auf der anderen Seite einer hohen Barriere. Auf der einen Seite gab es nur die gewöhnliche Wahrnehmung einer Szene, die sich um Tod und Bestattung drehte, auf der anderen die leuchtende Vision von der Bedeutung des Todes in der Ordnung der Natur, eine Vision, die mich seitdem nicht mehr losließ.

Jeder weiß, daß Erwartungen unsere Wahrnehmungen beeinflussen. Wir rechnen mit einem tristen, regnerischen Tag und versäumen den Anblick des Regenbogens. Oder umgekehrt, wir treffen einen bewunderten Dichter und bemerken gar nicht, wie unendlich langweilig er in der Begegnung wirkte.

Auf unser Thema bezogen: Entweder wir schaudern beim Gedanken an den Tod, weil wir in ihm einen schmerzhaften Übergang ins Nichts sehen, oder wir befreien uns, so gut wir können, von diesen Angstvorstellungen und öffnen uns für ein Reich der Möglichkeiten, das jenseits des Erfahrbaren liegt.

BARBARA

Meine Patientin Barbara, eine leidenschaftliche Amateurmalerin, war fünfzig, als sie, erschöpft und müde, in die Therapie kam. Seit drei Jahren hatte sie Dickdarmkrebs. Die Krankheit war ständig fortgeschritten. Die Schmerzen waren eingedämmt, und sie hatte länger gelebt als erwartet. Ihre Familie – Ehemann und zwei halbwüchsige Söhne – drängten sie zur Therapie, in der Hoffnung, sie würde dort über ihre Ängste sprechen können.

Barbara genoß unsere Sitzungen. Sie hatte einen Weg gefunden, ihre inneren Kraftquellen zu erschließen, indem sie beschloß, für ihre zwei Söhne ein Erinnerungsbuch zu schreiben. Darin sollte alles stehen, was sie über ihr Leben mitteilen wollte. Besonders wichtig waren ihr die tiefen Eindrücke der Weltreise, die sie als junge Frau unternommen hatte. Das Problem war nur, daß sie diese Reise 1968 unternommen hatte, kurz nach dem Abschluß ihres Kunststudiums. Nun schrieben wir 1992.

»Mit meinem Gedächtnis steht es nicht zum besten, Sukie«, sagte sie. »Wechseljahre, Krebsmedikamente, was auch immer – ich weiß nicht einmal mehr, was ich zum Frühstück gegessen habe. Wie soll ich mich an Kenia vor vierundzwanzig Jahren erinnern?«

»Versuch es«, drängte ich, »die Idee ist so gut. Versuch es nur. Du wirst sehen, was dabei herauskommt.«

Heraus kam ... alles. Sie begann mit einem Detail: mit der unheimlich heißen Dunkelheit, in die sie eintauchte, als sie mitten in der Nacht in Karthum aus dem Flugzeug stieg. Und dann folgte, aufgereiht wie an einer Perlenschnur, Detail an Detail, Erinnerung an Erinnerung: Gerüche, Farben, Geräusche, Menschen – und nicht allgemein Leute, sondern Individuen – Begegnungen, Gespräche, Transaktionen auf Märkten in ganz Afrika, im Nahen und Fernen Osten. Sie erinnerte sich, wie sie in einem winzigen ugandischen Restaurant zum ersten Mal in einen französischen Toast biß, der in Büffelbutter gebraten war. Sie erinnerte sich an ein schönes Kupferarmband, das eine iranische Frau trug, und wie die Frau ihren Blick auffing und über ihrem Schleier lächelte. Sie erinnerte sich an Jacaranda- und Flammenbäume, die ihre Farben in die staubige afrikanische Dämmerung einbrannten, und an das Geräusch eines Zuges in der Einsamkeit einer grauen türkischen Landschaft. Am Computer sitzend, schaffte es Barbara kaum, den Strom der Erinnerungen, der seit einem Vierteljahrhundert in ihrem Gedächtnis gefangen war, zu bändigen und in Worte zu fassen.

»Die Sache ist nur«, sagte sie mir, »daß ich eine unglaublich dumme Touristin war. Ich las nichts über die Länder, durch die ich kam, ich kannte nicht ihre Geschichte, kannte nicht ihre Politik, kannte nicht die Gefahren, die auf ein naives Mädchen wie mich lauerten. Aber ich nahm alles in mich auf, was ich sah. Ich erinnere mich, wie ich mich nach der Rückkehr von der einjährigen Reise fragte: »Wie soll ich nur meine Eindrücke verarbeiten? Wie soll ich das alles je sortieren?«

»Aber du hast es doch getan, oder?« fragte ich.

»Na ja, bis zu einem gewissen Grad schon.« Sie war eine phantasievolle Frau mit einem weiten Lebenshorizont. Irgendwann brachte sie mir Zeichnungen und Gemälde mit, Zeugnisse ihrer lange zurückliegenden Reise: eine Gruppe von verschleierten Frauen aus dem Nahen Osten, unzählige Zeichnungen von ostafrikanischen Müttern und Kindern, an denen die schönen Kleiderstoffe besonders hervorgehoben waren. Und nun schwelgte Barbara in ihrem Erinnerungsbuch in einer Fülle von Einzelheiten. Oft brachte sie ein Kapitel mit und las mir daraus vor, und es machte mir Freude, an ihren Erlebnissen und Beobachtungen teilzuhaben.

»Ich muß hier eine Lanze für die Dummheit brechen«, sann ich. »Sie mag gefährlich und beschränkend sein, und doch warst du für alles, was dir die Welt in diesem Jahr bot, offen. Du hattest eine Überfülle an Erfahrung, Realität, Möglichkeiten!«

Es gibt einen Ausdruck des Schriftstellers George Leonard, der Barbaras Wahrnehmungsart genau trifft: »weiche Augen«. Sie reiste durch die Welt ohne jeden Widerstand gegen ihre Erlebnisse – ohne Erwartungen und augenscheinlich ohne viele Interpretationen. Weiche Augen, weiche Ohren, weiche Sinne überhaupt: Barbaras Einstellung zur

Welt war im wesentlichen durch Offenheit für alle Möglichkeiten gekennzeichnet.

Barbara konnte mit Worten umgehen. Einfach und direkt erzählte sie ihren Söhnen das Jahr ihrer Reise. Als sie kurz nach Fertigstellung ihres Erinnerungsbuches starb, wurde es zum kostbarsten Familienbesitz.

Die Reise wird fortgesetzt

Sich offenzuhalten für die unschätzbare Vielfalt der Realität – das ist die Zauberformel, die uns das Reich der Möglichkeiten eröffnet . So können wir die Früchte der vitalen Imagination – der unsrigen oder der anderer – verarbeiten und unentdeckte Bereiche unseres Universums betrachten. Im Gegensatz dazu erscheint das Leben derer, die sich diesen Möglichkeiten verschließen, die an ein *Danach* nicht glauben wollen, verarmt. Wir alle kennen Leute, die ihre Offenheit eingebüßt haben, deren inneres und äußeres Leben sich auf die Wiederholung des Immergleichen beschränkt. Dieselbe Arbeit, dieselben vier Wände, dieselbe Zerstreuung – und irgendwann schwinden alle Hoffnungen oder Träume dahin, und da ist nichts, was an ihre Stelle tritt.

Sich offenhalten für die Möglichkeiten – das ist Wesen des dritten Stadiums der Nachtod-Reise, vielleicht sogar ihr Antrieb. Diese Offenheit rührt von jenem Urteilsmoment im zweiten Stadium, da die Lebenswahrheit einer Person auf die eine oder andere Weise das Schicksal des Geistes bestimmt. Kraft des gefällten Urteils bewegt sich der Geist durch die unzähligen Landschaften des Nachtods auf sein Ziel zu.

Erst in der dritten Stufe werden die möglichen Ziele der Reise enthüllt, zeigen die Weltkulturen ihre größte Spannweite an Möglichkeiten. Von sternenklarer Leere im Himmel bis zu einem juwelenbesetzten Paradies, in dem Milch und

Honig fließen, von einem einsamen Pfad durch einen Gespensterwald bis zu einer barocken Hölle aus ewigen Qualen – in ihren Topographien, Bewohnern und Eigenschaften sind die Nachtod-Bereiche, in die Geister reisen, nahezu unendlich. Gerade im Spektrum der Möglichkeiten zeigt sich das ganze Potential der vitalen Imagination.

Landschaften des Nachtods

Hier gibt es also eine Fülle von Bildern des Nachtods aus den verschiedensten Teilen der Welt. Es geht nicht um Vollständigkeit – um keine Enzyklopädie des Nachtods, sondern nur um eine Ahnung von der Vielfalt und von der Potenz, die den einzelnen Möglichkeiten innewohnt. Nur wenn wir einen Überblick auf die vielen möglichen Antworten auf die einfache Frage: »Was geschieht mit mir, nachdem ich gestorben bin?« gewinnen, können wir unsere eigenen Möglichkeiten ins Auge fassen.

EINFACHE SKIZZEN

Einige Geographien des Nachtods begrenzen sich auf einfache Vorstellungen. Die Goajiro-Indianer, die Inuit-Eskimos oder Australier stellen sich zum Beispiel einen Aufstieg der Totengeister zur Milchstraße vor. Viele australische Mythen erzählen, wie der *birribir* – der geistige Teil der Seele – an einem Strang aus dem Fell der Beutelratte emporklettert, um in der Milchstraße in einen Stern verwandelt zu werden und mit der Macht der Himmelsheroen zu verschmelzen.[1]

Für die Goajiro-Indianer Südamerikas ist die Milchstraße der Punkt in der Nachtod-Reise, von dem es kein Zurück mehr gibt, aber selbst dann »ist unsere Seele nicht verloren«, sagen sie. »Nur unsere Knochen sind verloren. Unsere Knochen und unsere Haut. Unsere Seele geht ihren Weg, das ist alles.«[2] Die Inuit sehen in der Milchstraße einfach eine Straße, der der Tote folgen muß. Wer auf dem Lande in eine klare Nacht hinaustritt, abseits vom Lichtschein der Stadt, der die Sterne trübt, sieht wohl die tröstende Gegenwart dieser hohen Straße – weit oben, aber im ewigen Glanz der Millionen Seelen der Toten. Da sind sie, jede Nacht sichtbar und den Lebenden gegenwärtig. Wer sich diese Vorstellung zu eigen macht, sieht den Himmel fortan mit anderen Augen.

VERTRAUTE BILDER

Einige Darstellungen des dritten Stadiums des Nachtods sind idealisierte Versionen des Lebens auf der Erde. Viele der interviewten Yoruba aus Nigeria zum Beispiel (Quelle des Candomble-Kults in Brasilien) beschrieben eine schöne, hell erleuchtete Gemeinschaft, die »in Gestalt und Form der Erde ähnelt, aber besser als die Welt der Menschen ist«. »Im Himmel« – ein Begriff aus der christlichen Mission, der in die Yoruba-Sprache Eingang gefunden hat – »im Himmel wie auf Erden bauen die Leute an, jagen und machen Geschäfte ... Die Umgebung ist friedlich und die Vegetation grün und blühend. Es gibt vollkommenen Frieden – keine Diebe, keinen Streit, keinen Kampf, nichts, das die natürliche Ordnung der Dinge bedroht.« Dieser Spruch der Yoruba trifft gut die kleine Differenz zwischen den Welten des Lebens und des Todes: »Erde ist ein Markt, Himmel ist zu Hause.«

Die Sulawesi Indonesiens lassen hingegen keinen Zweifel daran, daß »im Nachtod immer noch Kasten existieren. Jeder ist an seinem Ort und muß sich so verhalten wie damals an seinem irdischen Platz.« Ein Yoruba gab unserem Mitarbeiter mit bemerkenswerter Überzeugtheit und Ruhe zu Protokoll: »Im Himmel triffst du deine guten Freunde in großer Zahl. Wenn du tot bist, spielst du wieder mit deinen Spielgefährten von früher, die schon lange dort sind. Zum Beweis dafür begegnen wir verstorbenen Freunden oft in den Träumen. Wer stirbt, kommt in den Himmel, trifft dort auf die Mitglieder der Familie, die auch schon tot sind, und macht dasselbe und bleibt derselbe wie auf der Erde.«

Das Leben auf der Erde und das idealisierte Leben im Nachtod sind nicht immer identisch. »Im Himmel oben gibt es eine Moral«, sagte ein Yoruba. »Deswegen warnen wir oft unsere jüngst Verstorbenen: ›Iß keine Tausendfüßler, iß keine Regenwürmer. Iß nur das, was sie im Himmel auch essen.‹ Damit werden sie freundlich ermahnt, sich den Gepflogenheiten des Himmels anzupassen und nicht gegen die guten Sitten zu verstoßen.«

Die Fon aus Benin – die Volksgruppe mit dem Glauben an die Lebewesen, die zur gleichen Zeit geboren werden und zur gleichen Zeit sterben – erzählen von einer praktischen Art, die Wege des Nachtods kennenzulernen. Wer über neunzig Jahre alt ist und eine große Weisheit erlangt hat, lebt in zwei Welten zugleich, in der Welt der Lebenden und in der Welt der Toten. Daher können die Alten den Jüngeren Botschaften von den Geistern der Ahnen überbringen, und sie können den anderen sagen, wohin sie gehen werden, wenn sie tot sind.

LICHT

Das Licht, eine sichtbare Form der Energie, spielt in den meisten spirituellen Lehren eine wichtige Rolle. In der Traumarbeit nach C. G. Jung kann das Licht den Geist symbolisieren. In der christlichen Tradition steht Licht für vieles: Gnade, Barmherzigkeit, Glaube. Christus selbst wird das Licht der Welt genannt. Vergleichbar damit ist der Glaube der neuseeländischen Maori, daß das Licht der Vater aller Dinge ist.

Auch in vielen anderen Nachtod-Systemen taucht dieses geistig fruchtbare Symbol auf. Oft ist das Jenseits von einem verklärten und strahlenden Licht durchflutet. »Dort gibt es nur Klarheit«, sagte ein Guarani aus Brasilien. Es ist immer Tag und stets scheint die Sonne. Die Zeit vergeht, Zeit fließt, der Tag kommt nie, das Licht kommt nie. Es ist ewig da. Es ist immer Tag. Es regnet, es gibt Regen, aber die Sonne geht niemals weg. Die Sonne scheint auf das Leben: ewiges Leben.«

Der Autor der biblischen Johannes-Offenbarung macht eine ähnliche Beobachtung in seiner Beschreibung des Himmels, den er das Heilige Jerusalem nennt. Er redet von einer Stadt aus purem Gold mit Stadtmauern aus Edelsteinen, Toren aus Perlen einem Licht wie von Gold und reinem Glas. Die Stadt braucht weder Sonne noch Mond, denn erleuchtet wird sie von der Herrlichkeit Gottes ...[3]

Wenn Sterbende vom grauenerregenden Dunkel und der Leere des Todes reden, erzähle ich ihnen von diesen schönen Beschreibungen des überirdischen Lichts.

BÄUME

Mein Patient Mark hatte Aids, und die Diagnose erfolgte in der Anfangszeit der Epidemie. Damals kam dies einem Todesurteil gleich. Es gab kein wirksames Medikament, kaum jemand wagte sich einzugestehen, daß er die Krankheit hatte, und auch Begleitung gab es wenig. Mark erhielt von seinem Arzt den Rat, seine Angelegenheiten zu ordnen, er habe wahrscheinlich noch sieben Monate zu leben. In der Nacht nach diesem schrecklichen Tag hatte Mark einen Traum: »Ich gehe spazieren. Ich komme an einen Baum. Er ist groß, tief verwurzelt und reicht bis an den Himmel. Er hat viele Äste und ein Blatt. Das Blatt ist grün.«

»Was denkst du über diesen Baum?« fragte ich.

»Er ist schön«, antwortete er.

»Und das Blatt?« fragte ich.

»Noch schöner«, antwortete er.

»Aber der Baum hat nur *ein* Blatt«, sagte ich.

»Das genügt«, sagte er.

»Warum genügt das?« fragte ich.

»Weil das bedeutet, daß Blätter möglich sind.«
Unter den vielen Möglichkeiten, die der Nachtod für uns bereithalten kann, gibt es eine Landschaft mit besonderen Bäumen. Meistens sind diese Bäume üppiger als der in Marks Traum: wohlgestaltet, nährend und mit übernatürlichen Früchten ausgestattet. Sie verkörpern Fülle, Wachstum, Wechsel und Fruchtbarkeit.

Wie schon bemerkt, spielt in der jüdischen Religion das Leben nach dem Tode kaum eine Rolle, aber das war nicht immer so. Die antike jüdische Literatur kennt eine ausführliche Topographie. Zuerst gab es She'ol, ein staubiges Tal, wohin jeder nach dem Tod kam, unabhängig von der Lebensführung. Nichts wuchs in She'ol; der Ort war eine staubige, knochenübersäte Wüste. In etwas jüngeren jüdischen Schriften jedoch erscheint ein richtiger Himmel, und in einer Beschreibung zufolge wächst in seiner Mitte ein Lebensbaum, unter dem Gott bei seinen Besuchen ausruht. Der süße Duft dieses Baumes ist unbeschreiblich, und der Baum selbst ist aus Gold und Purpur, aber so durchsichtig wie Feuer. Von seinen Wurzeln entspringen vier Flüsse – Honig, Milch, Öl und Wein – in vier verschiedene Richtungen.[4]

Auch die Buddhisten haben ihre Himmelsbäume, manche stehen an einem magischen Ort beisammen:

> Dieses Paradies ist voll von herrlichen Pflanzen, darunter Bäume, die ihr Aussehen sechsmal im Jahr zu sechs verschiedenen Jahreszeiten ändern. Es gibt andere Bäume, die die blendende Pracht aller sechs Jahreszeiten zugleich tragen, und einige, die den roten und blauen Lotos in voller Blüte zeigen. Auch der majestätische, als himmlischer Korallenbaum bekannte Baum wächst hier. Sogar Musikinstrumente wachsen in diesem Paradies an Bäumen.[5]

In einer Paradiesvorstellung der Maya, einem Ort ewiger Freude, gibt es keine Schmerzen und kein Leid, Speis und

Trank im Überfluß, und die Geister finden ewige Ruhe im Schatten des *Ceiba*-Baums.

Zwar kein Baum, aber eine andere Pflanze steht im Zentrum der Jenseitsvorstellungen der nordamerikanischen Ojibwa-Indianer. Die Seele des Verstorbenen, »noch ganz bewußt und noch von allen menschlichen Sehnsüchten und Wünschen besessen«, reist in das Land der Toten, wo sie eine riesige Erdbeere vorfindet – eine einzige riesige Erdbeere. Wenn die Seele von der Erdbeere nascht, kann sie niemals mehr zu den Lebenden zurückkehren. Wenn sich die Seele das Naschen verkneift, kann sie zurückkehren, aber nur dann, wenn eine Knochenfrau aus dem Land der Toten sie von hinten packt, ihr den Schädel aufbricht, das Gehirn herausnimmt und durch ein Batzen Moos ersetzt. Das ist die Ojibwa-Version der vollendeten Verwandlung eines Gespensts in dauerhaften Geist.[6]

IN EINEM AZTEKISCHEN PARADIES

Im aztekischen Paradies Tlalocan sitzt am Fuße eines prächtigen Baumes der Regengott Tlaloc, aus dessen Händen lebenspendender Regen rinnt, und erwartet die Ertrunkenen. Zu beiden Seiten Tlalocans bringen Priester Opfer und pflanzen Samen in die fruchtbare Erde. Unter dem Baum vergnügen sich die Seelen mit Spielen, Gesang und Schmetterlingsjagd. In diesem herrlichsten und irdischsten der drei aztekischen Paradiese bleiben die Seelen vier Jahre, bis sie in einem anderen Leben wiedergeboren werden.

Legende des Borial-Bildes 214 »Seelen im Tlalocan-Spiel«

Unter den vielen Möglichkeiten finden sich auch solche, in denen das vorangegangene Urteil eine große Rolle spielt, und daraus entstehen die bekannten Vorstellungen von Himmel und Hölle. Die folgende Beschreibung des Himmels stammt von den Sufi, einer mystischen Form des Islam. Der Himmel hat goldene Mauern mit silbernen Ziegeln (eine Reminiszenz an das Heilige Jerusalem des Apostel Johannes), die Erde ist aus Safran und die Gesichter aller Bewohner leuchten wie der Vollmond. Körperliche Funktionen und Gebrechen gibt es nicht, aber die Geister können essen und trinken, soviel sie wollen, und sie werden nicht älter als achtunddreißig Jahre, das Alter Jesu. Es gibt vier Flüsse (wie im jüdischen Paradies, wo die Flüsse von dem kristallenen Baum entspringen) von Wein, Milch, Honig und Wasser, und die Geister stillen ihren Durst nach Belieben – ein wunderbarer Luxus für ein Wüstenvolk. Und der Wein, im Leben für Moslems verboten, wird von schönen *houris* – sinnlichen jungen Mädchen – und hübschen Knaben serviert.

Für den Himmel versprechen die Sufis Schönheit in Hülle und Fülle – die *houris* tragen Kleider aus feinstem Brokat und wunderschönen Silberschmuck. Das Murmeln der Quellen sorgt für eine angenehme Geräuschkulisse. Genauso konkret ist in der Sufi-Vision die Hölle: Die Sünder braten im Feuer, trinken Wasser aus einer kochenden Quelle, essen faule Früchte von einem Dornbusch. Wenn sie durchgebraten sind, erhalten sie eine neue Haut, damit die Tortur weitergehen kann. Nach einer anderen Überlieferung werden sie von Skorpionen und Schlangen gebissen, die so groß wie Maulesel und Kamele sind. Die Sünder selbst haben riesige Zungen und erbrechen ständig Blut.[7]

Eine buddhistische Höllenversion eröffnet eine gegensätzliche, nicht minder schreckliche Aussicht:

> Zuerst treiben die Aufseher der Hölle rotglühende Eisenstäbe durch Hände, Füße und Brust des Opfers, damit es sich nicht wehren kann. Dann hängen sie ihn mit dem Kopf nach unten auf und schneiden mit einem scharfen Rasiermesser sein Fleisch ab. Sie spannen seinen Rumpf vor einen Karren, den er durch die Flammen ziehen muß. Sodann muß er einen rotglühenden Berg hinauf- und hinunterklettern. Danach wird er in einem großen Kessel mit flüssigem Kupfer gründlich gekocht und anschließend in die Große Hölle geworfen, wo er lange Zeit im Feuer verbleibt.[8]

Wie in einem Film, der auf ein entsetzliches Ende zusteuert, überstürzen sich die Schreckensbilder – bis der in der Hölle geläuterte Geist der Buddhisten auf die Erde zurückkommt. Das Leben beginnt von neuem, und die Erinnerung an die schrecklichen Strafen schwindet.

Die Beschreibungen von Himmel und Hölle können wir hier nur im Telegrammstil wiedergeben. Die Vorstellungen stützen sich auf vertraute Symbole, um außerweltliche, nachweltliche Szenen zu skizzieren. Was sie nicht vermitteln, ist das, was sich fast jenseits unseres Begriffs befindet: die Abwesenheit von Raum und Zeit. Raum und Zeit, wie wir sie verstehen, sind Maßeinheiten, die sich streng auf die Welt der Lebenden beschränken. Einer Existenzform ohne diese Ordnungsraster kommen wir vielleicht in bestimmten körperlichen oder geistigen »Extremerlebnissen« am nächsten. Athleten, schöpferische Künstler und ganz normale Leute berichten hier, daß »die Zeit stillstand«, »die Kilometer vorbeiflogen« oder »ich außerhalb von Zeit und Raum stand«.

Brasilianer und Afrikaner haben dafür die passenden Worte: Sie unterscheiden zwischen *Aye* und *Orum*. »*Aye* ist die physische Dimension, in der alle sichtbaren Phänomene stattfinden und alles physische Sein, das menschliche eingeschlossen, existiert. *Orum* ist jener unmeßbare geistige

Raum – das Jenseits –, in dem die Orisas und andere Geister in unberührbarer, aber stets gegenwärtiger Realität existieren.«[9]

Viele halten es für möglich, daß die Toten aus der Nicht-Zeit und dem Nicht-Raum ausbrechen können, um wieder zu uns zu stoßen und mit uns zu reden. Doch niemand nimmt an, daß dies leicht sei. Eher wird die Anstrengung des Wiedereintritts für einen Teil der Schwierigkeit einer solchen Kommunikation verantwortlich gemacht.

Engel, Führer, Wächter und Begleiter

Unter allen weltweit beschriebenen Möglichkeiten müssen nur wenige menschliche Geister ihren Weg allein durch die Landschaft des Nachtods finden. So suchen die Sulawesi ihren Weg ins Seelenland mit Hilfe eines guten alten Büffels, und die Fon-Geister werden bei ihrer Suche nach dem Verbleib ihrer Familie im »Land der Toten« kaum unterstützt. Aztekische Reisende, die arm waren oder an Krankheiten starben – was als unnatürlicher Tod betrachtet wird –, mußten ihre Ziele im Nachtod selbst ansteuern und stießen auf ihrem Weg auf schlimme Hindernisse: Berge, die zusammenrückten, um sie zu zerquetschen, riesige Schlangen mit grauenhaften Rachen, schreckliche Krokodile, acht Wüsten und acht Berge zum Überqueren und dann eine ganz besondere Herausforderung – ein Wind aus scharfen Feuersteinmessern.[10]

In den meisten Vorstellungen jedoch bevölkern Führer oder Wesen, die sowohl trösten wie prüfen, die Nachtod-Sphäre oder kreuzen an gewissen Punkten der Reise den Weg. Bestimmte Charaktere kehren wieder – Fährmänner zum Beispiel, die die Geister über die Flüsse setzen. In der griechischen Mythologie war es Charon, der die Geister über den

Styx setzte. Auch die Ijo Westafrikas haben Fährmänner als Führer. »Sie sind für das Übersetzen der Leute vom Lande der Lebenden zu dem der Toten zuständig«, sagte uns ein erfahrener Ijo-Forscher. »Wenn ihnen entsprechende Opfer gebracht werden, glaubt man, daß sie einige Sterbende wieder ins Leben zurückholen können.«

Bei den Yoruba dienen tote Verwandte und Freunde als Führer für die Geister. Sie heißen den Geist in einem Ritual willkommen, das an Berichte Sterbender erinnert, in denen die Freunde und Verwandten am Ende des Tunnels warten und den Sterbenden ermuntern. Familienmitglieder und Häupter der Gemeinde führen den neu gestorbenen Ijo-Geist zum König des Nachtods. »Warum nicht Grüße entsenden?« fragte einer unserer Informanten. »Einige lebende Mitglieder der Familie geben jenen, die bald bestattet werden müssen, Botschaften und Geschenke für die verstorbenen Verwandten und Freunde mit.« Doch Familien- und Stammesmitglieder sind nicht die einzigen Übermittler von Grüßen im Möglichkeitsbereich. In hinduistischen und buddhistischen Paradiesen gibt es schöne sinnliche Wesen, die weniger Führer als Teil des Freudensegens sind – sinnliche und sexuelle Objekte, die durch ihre Zugänglichkeit jene Geister belohnen, die in ihrem irdischen Leben Selbstdisziplin geübt hatten.

Die Schönheit dieser reizenden Figuren führt uns zu den Engeln. Besonders in der christlichen Tradition erfüllten Engel lange Zeit eine Art dekorative Funktion, indem sie von sich selbst auf die Heiligkeit Gottes verwiesen. Aber in früheren Traditionen waren Engel Botschafter, und die vielleicht schönste Annahme, zu der die gegenwärtige Beschäftigung mit diesen geflügelten Wesen geführt hat, ist die, daß sie ihren Ursprung in der Welt der Vögel haben, die oft als Begleiter der Geister in den Nachtod betrachtet wurden.

Obwohl seit Jahrhunderten studiert, beschrieben, aufgezeichnet und klassifiziert, brachte erst im sechsten Jahrhundert ein Mystiker und Theologe namens Dionysius die Engel in ein hierarchisches System – die für ihn ranghöchsten Engel standen Gott am nächsten. Je höher der Rang, desto körperloser der Engel; je tiefer, desto physischer die Eigenschaften.

Hier einige der Kategorien des Dionysius:

– Seraphim rangieren ganz oben. Sie sind, wie Gott, völlig körperlos. Ihr Name meint Feuer oder Strahlen, ein Hinweis auf ihre Fähigkeit, zu Feuer zu werden. Seraphim umgeben den Thron Gottes und haben sechs Flügel. Sie sind mit Schwertern bewaffnet.
– Erzengel kommen auf die Erde, um große Ereignisse anzukündigen. Gabriel, der die Ankunft Christi ankündigte und der mit seiner Posaune das Jüngste Gericht ankündigen wird, war ein Erzengel.
– Cherubim sind nicht unbedingt die pummeligen Putten aus der Malerei der späten Renaissance, sondern können tatsächlich viel exotischer sein. Nach dem Propheten Hesekiel setzt sich ein einzelner Cherub aus vier Kreaturen mit vier Köpfen und vier Flügelpaaren – und gespaltenen Hufen wie bei Kälbern – zusammen. Einige Autoren schreiben den Cherubim eine beträchtliche Verantwortung bei der Lenkung des Universums zu. Sie sind ehrfurchtgebietende, verehrte und bedeutende Geschöpfe.
– Engel, sogenannte Dominanzen, sind mit der Beaufsichtigung anderer Engel befaßt. Als Zeichen ihrer Würde tragen sie Zepter und Reichsapfel.[11]

Die neue Leidenschaft für Engel hat zu einer weiteren Klassifikation nach Funktionen geführt. So sind die Engel Gabriel, Raphael und Michael für Liebe zuständig und Michael und Raphael auch für Wunder. Für Gnade hielten wir uns an Tadhial; für Geduld an Oriphial; für Optimismus an Verchiel.[12]

Alle Engel sind geflügelt. Aber dazu gibt es eine erfreuliche Mitteilung: Engel brauchen nicht zu flattern. Sie werden allein von ihren Gedanken und Wünschen getragen, wohin sie wollen.[13]

Die Visionäre

Die Schamanen der Stammeskulturen sind Abgesandte ins Unbekannte, und sie erhalten eine strenge Ausbildung, bevor sie die Grenzen dorthin überschreiten. Im letzten Jahrzehnt konnten wir viel über solche imaginären Reisen lesen. Man sehnte sich im Westen nach einer Form der schamanischen Weisheit, die auf das eigene Schicksal anwendbar wäre, im Leben wie nach dem Tod.

Aber auch der Westen hat seine visionären Reisenden, die die Gefilde des Jenseits erkunden.

EMANUEL SWEDENBORG

Keiner war so fruchtbar und präzise in der Beschreibung des Nachtods wie der schwedische Mystiker Emanuel Swedenborg aus dem achtzehnten Jahrhundert. Mit vielen Begabungen ausgestattet, versetzte er sich in tiefe Trancezustände, um mit den Toten in Kontakt zu treten.

Die Berichte über seine Begegnungen füllen zwanzig Bände. Erstaunlich an ihnen ist, wie sehr sie den heutigen Beschreibungen des Nachtods ähneln: Auch bei ihm schon finden sich Motive wie der Durchgang durch einen dunklen Tunnel, die Begrüßung durch die Geister, phantastische Landschaften frei von Raum und Zeit, ein blendendes Licht, das Liebe ausstrahlt, und eine Rückbetrachtung des Lebens, der sich alle neu ankommenden Geister unterziehen. Besonders interessant und detailliert jedoch sind Swedenborgs

Berichte über »Gedankenkugeln«, die die Engel anstatt der Sprache für die Verständigung benutzen.

Swedenborg ließ keinen Zweifel daran, daß er an die von ihm beschriebenen Möglichkeiten glaubte. »Alles, was ich geschrieben habe, ist so wahr, wie Sie mich vor sich sehen«, schrieb er. »Ich hätte weit mehr sagen können, wenn es mir gestattet worden wäre. Nach dem Tod werden Sie alles sehen, und dann werden wir uns darüber viel zu sagen haben.«[14]

RUDOLF STEINER

Rudolf Steiner war ein okkultistischer Philosoph und Geisteswissenschaftler des späten neunzehnten und frühen zwanzigsten Jahrhunderts (1861–1925). In seinen umfangreichen Schriften äußerte er sich ebenso gewandt und offenbar informiert über das Leben nach dem Tode und über die Rückkehr durch Wiedergeburt wie über Themen der Medizin, Erziehung, Architektur, Dramatik, Landwirtschaft und Kunst.

Zu allem steuerte Steiner neue Ideen bei, und er überschritt Grenzen, als wären sie nicht vorhanden. Für ihn waren alle solche Ausflüge – zum Beispiel vom Leben in den Nachtod und wieder zurück über die Embryonalphase ins Leben – eine Erforschung des Geistes, seines Wachstums und seiner Teilhabe an der Entwicklung des Universums. Seine faszinierendsten und (vital) imaginierten Beschreibungen schildern Nachtod-Reisen zu entfernten Planeten.[15]

TERENCE McKENNA

Einige der stärksten westlichen Nachtod-Visionen stammen von Terence McKenna, dem Ethnobotaniker und Autor von ›Speisen der Götter. Die Suche nach dem ursprünglichen Baum der Weisheit‹. McKenna benutzte die Droge Dimethyltryptamin (DMT), um in andere Welten zu reisen, die er mit dem Nachtod vergleicht.

DMT ist ein Halluzinogen, das die Wahrnehmungsfähigkeit verändert und, wie McKenna sagt, »der Einbildungskraft einen ungeheuren Schub gibt«. Er behauptet, daß die Droge uns zeigt, was auf der anderen Seite wartet und daß viele Leute, die unabhängig voneinander dieselbe Dosis genommen haben, dieselben Wahrnehmungen berichtet haben.

»Du schießt in den Weltraum«, sagt er. »Irgendwie hast du das Gefühl, daß du unter der Erde bist, und ein ungeheures Gewicht lastet auf dir. Du hast das Gefühl, eingeschlossen zu sein, und doch ist der Raum offen. Es ist warm. Es ist angenehm ... und es gibt nichts daran zu deuteln, daß dort Wesenheiten existieren.«[16]

Diese Wesenheiten, wie sie McKenna beschreibt, sind verzierte Kugeln, selbstangetrieben, groß wie Basketbälle, aber so schön wie riesige Fabergé-Eier (und Swedenborgs Denkkugeln). Diese Kugeln bewegen und ändern sich rasch. Sie warten auf unser Kommen und muntern uns dann liebevoll auf. »Gib deinem Staunen nicht nach«, ermahnen sie uns. »Nicht wundern!« Aber wir *sind* verwundert. Wenn diese Kugelwesen sprechen, sind ihre Wörter sichtbar – komplexe geometrische Gestalten. Und wir nehmen ihre Bedeutung optisch wahr.

Was die Kugeln vermitteln, ist die Idee von der Verflochtenheit des Realen. Dieser psychedelische Himmel führt zu einem kontinuierlichen und wachsenden Bewußtsein von Ganzheit und Integration. Weder Belohnung noch Strafe dringt in das Paradies der Fabergé-Eier ein. Das vorherrschende Gefühl ist Freude, ein tiefes Glücksgefühl des Besuchers, wenn er einen Blick in die Verflochtenheit aller Dinge erhascht.

Jeder dieser drei Männer hat eine ausgeprägte Vision des Möglichen vorgestellt. Wie viele weitere Visionen könnten wir in der ganzen Welt sammeln?

Reflexionen über das Stadium der Möglichkeiten

Über die oben beschriebenen reichen und bunten Landschaften und ihren scharfen Gegensatz zu den beschränkten Auffassungen des Nachtods habe ich mit Freunden, Bekannten und Patienten viele wunderbare Gespräche geführt. Ich habe erlebt, daß trauernde Hinterbliebene etwa bei der Beschreibung der buddhistischen Reise zur Bardo-Stufe der Glückseligkeit aufgerichtet wurden und neue Hoffnung schöpften.[17]

Daß die Toten nicht einfach und für immer verschwinden, sondern irgendwo und irgendwie erhalten bleiben, ist der tröstlichste Gedanke aller Nachtod-Mythen. Damit treten wir der schrecklichen Vorstellung von einem einsamen, verlorenen Geist entgegen, der auf ewig ins Nichts entschwindet. Daß die Reise ein Ziel hat, bettet den Tod in den ungebrochenen Kreislauf des Lebens ein – eines Lebens voller Zielstrebigkeit, Energie und vielleicht sogar Freude beim Durchschreiten des Reichs der unzähligen Möglichkeiten.

6

Viertes Stadium: Wiederkehr

Eine Rückkehr – imaginiert

Er muß abreisen. Irdische Regungen durchströmen ihn bereits, und er wird von tiefen Gefühlen überwältigt. Er möchte nicht gehen – und ist doch von Neugier auf das neue Leben erfüllt, er zittert vor Aufregung. Höchst irdisch fragt er sich, ob vielleicht ein Fehler passiert ist. Sicher hat er genug bezahlt – wenn er sich nur erinnern könnte –, um in das Größere Sein emporgehoben zu werden.

Aber da ist kein Widerstand, kein Widerspruch ... nichts, was dagegen spricht. Da ist nur die Erwartung, in seine neue Existenz einzutreten. Er vermutet und hofft, daß es gleich am Anfang einen Moment geben wird, an dem er weiß, daß er unterwegs ist – und dann das Vergessen: Alles, was er jetzt weiß, wird ausgelöscht sein, und er wird ins Leben zurückkehren – in einen irdischen Mutterschoß.

So soll es sein. Er vermutet, daß er schon viele Male diesen Weg genommen hat. Der Aufenthalt zwischen den Leben ist eine fröhliche und schöne Existenz gewesen. Der Wunsch, die Erinnerung möge bei ihm bleiben, beweist nur sein Bedürfnis, ins Leben zurückzukehren.

So gerne würde er nur eine Spur, eine Idee, eine vage Andeutung von der summenden Musik mitnehmen, die hier als Verständigungsmittel dient. Sie fehlt ihm sehr, und beim Gedanken, daß er sie aufgeben muß, wird er richtig zornig, unglaublich, daß die Dinge so schlecht eingerichtet sind, ... und schon ist er unterwegs.

Ziele müssen nicht immer die gleichen bleiben. Reisen müssen nicht immer nur in eine Richtung gehen. Die Möglichkeiten, die sich nach dem Tod den Reisenden ergeben, müssen nicht immer die einzig verbindlichen sein. In vielen Kulturen erstreckt sich die Nachtod-Reise nicht zwischen einem Ausgangspunkt und einem Ziel, sondern vollzieht einen Kreis. Im Verlassen ist die Rückkehr eingeschlossen. Im Tod ist der Keim der Wiedergeburt enthalten. Freilich ist die kreisförmige Reise oft unvollständig – die Flugbahn mehr kugelförmig –, der Reisende kehrt an einen neuen Ort und als ein anderes Individuum zurück. So werden die Möglichkeiten ins Unermeßliche erweitert: Nicht nur durchreist der Geist in der Nachtod-Sphäre unerhörte Landschaften, sondern er kehrt auch zu einer unendlichen Vielfalt von Lebenserfahrungen zurück.

JOSIE

Obwohl ich über mehrere Jahre mit Kindern in Sonderschulen gearbeitet habe, bin ich in meiner privaten Psychotherapie-Praxis nicht darauf eingerichtet. Dazu braucht man bestimmte Dinge – Spielzeug, Puppenhäuser, Malsachen usw. – und muß viele Bücher lesen. Es ist schon lange her, daß ich diese Bücher gelesen habe, und mein Büro enthält nur wenig, was einem Kind gefallen könnte, außer vielleicht Bleistifte und ein Notizblock. Außerdem verspürte ich nie besondere Neigung, Kinder in einer Volltherapie zu behandeln. Nur einmal machte ich eine Ausnahme – bei Josie, der Tochter meiner Patientin Gwendolyn.

Gwendolyn war völlig ratlos, was ihre zwölfjährige Tochter betraf. Das scheinbar gesunde und normal entwickelte Mädchen hatte offenbar plötzlich einen psychotischen Zusammenbruch erlitten: Mehrere Abende hintereinander schlug sie knurrend und brüllend mit einem Hammer auf das Mobiliar des Hauses ein. Ihre Eltern konnten sie nicht stoppen, und es blieb nichts anderes übrig, als sie einweisen zu lassen. Es sollte nur ein kurzer Aufenthalt werden. Doch als Gwendolyn mich darauf ansprach, hatte Josie bereits sechs lange Monate in einer psychiatrischen Privatklinik verbracht.

Nach mehreren Anläufen sollte nun Josie nach Hause kommen, aber wie der Zufall es wollte, wurde sie nach einer Reihe von Aufschüben just in der Woche entlassen, in der ihr neuer Psychiater eine lang geplante Reise antrat und Gwendolyn sich um ihre Mutter, Josies Großmutter, kümmern mußte. »Wenn du mich nur ein bißchen unterstützen könntest«, flehte mich Gwendolyn an. »Geh zu Josie, halt sie bei Laune, rede ein bißchen mit ihr, bis der Psychiater zurückkommt. Wir müssen diese schlimme Zeit irgendwie überbrücken.«

»Nein, das kann ich nicht tun!« antwortete ich. Beruflich und persönlich war ich auf diese Rolle gänzlich unvorbereitet. Die Arbeit mit Kindern beansprucht die ganze Person – und ich konnte Josie unmöglich in meinem Terminkalender unterbringen. Solche Bitten schlägt man am besten gleich ab. Warum meinen Kopf in einen Löwenrachen stecken oder mich in einem Faß in die Niagarafälle stürzen? Die Antwort lautete nein.

Dann hatte ich einen Traum. Ich war mit meinem Vater beim Angeln und fing einen großen Fisch. Als ich ihn abnahm, bemerkte ich, daß der Haken nicht nur in dem großen, sondern auch in einem kleineren Fisch innerhalb des großen steckte. Der größere war eigentlich nur ein Überzug, ein Schutz für den kleineren Fisch. Der Sinn dieses Traums schien mir allzu deutlich und rief meinen Widerstand hervor. Da ich bei mir einen blinden Fleck vermutete, wandte ich mich an eine Kollegin. Nachdem sie mich über mein derzeitiges Leben und die Praxis ausgefragt hatte, stand ihre Meinung fest: »Es schaut so aus, als wäre Josie, ob du es willst oder nicht, deine Patientin. Ein wirklich starker Traum, Sukie.« Und so wurde Josie mein Patientin.

Die Arbeit mit diesem Mädchen war die Herausforderung meiner Karriere. Verängstigt, intelligent, lustig und sehr schwierig, war Josie desorientiert und so unergründlich wie die Kinder in der Bellevue-Klinik, wo ich mit sechzehn Jahren als Volontärin gearbeitet hatte. Dennoch kamen wir gut zurecht. Obgleich ständig konfus, ließ Josie (zu meinem großen Erstaunen) nie eine Sitzung aus. Auch wenn sie meine Kleenexschachteln ruinierte, überall Papierknäuel verstreute und mich anfangs niemals anschaute, so fühlte ich doch, daß wir einen Draht zueinander hatten.

Unfähig zu erklären, was zwischen uns vorging, und unschlüssig über das, was passieren sollte, wandte ich mich hilfesuchend an Psychiater und Psychopharmakologen, Sozialarbeiter und Kinderspezialisten. Irgendwo war da ein fehlendes Stück, und ich konnte es nicht finden: Gwendolyn zufolge hatte sich Josie ganz normal entwickelt, die Familie war gesund, vor dem Zusammenbruch gab es keine traumatischen oder ungewöhnlichen Ereignisse, und die neurologischen Tests wiesen sie als normal aus – und doch fehlte ein Stück in diesem Puzzle. Konzentriere dich auf Gwendolyn, sagten meine Berater, und ich tat es. Denke an den Vater; ich tat es. Achte auf deine eigenen Träume; ich tat es. Und Josies Träume, was ich natürlich tat. Alles half, aber es blieb ein geheimnisvoller Rest. Und währenddessen fragte ich mich, was dieses Mädchen in meiner Praxis für Erwachsene zu suchen hatte.

Aber ich war fasziniert, beeindruckt – und bezaubert. Es gab irgend etwas um Josie: Sie war unglücklich und verängstigt, aber auch witzig. Sie war eine großartige, intuitive Künstlerin. Sie hatte rote Haare und war ein bißchen rundlich. Interessant, dachte ich, beunruhigt über meine Überidentifikation mit meiner Patientin: Auch ich werde als lustig empfunden, bin eine Kunstliebhaberin, habe rote Haare und neige zur Rundlichkeit. Beide liebten wir das Essen, und als es Josie besser ging, verbrachten wir unsere »regelwidrigen« Sitzungen bei Eisbechern und intensiven Gesprächen über Bagels und Frischkäse. Um noch mehr Regeln zu brechen, vermischte ich Arbeit und Freizeit und nahm abends lange, erregte Telefonanrufe von Josie entgegen. Sie hatte offenbar ihre soziale Kontaktfähigkeit eingebüßt und kam in der neuen Spezialschule nicht zurecht.

»Was soll ich machen, wenn jemand Hallo zu mir sagt?« – Eine typische Frage aus einem Neun-Uhr-abends-Gespräch.

»Dann sagst du auch Hallo«, erwiderte ich.

»Soll ich dabei lächeln?«

»Wenn du die Person magst, lächle. Du lächelst je nachdem, wie sehr du die Person magst.«

»Aber wie soll ich wissen, wie sehr ich die Person mag, Sukie?«

Und so ging es weiter. Josie lernte schnell, und sobald eine elementare Krise gelöst war, setzte sie die Ratschläge schnell um – bis zum nächsten Abend. Dann fragte sie weiter: »Wie gehe ich mit jemanden auf der Straße spazieren, Sukie?« In vieler Hinsicht wirkte sie wie ein weit kleineres Mädchen, das es mit dem Größerwerden eilig hatte und nicht viel Zeit verlieren wollte.

Gwendolyn schien glücklich und erleichtert, daß wir beide eine so gute Beziehung hatten, und aus den versprochenen zwei Wochen wurden Monate. Ich staunte über mich selbst. Was war mit mir los? Stets hatte ich mich an die Regeln meiner Praxis gehalten. Ließ ich mich gehen? Und wenn ja, warum? Ich konnte diese Fragen nicht beantworten und konnte Josie auch nicht zu einem anderen Therapeuten schicken. Sie machte gute Fortschritte – wenn auch zwei Schritte vor und einen Schritt zurück – und schien in unserer Beziehung einen Halt zu finden, der ihrer Entwicklung guttat – eine Beobachtung, die von den Psychologen und Lehrern der Schule bestätigt wurde.

Ich beriet mich weiter mit Kollegen und faßte eines Tages den etwas gewagten Entschluß, mit Michael Lutin zusammenzutreffen, einem Astrologen, den Freunde in den höchsten Tönen lobten. Ich dachte an ein astrologisches Gutachten, das die Einflüsse, unter denen Josie geboren worden war, bestimmen sollte, damit ich etwas tieferen Einblick in ihre inneren Probleme und Stärken bekäme. Als Michael Lutin jedoch mein Anliegen vernommen hatte, fragte er mich überraschend: »Sukie, was hast du in dem halben Jahr vor und in dem halben Jahr nach Josies Geburt getan?«

Es schoß mir wie eine Rakete durch den Kopf: Vor zwölf Jahren hatte ich eine Fehlgeburt gehabt. Über den Verlust des Kindes waren mein Mann und ich untröstlich gewesen. Wir hatten damit nicht im mindesten gerechnet, es hatte uns kalt erwischt.

»Ich hatte eine Fehlgeburt«, flüsterte ich. Mich schauerte bei der Erinnerung. Lange saßen Michael und ich schweigend, bis ich es nicht mehr aushielt. »Was denkst du also, Michael?« fragte ich.

»Sukie«, sagte er freundlich, »vielleicht ist Josie dein verlorenes Kind.«

Etwas schnürte mir die Brust ein. Ich konnte kaum atmen. Ich stutzte, grübelte, staunte. Dann fing ich an zu weinen.

Michael Lutin war der letzte Berater, den ich in Sachen Josie aufsuchte. Nach dem Besuch hatte ich das Gefühl, mein fehlendes Stück zu haben. Ich behandelte Josie weiter, indem ich nun die Freude und Liebe, die ich für sie empfand, in unsere Arbeit einfließen ließ – anstatt sie wie bis zuvor tunlichst herauszuhalten.

Etwa ein Jahr nach dem Besuch bei Michael fragte sie mich eines Tages, ob ich ihre Mutter sei. »Das weißt du doch selber«, antwortete ich und war sofort alarmiert, denn hier ging es um mehr als nur um eine (erwünschte) psychoanalytische Übertragung, eine Projektion der Mutter (und anderer wichtiger Personen) in die Therapeutin. »Schon klar«, sagte sie, »aber ich meine, so eine Art Als-ob-Mutter, zeitweilig? Mehr früher, als ich richtig krank war«, sagte sie. »Na ja, so eine Art«, war alles, was ich erwidern konnte.

Schließlich hatte ich Josie für drei Jahre in Behandlung: zuerst täglich, dann zweimal wöchentlich und schließlich einmal die Woche. Sie schoß in die Höhe; ich bin eher klein. Ihre Nase nahm eine neue Form an, und da gerade die Punkmode aufkam, färbte sie ihr Haar grün. Die Ähnlichkeiten zwischen uns schwanden. Josie hatte ihren Weg zum Erwachsenwerden gefunden. Eines Tages, in einer regulären Sitzung, verkündete sie mir in ihrer direkten Art: »Ich bin dir entwachsen, Sukie. Ich brauche jetzt jemanden, der Erwachsene behandelt.« Und damit war unsere gemeinsame Zeit vorbei.

Was um Himmels willen hatte Michael Lutin gemeint?

Nicht weniger, als daß Josies Körper vielleicht der Behälter, das neue »Haus« eines bestimmten Geistes sein könnte, der aus der Nachtod-Sphäre zurückkehrte – eines menschlichen Wesens, das einst in einem anderen Körper existiert hatte, aber gestorben war, in diesem Fall vor der Geburt. Er meinte, daß Josie meine wiedergeborene Tochter hätte sein können, die zurückgekommen war, um etwas Unerledigtes in der Welt der Lebenden, insbesondere bei mir, nachzuholen.

Michael Lutins Idee, Josie sei die Reinkarnation meines ungeborenen Kindes, hielten viele für haarsträubend, verrückt, unglaublich. In vielen Kulturen jedoch klänge sie nicht nur vollkommen plausibel, sondern auch wahr und würde manches von Josies Problemen und unserer Beziehung erklären. Viele Menschen in der ganzen Welt finden eine Wiederkehr selbstverständlich.

In der Vorstellungswelt der westafrikanischen Igbo ist die Reinkarnation nach dem Tod elementar:

> Wenn ich zur Erde zurückkomme,
> Werde ich ein großer Mann oder eine große Frau sein!
> Wenn ich zur Erde zurückkomme,
> Werde ich nicht in dieser Stadt geboren.

Wenn ich zur Erde zurückkomme,
Werde ich keine Gnade walten lassen.
Wenn ich zur Erde zurückkomme,
Werde ich ein Gelehrter sein.
Siebenmal zu dieser Erde kommend
Oder achtmal mehr,
Werde ich niemals mehr in dieser Stadt geboren.

»In den alten Zeiten«, schreibt ein Kenner der Igbo-Kultur, »wurde bei der Geburt eines Kindes der Wahrsager geholt, der feststellen mußte, welcher Vorfahr in die Familie zurückgekommen war ... Sobald der richtige Name geweissagt ist, wird ein Begrüßungsopfer gebracht, ein Widder für einen männlichen Vorfahren, eine Henne oder eine Ziege für einen weiblichen. Wenn diese Zeremonie nicht bald nach der Wiedergeburt vollzogen wird, kehren bestimmte Vorfahren (zum Beispiel Krieger) in die Geisterwelt zurück (sterben), nachdem sie der Familie ernsten Schaden zugefügt haben.«[1]

»Meine Mutter starb 1981«, erzählte uns ein Yoruba-Mitarbeiter, »und im folgenden Jahr brachte meine Frau dieses Mädchen, das Sie vor dem Haus sehen, zur Welt. Es kommt sehr nach meiner Mutter – so sehr, daß wir es Iyabo nannten, das heißt ›Mutter kommt zurück‹.« Für die Yoruba-Familie ähnelte Iyabo nicht einfach ihrer Großmutter: der Geist in ihrem Körper *war* die Großmutter.

Bei einem anderen Afrikabesuch prallten meine westlichen Erwartungen mit nigerianischen Realitäten zusammen, als Edmundo und ich von einem bekannten Professor zum Essen eingeladen waren. »Ah, hier kommt Vater«, verkündete der Mann, als wir bei den Drinks waren, und wir standen auf, da wir nach dem Alter des Professors mit einem Greis rechneten. Herein kam ein dreijähriges Kind, putzmunter und neugierig.

Der Gastgeber, der meine Verwirrung bemerkte, zeigte mir ein Muttermal auf der Stirn seines Sohnes – ein sehr kleines

Muttermal, um genau zu sein – und erläuterte, daß sein Vater das gleiche Mal am gleichen Fleck gehabt habe. »Er nimmt an allen unseren Familientreffen, unseren Entscheidungen teil und sitzt dort, wo mein Vater saß. Er *ist* mein Vater«, sagte er. »Die Wiederkehr der Geister der Verstorbenen ist keine Vorstellung, wie Sie es nennen würden«, sagte der Professor, »sondern eine Realität in unserem Leben. Sie verlassen uns und kehren wieder. Es ist ein Kreislauf.«

ODE: ANDEUTUNGEN VON UNSTERBLICHKEIT AUS ERINNERUNGEN FRÜHER KINDHEIT

Unsere Geburt ist nur ein Schlaf und Vergessen:
Die Seele, die mit uns aufsteigt, unser Lebensstern,
Hat woanders ihre Stätte,
Und kommt von sehr weit her:
Nicht in gänzlichem Vergessen,
Nicht in bloßer Nacktheit,
Sondern umkränzt vom Glorienschein kommen wir
Von Gott, der unsere Wohnung ist:
Der Himmel ist um uns in der Kindheit!
Die Schatten des Gefängnisses umschließen
Langsam den wachsenden Knaben,
Doch schaut er das Licht und gewahrt seinen Ursprung,
Er sieht es in seiner Freude;
Der junge Mann, der täglich vom Osten
Weiter sich entfernt, ist noch ein Priester der Natur,
Und wird vom Himmelslicht
Auf seinem Wege geführt;
Der Mann schließlich sieht es ersterben,
Und im Licht des irdischen Tags vergehn.

William Wordsworth, 1807

In der ganzen Welt werden Geister wiedergeboren. Bei einigen südamerikanischen Stämmen zum Beispiel ist der Schamane für die Geburten zuständig. Bei den Makuna ist es die Aufgabe des Schamanen, die Seele eines Großvaters vom Totenhaus in sein neues Haus in der Nachtod-Sphäre, den Körper des Neugeborenen, zu führen.[2] Bei anderen Stämmen übernehmen Hebammen diese Rolle. Sie sind nicht nur Geburtshelferinnen, sondern auch praktische Reiseführer beim Wiedereintritt ins Leben.[3]

Bei einer Gruppe australischer Ureinwohner, den Yongu, sind nicht Schamanen oder Hebammen das Medium für den Übergang der Geister, sondern Wolken. Wenn die Geister im Tod aus dem Körper entlassen werden, steigen sie als Wolken vom Boden auf und treiben durch den Himmel, bis sie wieder als Regen herunterkommen. Das Regenwasser vermischt sich mit den Wasserläufen und Flüssen, und die darin enthaltenen Geister werden Bestandteil von Felsen, die die Brunnen der Menschen und die auf dem Grunde solcher Brunnen plazierten heiligen Objekte umgeben.

Wenn Frauen das Wasser zum Waschen oder Trinken heraufholen, treten die Geister im Wasser unbemerkt als neue Kinder in ihren Körper ein. Für die Yongu ist daher die Wiedergeburt nicht nur genauso natürlich wie der ewige Kreislauf des Wassers, sie ist auch Teil des Geflechts von Naturzyklen, in denen wir leben und sterben.[4]

Ein Mitarbeiter bei den Yoruba ist ebenfalls davon überzeugt: »Wenn du Mais anpflanzt, keimt und wächst er. Wenn er reif ist, erntest du ihn, und im nächsten Jahr pflanzt du erneut die Saat, die irgendwann keimt. Also kommt alles, was stirbt, auf die Erde zurück. Auch die Sonne, der Mond und andere Himmelskörper zeigen das. Am Morgen geht die Sonne auf, am Abend geht sie unter, aber am nächsten Morgen geht sie wieder auf. Der Mond nimmt vierzehn Tage zu und vierzehn Tage ab, um ganz zu verschwinden und sich wieder von neuem zu zeigen. Und so ist es auch bei uns Menschen.«

In vielen Kulturen ist der Geist keineswegs eine streng menschliche Erscheinung. Ein entsprechender Bericht kam von Maria Paradiso, einer Anthropologin, die die brasilianischen Krenar-Indianer erforschte. Vor einigen Jahren, als wir uns unterhielten, war der Regenwald der Krenar von der Abholzung bedroht, und nur sechsundneunzig Stammesangehörige blieben dort. Maria Paradiso erzählte mir vom Glauben der Krenar: Ihm zufolge hat der Mensch sieben Seelen, und die Seele, die man bei der Geburt mit sich bringt, ist die Hauptseele. Wird die Hauptseele von den Waldgeistern gefangen, stirbt man, wird eine der anderen Seelen gefangen, wird man krank. Beim Tod werden die sechs Nebenseelen freigesetzt, doch die Hauptseele findet keinen Frieden, bis auch sie wieder in Freiheit ist.

»Wie geschieht das?« fragte ich. »Wie wird die gefangene Seele befreit?«

»Sie muß gefüttert werden. Die Lebenden müssen viele Jahre lang Lebensmittel auf das Grab legen. Die Seele kommt, um zu essen, und irgendwann werden die Geister, die die Seele festhalten, zufrieden sein und die Seele gehen lassen. Wenn jedoch die Geister *nicht* zufrieden sind – wenn die ausgelegte Nahrung unzureichend oder das Grab schlecht gepflegt ist –, wird die gefangene Seele zu einem bösartigen Panther, der die Menschen angreift. Daher leben die Krenar in großer Furcht vor diesem Tier. So also sehen die Krenar den Tod: als einen Panther, der sie bedroht.«

Vor langer Zeit und eine halbe Weltreise entfernt wurde der Glaube der alten Griechen an die Wiedergeburt menschlicher Geister in Tieren für einige Menschen zum Anlaß einer vegetarischen Lebensführung. Sie verweigerten den Genuß von Fleisch, weil sie in den Tieren eine menschliche Seele vermuteten. Radikalere Anhänger dieser Überzeugung dehnten sie auch auf Obst und Gemüse aus, mit der Konsequenz, daß sie sich notgedrungen davon ernährten, sich aber weigerten, die Früchte selbst zuzubereiten, sondern dies Gläubigen niederen Ranges überließen.[5]

In vielen Stammeskulturen gibt es keine Rückkehr zur Erde. Man stirbt und ist für immer aus dem Leben verschwunden. Bei einigen Stämmen kehren nur die »Guten« wieder und nur jene, die einen »guten« Tod gehabt haben – das heißt einen natürlichen Tod im gesegneten Alter, der mit dem Siegel einer ordnungsgemäßen Bestattung versehen ist. Bei anderen kehren im Gegensatz dazu nur die »Schlechten« wieder, die ihre irdischen Pflichten nicht erfüllt oder ungesühnte Untaten begangen haben.

Die religiösen Traditionen der Hindus und Buddhisten fügen dem Prozeß der Wiedergeburt die komplexe Idee des Karma hinzu und reichern sie mit Dramatik und Spannung an. Wie die Seelen zurückkehren und, wenn ja, wo und in welche Körper und Verhältnisse, hängt davon ab, wie sich die Person in der Vergangenheit verhalten hat. In diesen hochentwickelten und faszinierenden Kulturen dreht sich das Rad des Lebens immer weiter, und wir sind erst dann erlöst, wenn wir alle Folgen unserer vergangenen Leben verarbeitet haben. Was uns den Ausstieg aus dem Rad des Lebens und die Teilhabe an der größeren, tieferen Realität ermöglicht, das sind in der hinduistischen Tradition alle irdischen Wünsche und in der buddhistischen Tradition die Freiheit von allen Illusionen.

Das Karma ändert alles. Wird das nächste Leben durch das Karma bestimmt, gibt es keine Rückkehr in ähnliche Verhältnisse. Statt dessen wird jeder, der ein gutes Leben führte, das nächste Mal mit einer angenehmen Existenz belohnt. Ein Bösewicht wird mit einem harten Leben im Elend bestraft – und da ist keine Gottheit, die dafür verantwortlich gemacht werden kann. Paradoxerweise kann dieses System als höchster Ausdruck persönlicher Verantwortung gesehen werden.

»Ziel ist es, die Rückkehr zu verhindern«, erzählte uns der indische Mahapatra, als er in seinen Bestattungsritualen pausierte, »doch stecken die meisten Leute so tief in ihrem

Karma, daß sie nicht herauskommen. Deshalb ist ein weiteres Leben ihr unmittelbares Schicksal, und das letzte Ziel ist Ruhe oder Ende ... In einem wichtigen Bild der Bhagavadgita erklärt Krischna, ... daß die Seele ihre Körper abwirft und anlegt wie man alte Kleider abwirft und neue anzieht. Weiter erklärt er, daß die Seele unsterblich ist – Feuer kann sie nicht verbrennen, Wasser nicht ertränken, Waffen nicht verletzen. Körper können zerstört werden, aber die Seele ist unzerstörbar und zieht sich von Leben zu Leben, bis sie freigelassen wird und zu Gott geht.«

Mahapatras genaue Beschreibung des Sterbens und dessen Verknüpfung mit einer Rückkehr zum Leben zeigt nur die Komplexität eines jeden individuellen Schicksals:

> Wenn Yamaraj kommt, um jemandem das Leben zu nehmen, packt er diesen zuerst an den Füßen. Dann versucht er, das *prana* [den Lebensatem] herauszuziehen, indem er das Bein nach und nach zum Kopf hebt. Dabei schlägt er das *prana*, damit es mit ihm kommt. Beim Sterben gibt es viele Schmerzen. Das *prana* versucht, Yamaraj zu entkommen, und flüchtet nach oben, um sich in der Brust zu verschanzen. Wenn es von hier aus in den Kopf gelangt, kann es durch den Mund, die Nasenlöcher, die Ohren, die Augen oder, wenn die betreffende Person Glück hat, durch den Schädel entweichen. Wenn nicht, muß das *prana* durch den Darm entweichen, was bedeutet, daß der Reisende in die Hölle kommt.
> Entweicht das *prana* durch den Schädel, braucht der Reisende nicht zur Erde zurückzukehren. Es gibt eine geleeartige Substanz im Schädel, in der die Intelligenz und Empfindung sitzt. Dank ihrer unterscheidet eine Person zwischen gut und schlecht. Erst wenn dieses Gelee beim Sterben von selbst platzt, kann der Reisende den Weg der Sonne einschlagen. Tritt das *prana* durch eine andere Öffnung aus, nimmt es den Weg des Mondes – und in diesem Fall muß die Person zur Erde zurückkehren.

Der indische Mystiker Sri Aurobindo geht auf die Veränderungen ein, die bei der Rückkehr eintreten: »Das neue Leben nimmt die Entwicklung nicht genau dort wieder auf, wo sie aufgehört hat, es wiederholt und setzt nicht einfach unsere vergangene Oberflächenpersönlichkeit und Naturgestalt fort. Es gibt eine Assimilierung, ein Verwerfen und Stärken und Ändern der alten Charaktere und Motive, eine neue Anordnung der vergangenen Entwicklung und eine Auswahl der zukünftigen Zwecke, ohne die der neue Beginn nicht fruchtbar und entwicklungskräftig sein könnte. Denn jede Geburt ist Neubeginn; zwar fußt er auf der Vergangenheit, aber er ist keine mechanische Fortsetzung; Wiedergeburt ist nicht ständige Wiederholung, sondern eine Progression, die Maschinerie eines evolutionären Prozesses.«[6] Es gibt eine »Mechanik« für die Wiedergeburt, sagt uns Aurobindo, mittels der sich die Seele auf ihrer Reise ändert und entwickelt.

Diese komplizierte und beängstigende Wiederholung, dieses ständige Eingeholtwerden der unzerstörbaren Seele von den Folgen ihres Verhaltens im Leben, mag grausam und erbarmungslos scheinen. Doch der Mahapatra wies auf die Gerechtigkeit hin, die in dieser Auffassung steckt. »Du siehst die Ungleichheit der Gesellschaft«, sagt er. »Jemand arbeitet sehr hart und kann sich kaum seinen Lebensunterhalt verdienen, während ein anderer es bequem hat. Der Grund für diese Unterschiede kann das Karma in den vergangenen Leben sein. Mit anderen Worten, das Karma dient als Erklärung für eine Welt, die einem Nichtgläubigen schrecklich ungerecht erscheinen muß.« In schweren Zeiten kann der Gedanke, daß das Elend Gründe hat, die außerhalb des sozialen Zusammenhangs liegen, vielleicht tröstlich sein.

Den Dalai Lama finden

Bei den tibetanischen Buddhisten hat die Reinkarnation eine einzigartige Funktion, die bei anderen Völkern unbekannt ist: die Weitergabe der spirituellen Führerschaft. Da die Priesterschaft gewöhnlich zölibatär ist, kann sie ihren Oberpriester nicht selbst hervorbringen. Wenn der geistige Führer – der Dalai Lama – stirbt, geht eine Gruppe von berufenen Priestern ins Land und sucht das Kind, über das der Geist des Dalai Lama gekommen ist.

In seinem Buch ›Mein Land und mein Volk‹ beschreibt der gegenwärtige Dalai Lama, wie er als Kleinkind in einem Bauernhaus aufgestöbert wurde, um Seine Heiligkeit zu werden, der geistige Führer Tibets. Die Priester waren Hinweisen nachgegangen, wo sich der Geist des letzten Dalai Lama reinkarnieren würde: »Man erinnerte sich, daß der Körper des Dalai Lama nach seinem Tod ... in Richtung Süden gesetzt worden war, doch nach ein paar Tagen bemerkte man, daß sich das Gesicht nach Nordosten gedreht hatte ... an der nordöstlichen Seite des Schreins, wo der Körper saß, erschien plötzlich ein großer sternförmiger Pilz. Dies und andere Zeichen wiesen die Richtung, in der der neue Dalai Lama zu suchen war.«

Ein Regent reiste zu einem heiligen See, der für die Visionen, die er hervorrief, berühmt war, und dort hatte er nach vielen Tagen der Meditation die Vision eines »Klosters mit Dächern aus Jade grün und gold und eines Hauses mit türkisenen Ziegeln. Die Vision wurde genau niedergeschrieben und streng geheimgehalten.«[7]

Nach der Meditation des Regenten reisten weise Männer in das Dorf, das in der Vision identifiziert worden war und fanden das Haus mit den türkisenen Ziegeln. Dort lebte ein kleiner, damals zweijähriger Junge mit seiner großen Familie. Ohne die Abgesandten jemals gesehen zu haben, sprach dieser Junge sie bei ihrem Namen an und griff instinktiv nach

Gegenständen, die der frühere Dalai Lama bei sich getragen hatte. Als sich die Gruppe zum Aufbruch rüstete, wollte der kleine Junge unbedingt mit ihnen gehen ... und wurde der vierzehnte Dalai Lama, der heute trotz der Repressalien Chinas unermüdlich bestrebt ist, den tibetanischen Buddhismus lebendig zu erhalten.

Jene, die glauben

Formell ist das Konzept einer persönlichen Wiedergeburt den großen monotheistischen Religionen unbekannt. Doch dies hat viele Denker keineswegs abgehalten, die Reinkarnation als eine mindestens ebenso natürliche und glaubwürdige Vorstellung wie Himmel und Hölle anzusehen.

Schon Platon hat die Reinkarnation in seine schönen und detaillierten Beschreibungen des moralischen Universums eingeflochten: »Mein lieber Knabe oder Jüngling, der du dich von den Göttern vernachlässigt wähnst, wirst du schlechter, zu den Schlechteren, wirst du besser, zu den Besseren wandern ... Dieses Gericht der Götter darfst weder du noch ein anderer, der das Unglück hatte, bewältigen zu können sich rühmen.«[8]

Für Jahrhunderte galt Platons Welt in unserer westlichen Geistesgeschichte als ein Prüfstein der Vernunft; und durch seine Schriften zieht sich wie ein roter Faden die Beschreibung des Lebensrads, dessen Ähnlichkeit mit den hinduistischen und buddhistischen Vorbildern bemerkenswert ist.

Überspringen wir zwei Jahrtausende, um weitere Stellungnahmen zum Thema Reinkarnation einzuholen:

– *Benjamin Franklin:* Indem ich mich in der Welt existierend vorfinde, glaube ich, daß ich in der einen oder anderen Form immer existieren werde; und bei allen Unannehmlichkeiten, denen das menschliche Leben unterworfen ist, werde ich gegen eine Neuauflage des meinigen nichts einzuwenden haben, in der Hoffnung jedoch, die *errata* meines vorherigen korrigiert zu finden. [Aus den Briefen]

– *Walt Whitman:* Ich weiß, ich bin unsterblich. Ohne Zweifel bin ich zehntausendmal vorher gestorben. [Aus: ›Grashalme‹]

– *Carl Gustav Jung:* Ich könnte mir gut vorstellen, daß ich in frühen Jahrhunderten gelebt habe und dort an Fragen gestoßen bin, die ich noch nicht beantworten konnte, daß ich wiedergeboren werden mußte, weil ich die mir gestellte Aufgabe nicht erfüllt hatte. Wenn ich sterbe, werden – so stelle ich es mir vor – meine Taten nachfolgen. Ich werde das mitbringen, was ich getan habe. Mittlerweile aber handelt es sich darum, daß ich am Ende meines Lebens nicht mit leeren Händen dastehe. [Aus: ›Erinnerungen, Träume, Gedanken‹]

– *William Butler Yeats:* Viele Male stirbt und lebt der Mensch ... / Ob der Mensch im Bett stirbt / Oder das Gewehr ihn niederstreckt, / Ein kurzer Abschied von den Liebsten / Ist das Schlimmste, was der Mensch zu fürchten hat. [Aus: ›Unter Ben Bulben‹]

Diese und viele andere Zitate von westlichen Denkern wurden von Joseph Head und S. L. Cranston in einem Buch unter dem Titel ›Reinkarnation‹ zusammengestellt.[9] Ich stieß auf diese Sammlung, als ich Michael Lutin schon mehrere Jahre kannte, und war doch davon beeindruckt, mit welcher Selbstverständlichkeit und Überzeugungskraft die Wiedergeburtsidee auch von christlichen Autoren vertreten wurde.

Geister sterben nie, wie wir erfahren haben, sondern kehren immer wieder, bis sie ihre Bindungen abgeworfen haben und in die größere Wirklichkeit eingehen. Diese freudigen und optimistischen Worte aus der ›Bhagavadgita‹, dem großen Buch der hinduistischen Reise, werfen auf den Zyklus von Tod und Wiedergeburt ein vertrautes Licht:

> Der Weise im Herzen trauert nicht um die, die leben, noch um die, die sterben. Niemals wurde der Geist geboren; der Geist wird niemals aufhören zu sein. Niemals war eine Zeit, in der er nicht war. Ende und Anfang sind Träume! Nichts hat der Tod angerührt, auch wenn sein Haus tot scheint. Nein, so wie man seine abgetragenen Kleider ablegt und neue anzieht und sagt: »Diese will ich heute tragen!«, so legt der Geist sein fleischliches Gewand leicht ab und geht, um eine neue Wohnung zu beziehen.[10]

»Eine neue Wohnung!« Der Satz steht im deutlichen Kontrast zum Bild des dunklen Raumes, dessen Tür für immer zuschlägt, Raum des Todes für die, die ihn mit Zittern und Zagen erwarten.

Die Vorstellung einer Wiederkehr ist so stark, daß sogar Judaismus, Christentum und Islam bei aller Verwerfung individueller Wiedergeburten die Idee einer kollektiven Wiedergeburt oder gemeinschaftlichen Auferstehung ihres Volkes ins Auge fassen. Bei den Juden stehen die Toten auf, wenn der Messias kommt. Im Christentum bedeutet die Auferstehung Christi ein zweites Leben für den Gottessohn. Im Islam gibt es einen »zweiten Tod«, wenn Leib und Seele nach dem Tod für die Dauer des Gerichts wiedererweckt werden; dann tritt der Tod wieder ein. Doch werden am Ende der Tage die Leiber, wie bei den Juden, auferstehen.

Kulturen, in denen der Tod unwiderruflich und der menschliche Geist ohne Versprechen einer Wiederkehr getilgt ist, sind selten. Die Vorstellung einer gemeinschaftlichen Wiedergeburt spiegelt ein unerschütterliches Vertrauen in die Unsterblichkeit der Seele wider, und umgekehrt stellt dieses Vertrauen eine nicht unterdrückbare Hoffnung dar, Beschwörung eines Universums, das keine ständige Zerstörung zuläßt, sondern für Wechsel und Verwandlung steht.

Die Möglichkeit von Wiedergeburt und Wiederkehr einzuräumen, bedeutet, die Furcht hinter sich zu lassen.

Wir kommen nur zum Träumen,
wir kommen nur zum Schlafen;
Es ist nicht wahr, es ist nicht wahr,
Daß wir kommen, um auf der Erde zu leben.

Wohin werden wir von hier aus gehen?
Wir kamen nur, um geboren zu werden,
Da wir doch jenseits wohnen,
Wo die Körperlosen weilen.

Lebt etwa jemand wirklich auf der Erde?
Die Erde ist kein ewiger Ort,
nur ein kurzer Aufenthalt.«

Lied vom mexikanischen Tag der Toten

Erinnern

Während die Vorstellung der Reinkarnation an sich optimistisch genannt werden könnte, muß die Rückkehr ins Leben – das Ablegen der abgetragenen Kleider und das Anziehen von neuen – nicht unbedingt eine angenehme Erfahrung sein. Man denke nur an Josie, die vor allem wegen ihres Leidens zu mir in die Behandlung kam.

Manchmal müssen rückkehrende Geister aufgrund des Karmas in ein neues Leben eintreten, das von schrecklichem Elend und Leid gekennzeichnet ist. Esoterische Schulen lehren zudem, daß es weit entsetzlicher ist, geboren zu werden, als zu sterben.

Warum noch zurückkehren, wenn man sich mit Gott oder der wahren Gemeinschaft vereint oder endlich den Sinn der Existenz entdeckt hat? Diesen Lehren zufolge wollen es nur wenige.

Wenn wir tatsächlich in neuer Gestalt ins Leben zurückkehren, warum können wir uns dann nicht an unsere früheren Leben erinnern?

Wie bei jeder durchschlagenden Idee, die sich hartnäckig der Verifikation entzieht, bilden die Ansichten der Reinkarnation ein weites Spektrum, das vom Aberglauben bis zur strengsten Empirie reicht. Einige Lehrer der Reinkarnation behaupten, daß es möglich sei, wenn auch nicht gewöhnlich, sich an vergangene Leben zu erinnern. Um zu erklären, wie das geht, haben sie viel Energie, Talent und Arbeit investiert.

Ian Stevenson, Psychiater an der Universität von Virginia, hat einen Forschungsrahmen für das Studium von Vorleben-Erinnerungen aufgestellt. Seine Arbeit wird von Skeptikern wie Anhängern als zuverlässig, wissenschaftlich und informativ erachtet. Seine Untersuchungsobjekte sind Menschen, die sich an ihr vergangenes Leben erinnern – oder zu erinnern scheinen.

Ziel ist es nicht einfach, die Möglichkeit der Reinkarnation zu verifizieren, sondern auch ungewöhnliches Verhalten und sogar medizinische Phänomene (wie angeborene Funktionsstörungen und Muttermale) zu erklären, die sich bis jetzt einer Erklärung entziehen. Zu den psychischen Verhaltensweisen und Mustern, die Stevenson als möglicherweise durch Reinkarnation erklärbar hält, gehören einige unserer hartnäckigsten psychologischen Rätsel:

- auffällige Vorlieben und angeborene Fähigkeiten
- ungewöhnliche Interessen und Spielgewohnheiten
- Süchte und Begehrlichkeiten
- Temperamentfärbungen
- vorzeitige Sexualität
- Störungen der Geschlechtsidentität.

Freilich sind wir heute weit davon entfernt, aus derartigen Daten Rückschlüsse auf eine Wiedergeburt zu ziehen. Es ist sehr schwierig, diese »Erinnerungs«-Protokolle zu sammeln und zu überprüfen, ohne daß dabei Intuition oder Instinkt eine tragende Rolle spielen. Stevenson spürt den Hinweisen nach, die ihm aus aller Welt zukommen, und stützt sich dabei auf einen Stab gut ausgebildeter Psychologen und Parapsychologen. Gegenstand seines Studiums sind fast ausschließlich Kinder, deren Angaben durch zuverlässige Erwachsene überprüft werden. Kinder wie Eltern werden ausgiebig befragt, ebenso die Lehrer, Nachbarn, Ärzte – alle, die Zeugen der vom Kind selbst lückenhaft erinnerten frühen Jahre sind und vielleicht Hinweise auf ein früheres Leben wahrgenommen haben. Stevensons vierbändiges Werk ›Cases of the Reincarnation Type‹ stellt Fälle aus Indien, Libanon, Türkei, Thailand, Burma und Sri Lanka vor.

»Bei meinen Fallstudien muß ich die Methoden des Historikers, Juristen und Psychiaters anwenden. Ich sammle Aussagen von so vielen Zeugen wie möglich. Für mich ist es nicht ungewöhnlich, fünfundzwanzig Menschen zu einem einzelnen Fall von Reinkarnation zu befragen. Und oft bin ich zurückgekehrt, um dieselbe Person mehrere Jahre später zu befragen ... Vor allem muß ich die Möglichkeit des Betruges ausschließen.«[11]

BONGKUCH PROMSIN

Stevensons Fallgeschichten sind zu ausführlich, um hier vollständig dargestellt zu werden. Mit welchem Material er arbeitet, demonstriert jedoch der Fall von Bongkuch Promsin. Als Bongkuch, ein Kind aus Thailand, alt genug war, um zu sprechen, erzählte er, er sei die Reinkarnation eines Menschen namens Chamrat, der in einem Dorf, neun Kilometer von seinem jetzigen Heimatdorf entfernt, ermordet worden sei.

Bongkuch kannte eine Menge Einzelheiten über die Chamrat und seine Familie und beschrieb, wo er sich nach Chamrats Tod aufgehalten habe. Dies sei bei einem Bambusdickicht in der Nähe des Tatorts gewesen. Sieben Jahre lebte Bongkuch dort. Eines Tages, bei einem Gewitter, sah er seinen – wie er sich ausdrückte – gegenwärtigen Vater und stieg zu ihm in den Bus.

Tatsächlich konnte sich Bongkuchs Vater erinnern, mit dem Bus in das genannte Dorf gefahren und im Regen nach Hause gekommen zu sein.[12] Für Stevenson, der das Material mit der Objektivität eines empirischen Wissenschaftlers angeht, bildeten Zeitumstände, Begriffe und Personenbeschreibungen – durchgängig untypisch für die Interessen eines kleinen Kindes – den Ausgangspunkt.

Stevensons Arbeit kommt einem klaren, strengen Beweis für die Existenz der Wiedergeburt sehr nahe. Andere Erforscher des Vorlebens konzentrieren sich mehr auf das therapeutische Potential der Wiedergeburtsvorstellung, um psychosomatische Leiden zu behandeln.

REGELN FÜR DAS MENSCHLICHE SEIN

1. Du wirst einen Körper empfangen.
Du magst ihn lieben oder hassen, aber er wird für die Zeit deiner Anwesenheit der Deinige sein.
2. Du wirst Erfahrungen machen.
Dein Leben ist eine Ganztagsschule. Jeden Tag hast du Gelegenheit, dazuzulernen, egal, ob du den Unterricht gut oder unwichtig oder schlecht findest.
3. Es gibt keine Fehler, nur Lehren.
Das Wachstum ist ein Prozeß von Versuch und Irrtum, ein ständiges Experimentieren. Das gescheiterte Experiment gehört ebenso dazu wie das geglückte.
4. Die Lektion wird wiederholt, bis sie begriffen ist.
Die Lektion wird dir in verschiedenen Formen erteilt, bis du sie gelernt hast. Erst dann geht es weiter.
5. Das Lernen hört nie auf.
Es gibt keinen Abschnitt des Lebens, der nicht seine Lektion enthält. Wenn du lebendig bist, gibt es immer Lektionen zu lernen.
6. Was du willst, ist nicht besser als das, was du hast.
Wenn du ein Ziel erreicht hast, wirst du dir ein neues stecken, das dir wieder verlockender erscheint als das erreichte.
7. Die anderen sind lediglich dein Spiegelbild.
Du kannst an anderen Menschen nur das lieben oder hassen, was du an dir selber liebst oder haßt.
8. Was du aus deinem Leben machst, hängt von dir ab.
Du hast alles, was du brauchst. Was du damit machst, ist einzig deine Sache.
9. Deine Antworten liegen in dir.
Du mußt nur schauen, hören und vertrauen.
10. All dies wirst du nicht beherzigen.

Anonym

Roger Woolger ist Psychologe, dessen »Regressionstherapie« dazu dient, unerklärliche psychologische und physiologische Symptome sowohl zu erhellen als auch zu kurieren. Mit Hilfe von Hypnose und anderen Techniken schickt Woolger seine Patienten auf die Reise zurück in mögliche Vorleben. Im Unterschied zu Ian Stevenson geht es Woolger nicht um den Nachweis solcher Vorleben; vielmehr meint er, daß diese Vorstellung auch als Metapher ihren psychotherapeutischen Wert hat.

Wenn ein Patient derartige Erinnerungen produziert, die sich auf seine gegenwärtigen Probleme beziehen und sie sogar erklären, und wenn solche Erklärungen eine Entlastung bringen, so betrachtet Woolger die Frage nach der Echtheit solcher Erinnerung als unerheblich. »Ich ermutige meine Patienten niemals, den historischen Hintergrund einer Erinnerung an ein vergangenes Leben zu untersuchen, da dies auf Kosten der unmittelbaren Wirkung des Bildes oder der Geschichte gehen kann.«[13]

Woolger berichtet folgende Geschichte einer Patientin:

> Winifred war eine Frau im mittleren Alter, die seit ihrer Jugend an einem chronischen Stirnhöhlenkatarrh litt. Während [eines Workshops über Vorleben] durchlebte sie auf einem Schlachtfeld des Ersten Weltkrieges den einsamen Tod eines jungen Mannes, der als Waise in London aufgewachsen war. Der junge Mann hatte im Schützengraben erstmals im Leben Freunde gefunden. Als er bei einem Überraschungsangriff an Senfgas erstickte, wurde ihm flüchtig bewußt, wieviel er mit diesen neuen Freunden verlor. Doch die Wirkung des Giftgases schnitt alle weiteren Empfindungen ab. Als Winifred diese Erfahrung noch einmal durchlebte, erkannte sie das Ausmaß der versäumten Trauer und konnte ihr erst jetzt freien Lauf lassen. Fast wie durch ein Wunder wurden ihre Nasennebenhöhlen frei. Als sie zu einer späteren Sitzung des Workshops kam, berich-

tete sie, daß sie beim Aufwachen am Morgen und zum ersten Mal seit über zwanzig Jahren fähig gewesen sei, mit freier Nase zu atmen.[14]

Ein anderer Erinnerungsforscher ist Brian Weiss, Chef der Psychiatrischen Abteilung des Mt.-Sinai-Krankenhauses in Miami Beach und Chefarzt in der Psychiatrieabteilung von Yale. Wie aus seinem Hintergrund deutlich zu ersehen ist, hatte Brian Weiss Grund genug, sich dem Mainstream anzuschließen, doch brachte ihn ein Psychiatriepatient langsam zu der Ansicht, daß die Erinnerung an ein Vorleben den psychologischen Heilprozeß erleichtern könnte.

In seinem Buch ›Die zahlreichen Leben der Seele‹ erzählt Weiss die Geschichte seiner Patientin Catherine, die bei ihm Erleichterung von jahrelangen Angstzuständen, panischen Anfällen und Phobien suchte. Ihre Symptome hatte sie seit der Kindheit, aber im Erwachsenenalter waren sie noch schlimmer geworden; als sie Weiss um Hilfe anging, nahm ihre emotionale Paralyse beängstigende Formen an, so daß sie kaum noch lebensfähig war.[15]

Weiss schreibt: »Jahre des disziplinierten Studiums hatten mich gelehrt, als Wissenschaftler und Physiker zu denken und mich auf dem schmalen konservativen Pfad meines Berufes zu halten. Ich mißtraute allem, was nicht durch traditionelle wissenschaftliche Methoden bewiesen werden konnte. Ich wußte von einigen parapsychologischen Studien, die an größeren Universitäten des Landes betrieben wurden, doch erregten sie [Reinkarnation und Regressionstherapie] nicht mein Interesse. Das alles schien mir abwegig. Dann traf ich Catherine.«[16]

Achtzehn Monate lang setzte Weiss für Catherines Behandlung die Standardtechniken der Psychotherapie ein, doch ihre Symptome ließen nicht nach. Er griff zur Hypnose, um sie in ihre frühen Lebensjahre zurückzuführen, auch das führte nicht zu den Ursachen der Symptome.

Dann beschrieb Catherine eines Tages spontan ein Erlebnis, das sie im Jahr 1863 vor Christus ansiedelte. »Da sind Bäume und eine Pflasterstraße. Ich sehe ein Herdfeuer. Mein Haar ist blond. Ich trage ein langes braunes Kleid und Sandalen. Ich bin fünfundzwanzig. Ich habe ein Mädchen, das Cleastra heißt ... Es ist Rachel. Es ist sehr heiß.« In Catherines gegenwärtigem Leben war Rachel ihre Nichte, mit der sie sehr eng verbunden war.

Der Skeptiker Weiss spürte sofort, daß er auf etwas Wichtiges gestoßen war. Er ermunterte Catherine, unter Hypnose weiterzuerzählen. Ihre Reinkarnationserfahrungen machen den größten Teil seines Buches aus. Weiss berichtet, daß er nun andere in derselben Weise behandelte, das Material sorgfältig auswertete. »Ich bin noch immer Wissenschaftler«, sagt er und kommt als Beobachter zu dem Ergebnis, daß sich wie bei Catherine auch in den anderen Fällen »die Symptome mit der Entfaltung der Vorleben auflösten«. Und daß sich – wichtig in *unserem* Zusammenhang – bei den Patienten, die diese Therapie erfolgreich durchliefen, »die Angst vor dem Tod verringerte«.[17]

Die Arbeit des Rabbi Yonassan Gershom, eines anderen Reinkarnationsforschers, geht, wie viele Projekte, auf eine zufällige Begegnung zurück. Während seiner öffentlichen Vorlesungen über Kabbala und jüdische Esoterik stieß Rabbi Gershom auf etwas Unerwartetes: die sonderbare Möglichkeit, daß die im Holocaust vergasten und verbrannten Juden in den Körpern und Seelen der nichtjüdischen Nachkriegsgeneration auftauchen könnten.

Auf diese Spur kam er, als ihm einmal jemand aus dem Auditorium eine seltsame Geschichte erzählte. In seinem Buch ›Beyond the Ashes‹ berichtet er später: »Seit ihrer Kindheit versetzte die bloße Erwähnung des Holocaust [diese Frau] in eine unerklärliche Angst. Nun schrieb ihre Schwester gerade an einer Arbeit über die Konzentrationslager und bestand darauf, ihr das Material zu zeigen, doch konnte sie es einfach nicht ertragen ... Während mein Gast redete, konnte ich die Angst in ihren tiefen blauen Augen sehen. Plötzlich fühlte ich, wie ich in einen anderen Bewußtseinszustand rutschte, was mir manchmal während der Beratung passiert. Ich sah, wie sich über ihr hübsches Gesicht ein anderes, mageres und ausgezehrtes legte. Zugleich hörte ich mehrere Stimmen, die eine alte chassidische Weise sangen. Auf mich wirkte es, als würden wir uns zwischen zwei verschiedenen Zeiten hin und her bewegen ... ›Ich würde gerne etwas versuchen‹, sagte ich. ›Lassen Sie mich eine Melodie summen und sagen Sie mir, ob Sie sie schon einmal gehört haben.‹ Ich begann zu summen, ... und ihre Augen weiteten sich vor Schreck. Dann brach sie zusammen und schluchzte, daß sie im Holocaust ›gestorben‹ sei. Die Melodie war ›Ani Maamin‹ – ›Ich glaube‹. Mit diesem frommen Lied auf den Lippen sind Tausende von Juden in die Gaskammern gegangen. Niemals in diesem Leben hatte sie das Lied gehört.«[18]

Von dieser Zeit an lernte Rabbi Gershom viele weitere Patienten kennen, deren Profil an Holocaust-Reinkarnationen denken ließ. Die auffälligsten Eigenschaften dieses Profils sind:

– Kindheitsalpträume, Phobien mit Holocaust-Themen, die der Person oder ihrer Familie nicht allgemein oder gar nicht bekannt sind. Ein immer wiederkehrendes Symptom bei Gershoms behandelten Kindern ist eine Phobie (eine unbeherrschbare, irrationale Angst) vor schwarzen Stiefeln.
– Ein nichtjüdischer Hintergrund und praktisch kein Kontakt mit Juden oder Judaismus, aber gleichwohl Zeichen von Zwängen, Gewohnheiten oder anderen Verhaltensweisen, die sich auf jüdische Bräuche und Rituale beziehen.
– Oder, umgekehrt, ein jüdischer, aber explizit areligiöser Hintergrund und doch ein angeborenes Verständnis für jüdische Mystik – das heißt, eine Person, die ein »feeling« für den chassidischen Weg hat, oder ein jüdisches Kind, das innerlich religiöser ist als seine Eltern.

– Das Gefühl, in der Familie »deplaziert« zu sein. Dieses Gefühl schreibt Gershom der Tatsache zu, daß die Kinder viel schneller ins Leben zurückkehrten als Erwachsene – und daß viele Kinder, die beim Holocaust starben, in Wirklichkeit ins Leben zurückeilten.
– Während des Babybooms zwischen 1946 und 1953 geboren sein.
– Oft unter Asthma und anderen Atemproblemen und/oder Eßstörungen zu leiden.
– Als einziger in der Familie helles Haar und helle Augen zu haben.
– Den sicheren Eindruck der Ehrlichkeit zu erwecken.

Gershom erblickt seine Aufgabe darin, die Qual der Holocaust-Opfer, deren Geister in Menschen der nächsten Generation wiederkehren, aufzuheben. Er glaubt, daß dieses Leid nicht von allein vergeht, sondern über die Wiedergeburt ständig weiter bearbeitet werden muß. Nur so kann man nach Gershom die nachhaltigen Auswirkungen historischer Geschehnisse verstehen.

Als Teil seiner Arbeit sieht Gershom, die durch Wiedergeburt zugänglich gewordenen traumatischen Schäden der Geschichte in ihrem Inhalt genau zu erfassen, selbst wenn das bedeutet, den Blick auf die nachfolgenden Generationen auszuweiten.

Würden wir tatsächlich bewußt von einem Leben in andere gelangen, kämen wir den Winnebago-Indianern in ihrer furchtlosen, beruhigend ausgewogenen Sicht des Todes nahe. Paul Radin beschreibt sie in seinem Buch ›Die religiöse Erfahrung der Naturvölker‹ auf folgende Weise:

> [Der Tod] wurde als ein momentanes Stolpern ohne Verlust des Bewußtseins interpretiert ... Geburt, Pubertät und Tod wurden schon sehr früh als ein endloser Kreislauf erkannt, in dem ein Mensch von einer Existenzstufe zur anderen überging ... Als persönliche Auslöschung

> hatte der Tod keine Schrecken ... Folgerichtig wurde er einfach als eine zeitweilige Unterbrechung der Tätigkeit verstanden, so wie die Zeit zwischen Geburt und Pubertät als ein Ruhenlassen betrachtet wurde.[19]

Wie gerne hätte ich die Gelegenheit gehabt, die Möglichkeiten und Implikationen der Reinkarnation mit meinem angstgeplagten Freund James zu diskutieren – einfach zu diskutieren –, als er dem Tod ins Gesicht sah und sein Geld an die Brust drückte! Ich wünschte, wir hätten die Zeit gehabt, diese Möglichkeiten zu erörtern, ohne uns die Frage zu stellen, ob es sich um Tatsachen handelte oder nicht. Vielleicht hätte James abgewehrt und die Möglichkeit der Reinkarnation für sich ausgeschlossen. Vielleicht jedoch – nur für einen Augenblick in den quälerischen Wochen vor seinem Tod – hätte ihm der Gedanke, daß etwas von ihm überleben würde, ein wenig Erleichterung verschafft. Wie in der Kunst müssen wir die im Werk enthaltenen Ideen nicht übernehmen oder gar verstehen, um einen Genuß oder eine Inspiration daraus zu ziehen. Allein indem wir uns der Kunst zuwenden, können sich die Grenzen unserer vitalen Imagination weiten und für Neues öffnen.

Der Kreis schließt sich

Wir sind zum Ausgangspunkt zurückgekehrt, zurück zu meiner Praxis und zu Josie. War sie, wie Michael Lutin meinte, meine ungeborene Tochter, die aus dem Nachtod ins Leben zurückkehrte? Gab es etwas Unerledigtes zwischen uns, das die tiefe, zwingende Zuneigung, die wir füreinander – diesmal als Josie und Dr. Miller – empfanden, erklärte und das uns weit über unsere praktische Absicht hinaus zusammenhielt? War meine Arbeit mit ihr eine Folge unserer vielen gemeinsamen

Sitzungen oder eines festeren, älteren Bandes? War unsere physische Ähnlichkeit symptomatisch oder nur ein Zufall? Gibt es immer die Möglichkeit einer Begegnung mit anderen Menschen aus anderen Leben, um lang vergangene Situationen abzuschließen oder zu regeln oder zu lösen? Sind die Leute, mit denen wir uns treffen und austauschen, allesamt Geister – Freund und Feind – aus anderen Leben und Zeiten?

Auch wenn kein Wissenschaftler diese Fragen definitiv beantworten kann, so tun doch einige so *als ob* – und dies mit großem Erfolg. Andere, von kühnen Denkern bis zu vorsichtigen Intuitionisten, nehmen das Konzept der Wiedergeburt als Ausdruck des höchsten Optimismus, der die Unzerstörbarkeit und Unsterblichkeit des Geistes enthält und bestärkt. Wie bei allen hier vorgestellten Beschreibungen des Nachtods läßt sich kein absoluter Beweis erwarten, doch kann man sich immerhin den Möglichkeiten öffnen. Der visionäre Wissenschaftler und Schriftsteller Stanislav Grof schreibt: »Die Anhaltspunkte für Einflüsse aus vergangenem Leben sind so überzeugend, daß sie nur den Schluß zulassen, daß diejenigen, die sich weigern, darin ein ernsthaftes Forschungsfeld zu sehen, entweder uninformiert oder extrem borniert sein müssen.«[20]

Bei Josie war ich der Möglichkeit einer Rückkehr sehr zugeneigt. Der Verlust meines Kindes und die Zerstörung meiner Zukunftspläne kam zu plötzlich und war zu schmerzhaft. Ich wollte wissen, wie unser Kind geworden wäre. Schon in der frühesten Schwangerschaft hatte ich mit ihm gesprochen. Obwohl das Mädchen, das zwölf Jahre später in meine Praxis hereinspazierte, in ernsthaften Schwierigkeiten steckte, weckte sein Erscheinen – oder Wiedererscheinen – alle meine Kräfte, um ihm wieder herauszuhelfen.

Wenn ich jetzt daran denke, betrachte ich diese Gelegenheit mit Dankbarkeit. Josie brauchte eine Mutter; ihre biologische Mutter war überfordert. Außerdem brauchte ich vielleicht, vorübergehend, eine Tochter. Das Wissen, daß es möglich ist, einen unterbrochenen Impuls nachträglich aus-

PST!

Vieles am Alten Testament gilt als grausam und schicksalhaft, vor allem die strikte Auslegung des Gesetzes, die wenig Spielraum für Tun und Denken läßt. Doch ist aus den alten Zeiten auch ein eigenes Corpus jüdischer Volksweisheit auf uns gekommen, dessen Erzählstoff oft einen kindlichen, lustigen und liebevollen Charakter hat.

Obwohl der offizielle jüdische Glaube die Vorstellung einer individuellen Reinkarnation ablehnt, geht diese kleine Geschichte, die sich als Gutenachtgeschichte für Kinder empfiehlt, wie selbstverständlich von der Wiedergeburt aus und behandelt ihre Geheimnisse mit einem leichten Augenzwinkern:

Die Leute fragen: Wenn wir zuvor gelebt haben, warum erinnern wir uns dann nicht?

Die Leute fragen: Wenn wir im Himmel waren, warum erinnern wir uns dann nicht?

Die Leute fragen: Wenn wir alle vorher gelebt haben und gestorben sind, warum erinnern wir uns dann nicht?

Die Antwort ist einfach.

Tritt an den Spiegel und schau in dein Gesicht, besonders auf die Stelle zwischen der Nase und der Oberlippe.

Siehst du die kleine Delle? Sie kommt vom Erzengel Gabriel.

Wenn er uns vom Himmel ins Leben schickt, hält er seinen Finger direkt unter unsere Nase.

Er macht diese kleine Delle, um uns an seine Worte zu erinnern: »Pst!« sagt er. »Wo du gewesen bist, bleibt ein Geheimnis. Nichts verraten!«

zuleben, macht mich froh; die Vorstellung, niemals das Mädchen zu treffen, das meine verlorene Tochter hätte sein können und dem ich etwas von mir hätte geben können, macht mich traurig. Wenn ich wählen könnte, zöge ich das erste vor.

Reflexionen zum vierten Stadium: Wiederkehr

Reinkarnation ist eine Flamme, die jeden Aspekt des Lebens in ein neues Licht tauchen kann. Das Fühlen einer tieferen Bedeutung, die die Grenzen der Zeit überschreitet, kann der profansten Begegnung Faszination verleihen: Das gegenwärtige Leben kann zu einem Gedicht werden, dessen Sinn erforscht, erläutert und ergründet wird. Zusammen mit ihrer Konsequenz – der Unsterblichkeit der Seele – ist die Reinkarnation eine höchst fruchtbare und tröstliche Idee für jene, die im Tod ein Abtauchen ins Vergessen erblicken. Die geliebten Menschen bleiben uns erhalten – vielleicht bis zu einem Wiedersehen.

Die Erde in ihrer Herrlichkeit, ihren verwobenen Zyklen, ihren biologischen und existentiellen Geheimnissen – vielleicht sehen wir sie wieder. Und das Leben selbst, von dem es im Scherz heißt, es sei an die Jugend verschwendet – vielleicht könnten wir es noch einmal leben und diesmal mit mehr Erfahrung und Weisheit. Beziehungen sind niemals vollkommen. Leute, die sich in vollkommenen Beziehungen wähnen, müssen sich auf ein böses Erwachen gefaßt machen. Wenn ein geliebter Mensch stirbt, gibt es immer ein Bedauern. Hier kann die Vorstellung eines notwendigen Wiedersehens das Schuldgefühl, das den liebenden Trauernden verfolgt, etwas lindern.

Wir Lebenden mögen uns – wie die Verstorbenen auf dem Warteplatz – heftig gegen unser Schicksal sträuben. Wir haben wütende Geister kennengelernt, widerwillige Geister, Geister, die vom Verhalten der Trauernden so verärgert sind, daß sie ihre Reise nicht fortsetzen wollen. Während wir unserer Verwandlung in Geister harren, können wir aus der Hoffnung, daß wir auf unserem Weg zurück ins Leben bereichert fortsetzen werden, Trost und Vertrauen schöpfen. Von Anbeginn der Reise an können jene, die an ihre Rückkehr glauben, von dieser Perspektive zehren: daß es andere Chancen, andere Leben, andere Gelegenheiten gibt, um in eine größere Realität vorzustoßen und schließlich mit ihr zu verschmelzen.

7
Zum Schluß: Über die Hoffnung

Unsere Regale sind voll von Büchern über den Glauben an die Wissenschaft und über die Vielgestaltigkeit der Liebe. Aber wenn es um die Hoffnung geht, sind die Regale leer. Die Zeitschriften schweigen. Die ›Encyclopedia Britannica‹ widmet dem Stichwort Liebe viele Spalten und noch mehr dem Glauben. Aber Hoffnung, arme Hoffnung! Sie ist nicht einmal aufgeführt.

KARL MENNINGER, 1987

Nachdem wir unsere Reise durch die vier Stadien des Nachtods und ihren möglichen Sinn für unser Leben beendet haben, brauchen wir nur noch einen Schritt zu tun, um den im ersten Kapitel begonnenen Kreis zu schließen. Wieder begegnen wir James und Henry, nicht aber, um ihren Tod zu erleben. Statt dessen möchte ich mich etwas über ihre Lebensführung auslassen.

Henry, dessen Tod relativ sanft war, war stets ein heiterer, unbekümmerter Mensch. Tatsächlich hatte er mit dem Gedanken gespielt, Komiker zu sein. Wie sein selbstgezimmerter, eklektischer Glaube bewies, war Henry offen für alle Arten von Ideen, Menschen und Möglichkeiten.

Sein ganzes Leben war auf Möglichkeiten gegründet, mochten sie auch hauchdünn sein. Er war Seminarleiter, ein finanziell absolut ungesicherter Job. Jedes Jahr begann er mit einem leeren Terminkalender. Um weiterzukommen, mußte er überzeugt sein, daß sich die Leute für das, was er zu sagen hatte, interessierten, daß sie seine Kurse besuchten und bezahlten. Wie alle Selbständigen mußte er seinen ganzen

Lebensunterhalt selbst organisieren, und das konnte er nur, wenn er an die Möglichkeit einer solchen Existenz glaubte.

James hätte nicht verschiedener sein können. Während Henry von seiner Offenherzigkeit lebte, spielte James seinen Verstand aus. James war klug, skeptisch, lernte aus der Vergangenheit und behandelte ihre Lehren wie empirische Daten. Er war ein Mensch, der sich nicht auf Glück und Zufall verließ und auf Formeln fixiert war: Mit dieser Methode hatte sich James auf die Lokalpolitik geworfen und in der Stadt immerhin einiges bewegt. Doch hatte er es nicht mit Optimismus getan; er hatte es nur getan, weil er herausbekommen hatte, wie die Dinge funktionierten.

James konnte nicht an den Tod denken, vor allem nicht an seinen eigenen. Wenn jemand dieses Thema erwähnte, verdrehte er Kopf und Augen wie ein erschrockenes Pferd, das den Anblick des Feuers vermeiden will.

Aber von allen Unterschieden zwischen meinen beiden Freunden war einer der wichtigste. Als ich ihn erkannte, wunderte ich mich, dies nicht schon vorher bemerkt zu haben: Henry hatte stets *Hoffnung*; James nie.

Was genau ist Hoffnung? Das Wort ist nicht so einfach, wie wir, die wir es täglich in den Mund nehmen, denken. Hoffentlich ist alles in Ordnung! Hoffentlich geht es dir gut! Ich hoffe, dich bald zu sehen! Von außen betrachtet, ist das Wort nicht viel mehr als eine aufmunternde Redensart. Und doch ist es die Hoffnung, die den rationalen Verstand besiegt und die Grenzen des Menschen überschreiten hilft.

Menningers Bestürzung angesichts der fehlenden Literatur über Hoffnung, die als Motto über diesem Kapitel steht, ist noch immer am Platze.[1] In zwei mageren Erwähnungen des Themas in seinen gesammelten Werken nennt C. G. Jung die Hoffnung eine der »vier höchsten Errungenschaften menschlichen Strebens – oder Gnaden« – die anderen sind Erkenntnis, Liebe und Glaube.[2]

C. S. Snyder, die die umfangreichsten Forschungen über das Thema Hoffnung angestellt hat, gibt uns eine wissenschaftliche Definition, in der sie zwei Bestandteile unterscheidet: ein wahrgenommener Weg zu einem oder mehreren Zielen hin und die Fähigkeit, sich auf diesem Weg zu bewegen.[3] Der Psychologe E. Stotland denifiert die Hoffnung als »eine Erwartung größer als Null, ein Ziel zu erreichen«.[4]

Eine Definition des physischen Leidens, die mir vor einigen Jahren mündlich mitgeteilt wurde, bezog sich auf die Bedeutung der Hoffnung. Leiden, lautete diese Definition, ist »ein chronischer Schmerz minus Hoffnung«. Wenn sie nur den Wunsch und die Erwartung haben, daß die Schmerzen nachlassen, können die meisten Menschen jeden physischen Schmerz ertragen. Nur wenn die Hoffnung schwindet, glauben sie, daß ihre Schmerzen nie mehr weggehen – daß das Ertragen von Leid zu einem wirklichen Leiden wird.

Wenn wir Menschen ohne Hoffnung sind, leiden wir. Mit Hoffnung halten wir alles für möglich, was wir uns vorstellen. Maurice Lamm drückt es in ›The Power of Hope‹ so aus: »Ob wir es zugeben oder nicht, viele von uns haben Angst zu hoffen – und wir haben auch Angst *vor* der Hoffnung. Vielleicht setzen wir sie mit dem Risiko gleich, dem gewagten Versuch, dem leichtsinnigen Spiel mit der Zukunft. Das Risiko liegt unserer anerzogenen puritanischen Ethik so fern, daß wir nur widerstrebend einräumen, uns im Leben auf die Hoffnung verlassen zu müssen – als wäre sie ein Trugbild, das vernünftigere Leute schnell abstreifen müßten. Tatsächlich ist die Hoffnung nichts von alledem. Hoffnung *ist* unsere Zukunft. Sie ist unsere große Chance. In ihr liegt unsere eigentliche Liebe.«[5]

Sam Keen, ein zeitgenössischer Philosoph, erzählt eine ergreifende Geschichte vom Aufkommen der Hoffnung in seinem Leben:

> In den Monaten unmittelbar nach dem Tod meines Vaters 1964 verschlimmerte sich mein Kummer durch

intellektuelle Qual, als ich verzweifelt nach Gründen für eine unsterbliche und freundliche Macht suchte, die man Gott nennen könnte. Damals lehrte ich noch Religionsphilosophie in Louisville, so daß ich von meinen Kollegen unter zusätzlichem Druck stand, eine Bekenntnis des Glaubens abzulegen, die für unseren Arbeitgeber, die Gemeinde, akzeptabel gewesen wäre. Doch je mehr ich mich um die Erstürmung des Himmels bemühte, desto verstörter wurde ich. Ich konnte keine Antwort finden.

Eines Morgens, als ich durch einen Park zur Arbeit ging, schien sich in der Mitte einer großen Wiese der Himmel zu öffnen. Eine Stimme aus dem unendlichen Schweigen in mir und um mich sagte: »Du mußt nicht wissen.« Eine ungeheure Erleichterung überkam mich, als wäre mir ein tonnenschweres Gewicht von den Schultern genommen worden. Vielleicht zum ersten Mal in meinem Leben war ich vom Zwang befreit, eine Erklärung für meine Existenz zu finden. Mein Geist beruhigte sich in dem Wissen, daß ich niemals Gewißheit über den letzten Grund meiner Existenz haben würde.

Im Angesicht des Todes war mein Geist auf seine Grenze gestoßen und hatte eine neue Freiheit gefunden. Auf dem Punkt der tiefsten Desillusionierung entdeckte ich Hoffnung. Im Gegensatz zur Illusion oder dem Optimismus ist die Hoffnung keine Aussage über kommende Dinge. Ebensowenig ist sie ein Anspruch auf ein Sonderwissen oder die Offenbarung einer verborgenen Zukunft, in der alles Übel ausgelöscht und der Tod verneint ist. Um zu hoffen, müssen wir wissen, daß wir die Grenzen der Macht nicht kennen, die alles, was ist, erzeugt hat, erzeugt und erzeugen wird. Und darüber hinaus müssen wir darauf vertrauen, daß das unerschöpfliche Mysterium, auf das wir stoßen, wenn wir unsere transzendierende Fähigkeit der Seele, des Geistes, der Freiheit entdecken, der eigentliche Schlüssel zur Natur der Dinge ist ... Hoffnung

> beginnt mit der Erkenntnis, daß die menschliche Erfahrung nicht ausreicht, alle Möglichkeiten der Realität zu erfassen.[6]

Mein Freund James setzte ganz auf menschliche Erfahrung und erwartete keine Botschaft des Himmels. Er taxierte, analysierte, plante und schuf sich mit der Zeit Hilfskonstruktionen – er hatte keine Hoffnung, seine Ängste zu besiegen, und danach lebte er. Was den Tod betraf, so lehnte James jeden tröstlichen Gedanken ab, der auf der Annahme unbeweisbarer Tatsachen beruhte. Obwohl James wie Henry ein humorvoller Mensch war, gründete sein Humor doch in seiner skeptischen und nüchternen Weltsicht. Er litt unter der mangelnden Erwartung, daß etwas anders sein könnte, als es schien.

Was auf dem ganzen Lebensweg von der Kindheit bis zum Übergang in den Nachtod zählt, ist die Hoffnung. Durch sie lassen wir alle Möglichkeiten zu. Ohne sie würden Schmerz oder Leiden die Oberhand behalten.

Zwei Dinge sind es, die den menschlichen Geist antreiben: die unausrottbare Neugier auf die Zukunft und das Verlangen, die Gegenwart zu verbessern. Selbst Menschen, die traumatisiert und gebrochen wurden – in Todeslagern gequält, im Krieg vergewaltigt und gefoltert –, treten wieder ins Freie, wenn sie sicher sein können, blinzeln zum Himmel und kehren ins Leben zurück. Aus dem allgemeinen Begriff des Menschen ist die Hoffnung nicht wegzudenken. Und wenn man uns sagt, das Schicksal habe uns diesen Charakterzug vorenthalten, kann es nicht stimmen. Hoffnung ist der menschlichen Erfahrung eingeschrieben.

Hoffnung ist nicht weniger als der Inbegriff des Lebens selbst – grenzenloses Leben, Leben nach dem Tod, unendliche Möglichkeiten, die uns offenstehen, wenn wir uns auf die Reise über die Grenzen der uns bekannten Existenz vorbereiten. Wie bei jeder Reise ersehnen wir – für uns und die anderen – eine glatte Überfahrt und nehmen gefühlvoll Abschied. Wir bereiten uns, so gut wir können, auf einen Ort vor, dessen Namen wir nicht kennen, dessen wahre Natur wir uns, von dieser Seite des Todes aus, nur vorstellen können.

ANHANG

Der Nachtod-Bewertungsbogen

1988 kam ich zu der Überzeugung, daß eine Erkundung der Nachtod-Sphäre mir in meinem Bemühen behilflich sein könnte, meine Patienten im Erleben eines sanften Todes zu unterstützen. Ich wandte mich an Theoretiker und Schriftsteller, von denen ich wußte, daß sie sich für dieses Thema interessierten, und fragte sie direkt: »Halten Sie eine interkulturelle Untersuchung von Nachtodvorstellungen, deren Ziel es sein könnte, entsprechende Ideen in die Kultur einzubringen, für sinnvoll?«

Jeder der etwa zwanzig Experten zum Thema Tod und Sterben und verwandten Gebieten antwortete mit ja und erläuterte seine besondere Position in dieser Frage. Ich brauchte etwa ein Jahr, um alle Gedanken zu sammeln und zu verarbeiten. Bezüglich dessen, was ich von ihnen lernte, ragte ein Gesprächspartner heraus.

Sie war Psychiaterin, die sich auf unheilbar Kranke spezialisiert hatte und deren Arbeit ich sehr schätzte. Ich flog nach Washington, um sie zu treffen. Wir aßen gut zu Abend, und nach dem Kaffee stellte ich ihr Fragen – nicht die formellen, sondern eine, die mir besonders am Herzen lag: »Sag mir, was sind die gewöhnlichen Antworten deiner Patienten auf Fragen nach dem Danach? Was sagen sie dir, was ihrer Meinung nach mit ihnen passiert, wenn sie sterben?«

Langes Schweigen. Verlegene Blicke. Schließlich antwortete sie: »Sukie, ich muß dir etwas gestehen: Ich konnte diese Frage niemals über mich bringen.«

Ich hoffe, ich riß meine Augen nicht zu weit auf.

»Ich bin immer kurz davor zu fragen«, fuhr sie fort, »aber ich finde einfach die Worte nicht. Ich bin sehr unsicher, was man da fragen müßte.« Wieder schaute sie verlegen und wiederholte: »Ich finde einfach die Worte nicht.«

Ich war erstaunt. Ich hatte gedacht, daß Gespräche über den Nachtod schon zur Gewohnheit gehörten, zumindest im Rahmen von Beratung und Psychiatrie. Ich flog nach New York zurück und schrieb an einem langen Wochenende den ersten Entwurf eines Nachtod-Bewertungsbogens nieder. Er sollte die Worte und Fragen bereitstellen, die einen Dialog über ein Thema anstoßen könnten, über das nur wenige freiwillig sprechen und das sogar Fachleute vermeiden. Ein Hauptziel des Bewertungsbogens war es, die Glaubensvorstellungen und Bedürfnisse einer Person bezüglich der Nachtod-Sphäre ans Licht zu holen.

Es war eine wirkliche Herausforderung. Der Bewertungsbogen sollte nicht die Vorstellungen derer wiedergeben, die ihn auswerteten, sondern auch die Ideen und Glaubensinhalte der von mir untersuchten Kulturen integrieren. Ich teilte das Themenfeld in die folgenden sieben Abschnitte:

- ihre allgemeine Ansicht über die Nachtod-Sphäre;
- ihre persönliche Identität in der Nachtod-Sphäre;
- die Beschaffenheit ihrer Nachtod-Sphäre;
- wie sie sich auf den Nachtod vorbereiten;
- was den Verlauf des Nachtods beeinflussen könnte;
- was nach der Nachtod-Sphäre geschehen könnte;
- die Annahmen, auf die sich ihre Gewißheit gründet.

Jeder Punkt des Fragebogens ist in mindestens einer Kultur oder einer Weltreligion vertreten. Ich formulierte die Sätze so, daß die Antworten möglichst in einen Dialog überleiteten, und entwarf verschiedene Anwendungsmöglichkeiten für den Bewertungsbogen. Nach zahllosen verworfenen Fassungen gelangte ich zu den sieben Themenfeldern, die möglichst viele unterschiedliche Menschen dazu anregen sollen, sich mit dem Nachtod auseinanderzusetzen. Folgendes versprach ich mir davon:

- Das Nachdenken über die verschiedenen Aussagen kann Klarheit in einen Seinsbereich bringen, der gewöhnlich im dunkeln bleibt.
- Diese Klarheit hilft uns, dem eigenen Tod und dem Tod anderer ins Auge zu schauen.
- Der bewußte Umgang mit dem Gedanken des Nachtods beruhigt uns und nimmt uns die Furcht vor dem eigenen Tod und dem Tod anderer, auch vor den »kleinen Toden« und den Verlusten, die uns das ganze Leben lang begleiten.
- Indem wir die Aussagen bewerten und unsere Ansichten aufschreiben, versetzen wir uns in die Lage, unsere persönlichen Glaubensvorstellungen zu artikulieren.

Menschen, die dem Tod nahe sind, können wohl am ehesten von den Fragen über den Nachtod profitieren. Wie der Fall meiner Kollegin jedoch zeigt, haben auch alle, die den Sterbevorgang professionell begleiten – Krankenbetreuer, Geistliche, Psychologen und andere Berater –, einen Nutzen davon, sich mit diesen Fragen aktiv auseinanderzusetzen. Das gleiche gilt für die Familie und die Freunde der Sterbenden, die oft unsicher sind, wie sie sich in diesen Situationen verhalten sollen.

Allen kann der Bewertungsbogen helfen, die Fakten zu ordnen und sich auf etwas zu konzentrieren, was schwer zu denken oder zu formulieren ist. Im Gewand der unterschiedlichsten, oft schon in der Kindheit erworbenen und später verdrängten Überzeugungen kehren die Fragen und Ahnungen betreffend dieses »Danach« immer wieder zu uns zurück, und wenn wir sie zu fassen bekommen wollen, entwischen sie uns. Überall auf der Welt ist der Gedanke an den Tod mit Angst und Schrecken verbunden. Mit Hilfe des Bewertungsbogens können Einsichten und Ahnungen, wie vage sie auch immer sein mögen, allmählich zu einer artikulierten Form finden, und die Furcht vor dem Unbekannten kann bewußtgemacht und eingedämmt werden.

Jedem der sieben Themenfelder ist ein »Problemfeld« für die Gedanken angefügt, die sich bei der Bewertung der Aussagen ergeben. Beginnen Sie Ihre Ausführungen am besten jedesmal mit »*Ich frage mich, ob ...*«. Ich empfehle diese Formulierung, weil ich neben den geklärten Überzeugungen auch die Artikulation von Gefühlen, Ängsten und Ahnungen provozieren will.

Der Bewertungsbogen ist kein Test; es gibt keine richtigen oder falschen Antworten. Eigentlich gibt es gar keine Antworten, nur Möglichkeiten. Wenn wir Aussagen erwägen, sollen wir nicht nur unseren Verstand, sondern auch unsere Phantasie in Bewegung setzen. Schließlich denken wir über die *mögliche* Realität jenseits des Todes nach, nicht über empirische Fakten, die wissenschaftlich geprüft und immer neu geprüft werden können. Die Bilder und Vorstellungen, die in uns aufsteigen, mögen die Funktion haben, Ängste und Sorgen zu zerstreuen, die uns schon lange angesichts unseres Todes, der Verluste in unserem Leben oder des Todes geliebter Menschen bedrängen.

Man kann den ganzen Bewertungsbogen in einem Zuge durchgehen oder nur jene Teile auswählen, die gerade interessieren. Man kann zügig vorgehen oder sich mit Unterbrechungen einen ganzen Monat Zeit nehmen. Es gibt keine richtige oder falsche Methode. Jeder kann so vorgehen, wie es ihm am besten vorkommt.

Sie werden herausfinden, daß es Überschneidungen und Wiederholungen gibt. Damit sollen Sie angeregt werden, Ihre Antworten noch einmal zu überdenken und vielleicht zu nenen Einsichten zu gelangen. Hier nun eine Anleitung für das Ausfüllen des Bogens:

Spalte A: Machen Sie ein Kreuzchen, wenn Ihnen die Aussage zutreffend erscheint.
Spalte B: Bewerten Sie die angekreuzten Aussagen danach, in welchem Maß sie auf Sie zutreffen, indem Sie eine der vier Zahlen einkreisen und dabei folgende Kriterien anwenden

1 Die Frage betrifft mich kaum
2 Sie betrifft mich ein wenig
3 Sie betrifft mich
4 Sie betrifft mich sehr

Spalte C: Hier können Sie die Gedanken, die sich bei der Bewertung ergeben haben, mit Ihren eigenen Worten ausdrücken. Beginnen Sie mit den Aussagen, die Sie mit einer Zwei bewertet haben und beginnen Sie den Satz so: »Ich frage mich ein wenig ...« Dann wenden Sie sich den Aussagen mit einer Drei zu und beginnen den Satz mit: »Ich frage mich ...« Am Ende kommen die Aussagen mit der eingekreisten Vier, die auf dem Satz »Ich frage mich sehr ...« aufbauen. Wenn Ihnen bei der Arbeit eigene Gedanken kommen, und das ist zu erwarten, schreiben Sie diese im Anschluß nieder.
Mit der Beendigung von Spalte C verfügen Sie dann über ein Protokoll ihrer gegenwärtigen Ansichten über den Nachtod. Das Wiederlesen offenbart schwarz auf weiß, was Sie in sich tragen, und Sie haben Ihre Ideen und Bilder bereits für das nächste Gespräch vorformuliert, auch wenn es nur ein Selbstgespräch sein sollte. Der Bewertungsbogen soll aber nicht nur den Dialog ermöglichen und die Einsamkeit verringern, sondern auch Ängste zerstreuen und auf Verstand und Gefühl beruhigend wirken.

Bewertungsbogen zum Themenkomplex Nachtod

ERSTER TEIL

Allgemeine Aussagen über die Zeit nach dem Tod

		A	B
1–1	Ich trete in einen statischen Zustand ein.	❍	1 2 3 4
1–2	Ich begebe mich auf eine Reise.	❍	1 2 3 4
1–3	Die Zeit nach dem Tod ist fest begrenzt.	❍	1 2 3 4
1–4	Die Zeit nach dem Tod dient einem bestimmten Ziel.	❍	1 2 3 4
1–5	Ich werde eine persönliche Wandlung durchmachen.	❍	1 2 3 4
1–6	Ich werde von meinem Erleben nach dem Tod profitieren.	❍	1 2 3 4
1–7	Alle, die mir etwas bedeuten, werden von meinem Erleben nach dem Tod profitieren.	❍	1 2 3 4
1–8	Meine persönliche Umgebung wird von meinem Erleben nach dem Tod profitieren.	❍	1 2 3 4
1–9	Die Menschheit insgesamt wird von meinem Erleben nach dem Tod profitieren.	❍	1 2 3 4
1–10	Der Sinn des Nachtods ist die Rückkehr ins Leben.	❍	1 2 3 4
1–11	Der Sinn des Nachtods ist der Übergang in eine andere Existenzform.	❍	1 2 3 4
1–12	Der Sinn des Nachtods ist die Ruhe.	❍	1 2 3 4
1–13	Der Sinn des Nachtods ist die ewige Seligkeit.	❍	1 2 3 4

		A	B
1–14	Der Sinn des Nachtods ist das Einswerden mit allen Dingen.	○	1 2 3 4
1–15	Der Nachtod beginnt mit einem Ruhe- oder Wartestadium.	○	1 2 3 4
1–16	Der Nachtod hat keinen festen Verlauf.		
1–17	Der Nachtod ist ein Zustand.	○	1 2 3 4
1–18	Der Nachtod ist ein Ort.	○	1 2 3 4
1–19	Nach dem Tod blicke ich auf mein Leben zurück.	○	1 2 3 4
1–20	Nach dem Tod wird Licht um mich sein.	○	1 2 3 4
1–21	Nach dem Tod wird es dunkel um mich sein.	○	1 2 3 4
1–22	Nach dem Tod werde ich Freude empfinden.	○	1 2 3 4
1–23	Nach dem Tod werde ich Schmerzen erleiden.	○	1 2 3 4
1–24	Nach dem Tod werde ich Frieden empfinden.	○	1 2 3 4
1–25	Nach dem Tod werde ich Schrecken empfinden.	○	1 2 3 4
1–26	Nach dem Tod werde ich Glück empfinden.	○	1 2 3 4
1–27	Nach dem Tod werde ich nicht gerichtet.	○	1 2 3 4
1–28	Nach dem Tod werde ich wichtige Lektionen lernen.	○	1 2 3 4
1–29	Nach dem Tod werde ich Prüfungen unterzogen.	○	1 2 3 4
1–30	Nach dem Tod werde ich leiden müssen.	○	1 2 3 4
1–31	Nach dem Tod werde ich verdammt.	○	1 2 3 4
1–32	Nach dem Tod werde ich gerichtet.	○	1 2 3 4
1–33	Nach dem Tod werden meine guten und schlechten Taten aufgerechnet.	○	1 2 3 4
1–34	Nach dem Tod werde ich durch das Karma gerichtet.	○	1 2 3 4

		A	B
1–35	Nach dem Tod muß ich mich gegen Vorwürfe rechtfertigen.	❍	1 2 3 4
1–36	Nach dem Tod werde ich mich selbst beurteilen.	❍	1 2 3 4
1–37	Nach dem Tod werde ich durch einen Rückblick auf mein Leben beurteilt.	❍	1 2 3 4
1–38	Nach dem Tod werde ich einen Begleiter haben, der mir hilft.	❍	1 2 3 4
1–39	Ich werde Erkenntnisse über den Nachtod gewinnen.	❍	1 2 3 4

(C) Meine Ansichten und Fragen zu diesem Thema.

....
....
....
....
....
....
....
....
....
....
....
....
....
....
....
....
....
....
....
....

ZWEITER TEIL

Was geschieht mit mir nach dem Tod?

		A	B
II–1	Nach dem Tod werde ich reines Bewußtsein sein.	❍	1 2 3 4
II–2	Ich werde reine Energie sein.	❍	1 2 3 4
II–3	Ich werde eine Gestalt haben.	❍	1 2 3 4
II–4	Ich werde gestaltlos sein.	❍	1 2 3 4
II–5	Ich werde mit den Lebenden Kontakt haben.	❍	1 2 3 4
II–6	Ich werde mit meiner früheren Umgebung Kontakt haben	❍	1 2 3 4
II–7	Ich werde mit denen Kontakt haben, die mir etwas bedeuten.	❍	1 2 3 4
II–8	Ich werde körperliche Merkmale in den Nachtod hinübernehmen.	❍	1 2 3 4
II–9	Ich werde meine Lebensgeschichte mit hinübernehmen.	❍	1 2 3 4
II–10	Ich werde Probleme, die ich in diesem Leben nicht gelöst habe, mit hinübernehmen.	❍	1 2 3 4
II–11	Ich werde nach dem Tod derselbe bleiben.	❍	1 2 3 4
II–12	Ich werde auch nach dem Tod eine wichtige Rolle spielen.	❍	1 2 3 4
II–13	Ich werde nach dem Tod Erinnerungen haben.	❍	1 2 3 4
II–14	Ich werde meinen Humor behalten.	❍	1 2 3 4
II–15	Ich werde nach dem Tod männlich sein.	❍	1 2 3 4
II–16	Ich werde nach dem Tod weiblich sein.	❍	1 2 3 4
II–17	Ich werde nach dem Tod geschlechtslos sein.	❍	1 2 3 4

	A	B
II–18 Ich werde nach dem Tod nur wahrnehmen (nicht urteilen).	❍	1 2 3 4
II–19 Ich werde mich umherbewegen.	❍	1 2 3 4
II–20 Ich werde sehen können.	❍	1 2 3 4
II–21 Ich werde hören können.	❍	1 2 3 4
II–22 Ich werde essen können.	❍	1 2 3 4
II–23 Ich werde nach dem Tod Kräfte besitzen.	❍	1 2 3 4
II–24 Ich werde einen Willen haben.	❍	1 2 3 4
II–25 Ich werde nach dem Tod passiv sein.	❍	1 2 3 4
II–26 Ich werde Schönes erleben.	❍	1 2 3 4
II–27 Ich werde Schlimmes erleben.	❍	1 2 3 4
II–28 Ich werde Liebe erfahren.	❍	1 2 3 4
II–29 Ich werde Haß erfahren.	❍	1 2 3 4
II–30 Ich werde nach dem Tod kreativ sein.	❍	1 2 3 4
II–31 Ich werde gar nichts tun.	❍	1 2 3 4
II–32 Ich werde in Ekstase verfallen.	❍	1 2 3 4
II–33 Ich werde verzweifelt sein.	❍	1 2 3 4
II–34 Ich werde glücklich sein.	❍	1 2 3 4
II–35 Ich werde traurig sein.	❍	1 2 3 4
II–36 Ich werde wütend sein.	❍	1 2 3 4
II–37 Ich werde nach dem Tod getröstet sein.	❍	1 2 3 4
II–38 Ich werde stolz auf mich sein.	❍	1 2 3 4
II–39 Ich werde mich gedemütigt fühlen.	❍	1 2 3 4
II–40 Ich werde sexuelle Energie spüren.	❍	1 2 3 4
II–41 Ich werde nach dem Tod allein bleiben.	❍	1 2 3 4
II–42 Ich werde in Gesellschaft sein.	❍	1 2 3 4
II–43 Ich werde viele Reisende kennenlernen.	❍	1 2 3 4
II–44 Die Reisenden werden in verschiedene Gruppen unterteilt sein.	❍	1 2 3 4
II–45 Ich werde eine Art Schule besuchen.	❍	1 2 3 4
II–46 Ich werde nach dem Tod einen Lehrer haben.	❍	1 2 3 4
II–47 Ich werde mich nach dem Tod zu einem höheren Wesen entwickeln.	❍	1 2 3 4

(C) Was geschieht mit mir nach dem Tod? Meine Ansichten und Fragen.

DRITTER TEIL

Wie ich mich auf den Nachtod vorbereiten könnte

		A	B
III–1	Ich kann mich mein ganzes Leben lang auf den Nachtod vorbereiten.	❍	1 2 3 4
III–2	Ich kann mich nur in einem bestimmten Lebensabschnitt darauf vorbereiten.	❍	1 2 3 4
III–3	Ich kann mich nur in begrenzter Hinsicht darauf vorbereiten.	❍	1 2 3 4
III–4	Ich kann mich nur im Kontakt mit anderen darauf vorbereiten.	❍	1 2 3 4
III–5	Ich kann mich durch meine Arbeit vorbereiten.	❍	1 2 3 4
III–6	Ich kann mich durch Gottesdienst vorbereiten.	❍	1 2 3 4
III–7	Ich kann mich durch Aktivität vorbereiten.	❍	1 2 3 4
III–8	Ich kann mich durch Rückzug vorbereiten.	❍	1 2 3 4
III–9	Ich kann mich durch finanzielle Transaktionen vorbereiten.	❍	1 2 3 4
III–10	Ich kann mich durch Sexualität vorbereiten.	❍	1 2 3 4
III–11	Ich kann mich durch Nächstenliebe vorbereiten.	❍	1 2 3 4
III–12	Ich kann mich durch meinen Glauben vorbereiten.	❍	1 2 3 4
III–13	Ich kann mich durch Meditation vorbereiten.	❍	1 2 3 4
III–14	Ich kann mich durch Buße vorbereiten.	❍	1 2 3 4

	A	B
III–15 Ich kann mich durch Beten vorbereiten.	❍	1 2 3 4
III–16 Ich kann mich durch rituelle Handlungen vorbereiten.	❍	1 2 3 4
III–17 Ich kann mich durch Lesen vorbereiten.	❍	1 2 3 4
III–18 Ich kann mich auf den Nachtod vorbereiten, indem ich Geld für meine Bestattung spare.	❍	1 2 3 4
III–19 Ich kann mich durch das Sammeln von Gegenständen, die ich mitnehme, auf den Nachtod vorbereiten.	❍	1 2 3 4
III–20 Ich kann mich darauf vorbereiten, indem ich meine Familie sozial absichere.	❍	1 2 3 4
III–21 Ich kann mich durch das Erforschen meiner vorigen Leben vorbereiten.	❍	1 2 3 4
III–22 Ich kann mich durch das Einnehmen von (heiligen) Drogen vorbereiten.	❍	1 2 3 4
III–23 Ich kann mich durch das Lösen problematischer Beziehungen vorbereiten.	❍	1 2 3 4
III–24 Ich kann mich durch ein sündenfreies Leben auf den Nachtod vorbereiten.	❍	1 2 3 4
III–25 Ich kann mich durch ein frommes Leben auf den Nachtod vorbereiten.	❍	1 2 3 4

(C) Wie ich mich auf den Nachtod vorbereiten könnte. Meine eigenen Vorstellungen:

....

....

....

....

VIERTER TEIL

Wodurch wird der Verlauf meines Nachtods bestimmt?

		A	B
IV–1	Der Verlauf meines Nachtods wird davon beeinflußt, wie ich gelebt habe.	❍	1 2 3 4
IV–2	Der Verlauf wird vom zeitlichen Ablauf meines Todes beeinflußt.	❍	1 2 3 4
IV–3	Der Verlauf wird von den Zeremonien anläßlich meines Todes beeinflußt.	❍	1 2 3 4
IV–4	Der Verlauf wird davon beeinflußt, ob meines Todes regelmäßig gedacht wird.	❍	1 2 3 4
IV–5	Der Verlauf wird vom wirklichen Zeitpunkt meines Todes beeinflußt.	❍	1 2 3 4
IV–6	Der Verlauf wird durch die Ursache meines Todes beeinflußt.	❍	1 2 3 4
IV–8	Der Verlauf wird durch das Verhalten meiner Freunde bei meinem Tod beeinflußt.	❍	1 2 3 4
IV–9	Der Verlauf wird durch das Verhalten meiner Familie bei meinem Tod beeinflußt.	❍	1 2 3 4
IV–10	Der Verlauf wird durch die Art der Bestattung beeinflußt.	❍	1 2 3 4
IV–11	Der Verlauf wird durch meine Geburt beeinflußt (d. h. ist prädestiniert).	❍	1 2 3 4
IV–12	Die gedankliche Beschäftigung mit dem Nachtod kann seinen Verlauf beeinflussen.	❍	1 2 3 4

(C) Wodurch wird der Verlauf meines Nachtods bestimmt? Meine eigenen Vorstellungen:

FÜNFTER TEIL

Was mit mir *nach* dem Nachtod geschehen könnte

		A	B
V–1	Was mir nach dem Nachtod passiert, wird während des Nachtods bestimmt.	❍	1 2 3 4
V–2	Was mir nach dem Nachtod passiert, wird durch den Zufall bestimmt.	❍	1 2 3 4
V–3	Was mir nach dem Nachtod passiert, wird durch den Verlauf meiner Reise bestimmt.	❍	1 2 3 4
V–4	Was mir nach dem Nachtod passiert, wird durch die Summe meiner Leben bestimmt.	❍	1 2 3 4
V–5	Was mir nach dem Nachtod passiert, wird durch meinen Willen bestimmt.	❍	1 2 3 4
V–6	Was mir nach dem Nachtod passiert, wird durch jemand anderen oder durch etwas anderes bestimmt.	❍	1 2 3 4
V–7	Noch während ich lebe, wird der Zeitpunkt meiner Rückkehr festgelegt.	❍	1 2 3 4
	Ich stelle mir vor, daß folgendes während *meines Nachtods festgelegt wird:*		
V–8	Wer meine Mutter sein wird.	❍	1 2 3 4
V–9	Mein Vater.	❍	1 2 3 4
V–10	Als wievieltes Kind der Familie ich geboren werde.	❍	1 2 3 4
V–11	Mein Geschlecht.	❍	1 2 3 4
V–12	Meine Nationalität.	❍	1 2 3 4
V–13	Meine genetische Struktur.	❍	1 2 3 4
V–14	Ich werde aus dem Nachtod nicht in dieses Leben zurückkehren.	❍	1 2 3 4

(C) Was mit mir nach dem Nachtod geschehen könnte. Meine eigenen Vorstellungen:

SECHSTER TEIL

Meine Gründe für die Annahme, daß es einen Nachtod gibt.

		A	B
VI–1	Meine persönliche Überzeugung, daß es einen Nachtod gibt, gründet sich zum Teil auf visuelle Erlebnisse, die ich hatte.	❍	1 2 3 4
VI–2	Sie gründet sich zum Teil auf technisch übermittelte Signale und Erlebnisse.	❍	1 2 3 4
VI–3	Sie gründet sich zum Teil auf konkrete Begegnungen, die ich hatte.	❍	1 2 3 4
VI–4	Sie gründet sich zum Teil auf Hörerlebnisse.	❍	1 2 3 4
VI–5	Sie gründet sich zum Teil auf Geruchserlebnisse.	❍	1 2 3 4
VI–6	Sie gründet sich zum Teil auf Geschmackserlebnisse.	❍	1 2 3 4
VI–7	Sie gründet sich zum Teil auf meine Alltagserfahrungen.	❍	1 2 3 4
VI–8	Sie gründet sich zum Teil auf übersinnliche Kontakte anderer (z. B. Psychotiker, Hellseher, Spiritisten, Medien).	❍	1 2 3 4
VI–9	Sie gründet zum Teil auf das Eintreffen von Signalen, die mit sterbenden Personen verabredet waren.	❍	1 2 3 4
VI–10	Sie gründet sich zum Teil auf meine Lektüre.	❍	1 2 3 4
VI–11	Sie gründet sich zum Teil auf Berichte, die ich gehört habe.	❍	1 2 3 4
VI–12	Sie gründet sich zum Teil auf körperliche Zustände, die ich hatte.	❍	1 2 3 4

		A	B
VI–13	Sie gründet sich zum Teil auf meine religiöse Erziehung.	❍	1 2 3 4
VI–14	Sie gründet sich zum Teil auf meine Erlebnisse mit Geistern, Erscheinungen oder okkulten Kräften.	❍	1 2 3 4
VI–15	Sie gründet sich zum Teil auf das Gebet.	❍	1 2 3 4
VI–16	Sie gründet sich zum Teil auf Meditation.	❍	1 2 3 4
VI–17	Sie gründet sich zum Teil auf meine vitale Imagination.	❍	1 2 3 4
VI–18	Die Überzeugung, daß es einen Nachtod gibt, habe ich von meiner Familie übernommen.	❍	1 2 3 4

(C) Meine persönlichen Gründe für die Annahme, daß es einen Nachtod gibt.

....

....

....

....

....

....

....

....

....

....

....

....

....

....

....

Die Mitarbeiter

Zur Sammlung von Daten beschäftigt das Institut für die Erforschung des Nachtod-Erlebens zahlreiche Menschen in aller Welt. Diese Mitarbeiter lebten bei den von uns erforschten Volksgruppen und waren mit ihnen vertraut. Oft waren sie es, die Stämme oder Kulte vorschlugen, bei denen der Nachtod eine große Rolle spielte. Daß sich Mitglieder dieser Gruppen Fremden freiwillig zur Verfügung stellen würden, um deren »dumme« Fragen zu beantworten, war natürlich nicht anzunehmen, noch weniger, daß sie uns gerne an ihren heiligen Orten führen würden. Es war daher eine Hauptaufgabe des Instituts, Leute zu finden, die als Mitarbeiter geeignet waren. Gewöhnlich dauerte es ein Jahr, bis jemand gefunden war, der alle Erfordernisse erfüllte, in erster Linie freien Zugang zur fraglichen Gruppe hatte und die englische Sprache beherrschte. Ohne solche Mitarbeiter wäre die Erhebung der Daten nicht möglich gewesen.

Alle Mitarbeiter besaßen freien Zugang zu den untersuchten Gruppen und genossen das Vertrauen und die Gastfreundschaft der Ältesten. Einige stammten selbst aus diesen Gruppen und hatten woanders ihre Ausbildung genossen. Andere waren Akademiker, die das Studium der betreffenden Gruppen zu ihrem Beruf machten. Wieder andere waren Kuratoren, die sich durch Sammlung und Pflege der Kunst einer Gruppe ausgewiesen hatten. Ein Mitarbeiter war Kartograph, zwei waren emeritierte Professoren, ein anderer war dabei, seine Doktorarbeit zu beenden. Einer war Maskenschnitzer und Priester, und die restlichen Mitarbeiter waren Professoren der Humanwissenschaften. Sie alle machten uns an ihren jeweiligen Wirkungsstätten mit den »Traditionsträgern« oder Bewahrern der heimischen Stammesweisheit bekannt und sorgten dafür, daß wir nicht unabsichtlich gegen Regeln verstießen. Bei ihren Forschungen über den Nachtod befragten sie in erster Linie Schamanen, Priester, Heiler und Menschen mit übernatürlichen Kräften, die eine *Führungsrolle* innehatten. Wenn Edmundo und ich in das betreffende Land reisten, trafen wir mit den meisten Interviewpartnern zusammen. Im nachfolgenden Jahr führten die Mitarbeiter ihre Befragungen auf der Grundlage unseres standardisierten Fragebogens von 180 Fragen durch.

Oft brauchten Mitarbeiter bis zu zwanzig Stunden und wiederholte Besuche, nur um den Fragebogen mit einem der fünf ausgewählten Vertreter einer Gruppe zu vervollständigen. In vielen Fällen mußten die Forscher den ganzen Fragebogen schriftlich übersetzen, bevor sie überhaupt beginnen konnten, Daten zu sammeln.

Unser besonderer Dank geht an die portugiesische Psychologin Mariana Caudida Caixeoro, die uns bei den Mahapatra in Varanasi, Indien, einführte, für ihre Flexibilität und ausgezeichnete Arbeit; an den Kartographen Max Knaus-Rojas und seine Frau Lily Knaus-Rojas, die mit den sulawesischen Torajas in Indonesien arbeiteten und das ganze Land bereisten, um die Erinnerungen der Traditionsträger zu sichern; an den großzügigen und liebenswürdigen Professor Alagoa und seinen Sohn David, der uns mit »nach Hause« nach Nembe am oberen Nigerdelta nahm, zum Wunder der Storchennester; an zwei Krischna-Generationen von Varanasi, die Edmundo und mich bei einigen unserer amüsantesten geistig anspruchsvollsten Abenteuern begleiteten und unterhielten; an Aditya Behl und seine ganze Familie, die uns, von allem anderen abgesehen, zu einem unvergeßlichen Lammessen einlud.

Ich möchte mich auch bei Bade Ajuwon und seinen Assistenten für ihren Humor bedanken – ihre erschrockene Miene und geschickte Übersetzung, als ich darauf bestand, daß die Ziege, die zur Heilung meiner leichten Krankheit geopfert werden sollte, weder jung noch eine Ziege sein durfte, sondern ein Bock. Aufrichtig dankbar bin ich Dr. Amelie Degbelo Iroko, die, abgesehen davon, daß sie die ganze Benin-Forschung allein erledigte, mich liebenswürdigerweise begleitete, als wir alle Forschung vergaßen, um den Markt zu besuchen; desgleichen bittet mich Edmundo, ja nicht zu vergessen, mich bei Ernest Emenyonu für seinen lebensrettenden Tip, wo man in Lagos Hamburgers und Pommes frites bekommen konnte, zu bedanken. Von Anfang an unterstützte uns Ken Ring großzügig beim Thema Sterbe-Erlebnis und half durch schnelles Telefonieren, Faxen und E-mailen; I Made und Judy kümmerten sich in Bali wunderbar um alles Nötige, und Julio Braga suchte eine gute Stunde auf einer angeknacksten Telefonleitung zwischen São Paulo, Bahia und New York, bis wir eine akzeptable interkulturelle Bezeichnung für den *Geist* gefunden hatten: *Reisender.* Bob und Elaine Schroder und ihre Familie aus Juneau, Alaska, waren wunderbare spontane Gastgeber, und Dr. Hernando Guimarães Andrade aus Brasilien stand uns so oft zur Verfügung, daß wir es nicht mehr zählen können. Juanito de Santos öffnete uns viele Türen, und Dank geht auch an Dr. Bezerra De Menezes, der seinen Studenten großzügigerweise erlaubte, mit uns zusammenzuarbeiten; an das Centro de Trabalho Indigenista, das die kompliziertesten Daten über die brasilianischen Indianer entschlüsselte; und an Ade Grassa, der uns umsichtig und weise Zugang und Information beschaffte und zugleich seine verehrten Egun beschützte. Allen sage ich Dank für die Arbeit und den Reichtum an bleibenden Erinnerungen.

Es folgt eine Liste der Mitarbeiter und ihrer kurzen

Beschreibung der Stämme oder Gruppen, aus denen sie die interviewten Traditionsträger auswählten.

Afrika

DIE YORUBA

Die Religion der Yoruba in Nigeria basiert auf dem Götterglauben und der Verwandtschaft mit zahlreichen Göttern. Von diesen Göttern, den *Orisas*, sollen es bis zu 401 geben, doch ist diese Zahl eher poetisch als numerisch gemeint. Die Yoruba glauben, daß Götter durch ihre Kombination aus menschlichen und spirituellen Eigenschaften die Probleme der Menschen verstehen und sich nach Vollziehung entsprechender Riten sofort mit ihnen in Verbindung setzen.

Mit den Medizinmännern und Schamanen der Yoruba arbeitete A. U. Iware, Ph. D., ehemaliger Direktor des Instituts für afrikanische Studien, University of Ibadan, Nigeria.

Die Medizinmänner und Schamanen der Yoruba sind dem Gott *Ifa* verpflichtet, dem vielleicht bedeutendsten aller Götter. Ifa baute seine immense Weisheit in ein System von Weissagungen ein, durch das sowohl Menschen als auch andere Götter mit ihm reden konnten. Die literarischen Texte, die die Ifa-Priester während der Weissagung rezitieren, stellen ein System dar, das ihre Kultur, Philosophie, Mythologie und Volksmedizin bewahrt hat. Ifa wird in praktisch jeder Angelegenheit des menschlichen Lebens angerufen, inklusive bei Namensgebung, Krankheit, Tod, Heirat.

Mit den Yoruba-Jägern arbeitete Bade Ajuwon, Ph. D., Direktor des Instituts für kulturelle Studien, Obafemi Awolowo University, Ile-Ife, Nigeria.

Die Yoruba-Jägergilde ist *Ogun* verpflichtet, dem Gott des

Eisens, der Wohlfahrt und des Heroismus, der den Jägerberuf überwacht und regelt – eines der ältesten Handwerke der Menschheit. Ogun wird als ein Kriegsherr angesehen und ist wegen des Schutzes, den er bietet, unter den anderen Göttern sehr wichtig.

DIE FON VON BENIN

Mit den Voodoo-Priestern der Fon und den Heilern und Weissagern der Fon, Wemenu und Ouidah arbeitete Amelie Degbelo Spouse Iroko, Ph. D., Beninian Center for Scientific and Technical Research, Contounu, Republic of Benin.

Die Fon sind die zahlenmäßig größte ethnische Gruppe in der afrikanischen Republik Benin. Vom 16. bis 19. Jahrhundert schufen die Fon einen Militärstaat, Danxome genannt, der für seine weiblichen Soldaten, die »Amazonen«krieger, in ganz Westafrika und bis nach Europa berühmt war. Dieses Königreich nahm am transatlantischen Sklavenhandel teil, der zur Verbreitung seiner Kultur in viele Teile des amerikanischen und brasilianischen Kontinents beitrug und auf diese Weise den Voodoo-Kult in Haiti begründete und einen starken Einfluß auf die Candomble-Religion in Brasilien ausübte.

DIE IGBO VON NIGERIA

Mit den Heilern, Weissagern und Experten der Igbo arbeitete Ernest N. Emenyonu, Ph. D., Provost and Chief Executive des Alvan Ikoku College of Education, Owerri, Imo State, Nigeria.

Die Igbo Südwestnigerias betrachten ihre Vorfahren als Mitglieder ihrer gegenwärtigen Familien. Die Vorfahren werden ausgescholten, als wären sie noch am Leben, gefüttert, als wären sie hungrig, und für Verstöße gegen die Familienpflichten gerügt, die vorzeitigen Tod, Mißernten und schlechte Geschäfte verursachen. Der Glaube der Igbo an eine Rückkehr der Vorfahren ins »gesellschaftliche« Leben wurzelt in ihrer Theorie der Reinkarnation und Seelenwanderung.

DIE IJO VON NIGERIA

Mit den traditionellen Ijo-Wahrsagern und den christlichen Ijo von Nembe arbeitete Professor Emeritus E. J. Alagoa, Historische Fakultat der University of Port Harcourt, Nigeria.

Der Ijo-Kult stammt aus der Region Nembe des nigerianischen Nigerdelta. Die ersten europäischen Besucher, besonders die britischen, bezeichneten die Nembe als »Messing-Volk«, ein Name, der in vielen kolonialen Landkarten, Büchern und Dokumenten erscheint. Ihre traditionelle Religion stützt sich auf den Kult von Wassergeistern und die Verehrung der Vorfahren. Die Totems der Ijo sind der Königspython und der afrikanische Python, die beide den nationalen Gott Ogidiga repräsentieren. Alle Götter der Ijo-Gemeinden im Nigerdelta sind Ogidiga untergeordnet und mit ihm verwandt – als seine Kinder, Frauen und so weiter.

Das Christentum wurde am Ende des 18. Jahrhunderts bei den Ijo eingeführt, und die meisten Ijo sind konvertiert und haben ihren früheren Glauben mit einer christlichen Anschauung des Nachtods vermischt.

Noch immer existieren bei den Ijo Kultpriester und -priesterinnen, Weissager genannt, die die Lebenden mit den Toten verbinden.

Amerika

BRASILIEN

Mit den indianischen Gemeinden der Guarani und Kadiweu arbeiteten Maria Ines Martins Ladeira und Jaime García Siqueira jr., Centro de Trabalho Indigenista, São Paulo.

Die Guarani-Indianer gründen ihre Niederlassungen an der Küste in der Hoffnung, das Gute Land – das Paradies – zu erreichen, das sie jenseits des Ozeans vermuteten. Nach ihrer Mythologie und Kosmologie müssen sich alle Bauten und auch die Menschen während der Rituale gen Sonnenaufgang richten, dem Guten Land zugewandt. Im Stamm wächst der Glaube, daß die Welt bald durch ein Feuer zerstört wird. Das kontinuierliche Vordringen der Weißen in ihr Gebiet bekräftigt die Guarani in ihrer Ausrichtung auf das Gute Land, von dem sie Unsterblichkeit der Seele und ihrer Kultur auf Erden erhoffen.

Die Kadiweu-Indianer, deren gegenwärtige Bevölkerung sich auf 1070 beläuft, waren wegen ihres geschickten Umgangs mit Pferden als »Indianische Reiter« bekannt. Ihre Mythen betonen das Bedürfnis nach Distanz zwischen den Lebenden und den Toten. Ein Nachtod wird ermöglicht, indem die Habe des Toten mitbestattet wird. Die Pferdeliebe der Kadiweu war so stark, daß die Pferde in der Regel mit ihren Besitzern bestattet wurden, um in die Nachtod-Gemeinschaft eines Vorfahren überzugehen. Die Lebenden ändern nach dem Tod eines Verwandten ihre Namen und zerstören die Häuser der Toten, um sich vor deren Wiederkehr zu schützen.

Mit den Spiritisten und Umbanda-Religionen Brasiliens arbeitete Dr. Bezerra De Menezes, Campus Universitario Guirchiva, Brasilien.

Der Glaube der Spiritisten basiert hauptsächlich auf der Theorie des Europäers Alan Kardec. Im Gegensatz zu anderen brasilianischen Kulten ist der Spiritismus in Brasilien jedermann zugänglich und heute im Land eine der weitverbreiteten Glaubenslehren. Spiritisten leiten Schulen, Kliniken, Tagesstätten und eine Universität in Brasilien und pflegen einen tiefen Glauben an Geister, Geisterführer und Geistergruppen. Oft kommunizieren sie durch Sitzungen mit den Toten und bemühen sich um Heilung durch Kontakt und durch Läuterung der Aura.

Die Umbanda-Religion spiegelt die kulturelle und soziale Geschichte Brasiliens wider und verbindet Einflüsse der afrikanischen Sklaven und der brasilianischen Indianer mit Katholizismus sowie mit Alan Kardecs Spiritismus und Madame Blavatskys Theosophie. Obwohl die Umbanda-Religion nicht kodifiziert ist, folgt sie dem Ethos der Barmherzigkeit und dem Glauben an ein Leben nach dem Tode sowie an die Möglichkeit, mit den Geistern zu kommunizieren.

Mit den Candomble und der Egun-Gemeinschaft arbeiteten Dr. Julio Braga, ehemaliger Direktor des Zentrums für Afroorientalische Studien, Universität Bahia, und Ade Grassa, Bahia, Brasilien.

Candomble ist eine afro-brasilianische Religion, die zahlreiche religiöse Elemente der afrikanischen Fon und der Kultur der Yoruba (die historisch mit dem Sklavenhandel mit Brasilien verbunden ist) mit dem Katholizismus verbindet. Das Candomble-Ritual schließt rhythmische Tänze ein, die bei den Initianden Trancezustände und Besessenheit hervorrufen. Diese Rituale bestehen aus der Anrufung von Göttern aus dem afro-brasilianischen Pantheon, die Eingeweihten erscheinen und ihnen Rat und geistige Unterstützung gewähren.

Der Kult der Egun widmet sich wie der Candomble besonders den Toten und dem Nachtod, in dem der Geist den Körper verläßt und sich den Vorfahren anschließt. Die Geister der Vorfahren sind als Egun bekannt und werden auch »die lebenden Toten« genannt. Der Kult der Egun ist ein männlicher Initiationskult, der vor allem die Funktion hat, die Geister der Vorfahren heraufzurufen, die dann ins Leben zurückkehren, um in öffentlichen Zeremonien zu tanzen.

Gesamtleitung Brasilien: Edmundo Barbosa.

Gesamtberatung Brasilien: Dr. Hernando Guimarães Andrade, São Paulo.

NORDAMERIKA

Über Sterbeerlebnisse: Professor Emeritus Kenneth Ring, Department of Psychology, University of Connecticut, Storrs, Connecticut.

Beschreibungen von Sterbeerlebnissen (oder NDE: Near-Death Experience) finden sich sowohl in der Literatur als auch in historischen Zeugnissen. Das systematische wissenschaftliche Studium der NDE ist jedoch jüngeren Datums und beginnt Mitte der siebziger Jahre. Den entscheidenden Anstoß gab das 1975 erschienene Buch ›Life after Life‹ des Psychiaters Raymond A. Moody jr. Moody sprach von fünfzehn »Elementen«, die in den Berichten des NDE häufig wiederkehren und ein relativ konstantes NDE-Muster bilden. Man schätzt, daß fünfzehn Prozent der Amerikaner NDE-Erlebnisse hatten.

Asien

INDIEN

Über die Mahapatra: Mariana Caudida Caixeoro, Lissabon.

Die Mahapatra sind brahmanische Priester, die auf Bestattungsriten spezialisiert sind. Weniger gebildet als die anderen brahmanischen Priester und von einigen als unberührbar angesehen, vollziehen die Mahapatra alle Riten bis zu dem Punkt, an dem die *preta* (geringfügige Seele) in einen Ahnen umgewandelt wird. Angehörige höherer Kasten, die meinen, daß die Begegnung mit den Mahapatra Unglück und Tod bringt, gehen ihnen aus dem Weg.

Über die hinduistischen Brahmanen, die Granthis der Sikh und die muslimischen Sufis: Aditya Behl, Ph. S., Department of South and Southeast Asian Studies, University of California, Berkeley.

Die hinduistischen Brahmanen repräsentieren die komplexe, polytheistische Religion Indiens. Ursprünglich war der Hinduismus eine Opferreligion. Später entwickelte sich eine vielfältige heilige Literatur, die auf mythologischer und philosophischer Spekulation basierte. Heute wird die orthodoxe hinduistische Praxis *sanatana dharma* genannt und basiert auf der Befolgung der Lebensstationen im Kastensystem, der Anerkennung des Karma und der Reinkarnation und dem Besuch von Tempeln, die von brahmanischen Priestern geleitet werden. Die von unseren Mitarbeitern befragten Brahmanen sind Ritusspezialisten, die für den gewöhnlichen Hindu die Riten des Lebens und Todes vollziehen.

Der Sikh Pandt (Pfad) wurde von Guru Nanak (1469–1539) in Punjab, Indien, gegründet und legt Wert auf die Verehrung des heiligen Namens (Nam), religiösen Unterricht in der lokalen Mundart (in diesem Fall Punjabi), die Abschaffung der Kastenstrukturen und die Führung eines einzigen Gurus. Nach Guru Nanak folgten neun weitere Gurus, die die Gemeinde leiteten und ihr Identitätsgefühl bestimmten. Die wichtigste Schrift der Sikhs ist der *Guru Granth Sahib*, eine Kompilation der Schriften der zehn Gurus und verschiedenen anderen mittelalterlichen Heiligen und Dichtern. Nach dem Tod des letzten Guru wurde das Buch selbst zum Guru der Sikhgemeinde. Die Forschung wurde mit Sikhs durchgeführt, die auf dem Boden dieses Textes stehen.

Die muslimischen Sufi sind Nachfahren von Asketen, die kurz nach dem Tod des Propheten Mohammed versuchten, in allem ihrem Propheten nachzueifern, um näher an Gott zu kommen. Die Firdausi Sufi kamen im 13. Jahrhundert nach Bihar, Indien, und wurden bald zum herrschenden Orden dieses Gebiets. Der Jahrestag des Todes der Firdausi Shaikhs wird als eine Hochzeit mit Gott gefeiert. Die von uns Befragten sind in der Gräberpflege tätig.

Für das Volk der Nath: Naval Krishna, Ph. D., Kurator des Meharnagarh Museum Trust Fort, Jodhpur, India.

Anders als Schiwa, Vischnu und Brahma, die von den Nath für Intellektuelle gehalten werden, sind die Nath nur »Geist«. Die Nath glauben weder an das hinduistische Kastensystem noch an die Ashramgemeinde. Daher schließen sich viele Angehörige der Unterkasten und sogar Muslime diesem Kult an. Die Nath praktizieren einen siebenstufigen Yogapfad. Nath-Yogi erkennt man leicht an der Girlande, die sie tragen, der Hornpfeife, dem Ohrring, dem Tigerfell, das sie über den Schultern tragen und das sie als Sitz verwenden, der Tasche, dem Kürbistopf, dem Haarknoten, der Asche, die ihre Körper bedeckt, dem *Selis* (einem Schal aus Baumwolle oder Wolle, den Yogi und Asketen um ihre Köpfe oder Nacken winden) und den *khappars* oder Bettelnäpfen, die auch von Yogis und Asketen mitgeführt werden.

INDONESIEN

Mit den balinesischen Hohepriestern, Heilern, Weissagern, Traditionsträgern und Priestern der Haupttempel der Toten arbeiteten I Made Surya and Judy Slattum, Bali, Indonesien/Santa Cruz, California.

Agama Hindu Bali oder Hindu Dharma ist die Hauptreligion der Balineser. Sie kommt aus Indien über Java und entstammt dem prähinduistischen Animismus. In dieser Religion tritt der Gott in vielen Erscheinungsweisen auf. Gebete für die Toten werden an Gott als Betara Siwa gerichtet, dem Auflöser und Wiederaufbereiter des Lebens. Ziel des Gebets und der Zeremonie im balinesischen Hinduismus ist es, das Gleichgewicht in der Welt zu halten, indem beide Seiten daran gehindert werden, die Oberhand zu gewinnen.

Mit den Torajo-Heilern, -Priestern und anderen arbeitete Max Karlheinz Knaus-Rojas, Kartograph, Sulawesi, Indonesien

Die Sa'dan-Toraja (Bevölkerung 370 000) leben im Gebirge. Der Tagesablauf der animistischen Toraja wird von strikten Regeln, *adat* genannt, bestimmt. Der Schöpfer der Menschheit – Puang Matua – schuf 7777 Gesetze, von denen 777 die Welt der Menschen erreichten. Kernstück der Glaubenslehre ist der Glaube an das Fortleben der Seele von Mensch und Tier nach dem Tod und die direkte Verknüpfung jedes Individuums mit Gott durch die Kette der Vorfahren.

Das Institut für die Erforschung des Nachtod-Erlebens

Das Institut für die Erforschung des Nachtod-Erlebens ist eine gemeinnützige Gesellschaft, die sich der Erstellung einer weltweiten Dokumentation von Glaubensvorstellungen und Riten des Nachtods widmet und ihre Erkenntnisse zur Bildung der Öffentlichkeit, der Gesundheitsfürsorge und der Juristenberufe einsetzt. Bezüglich der Existenz oder Nichtexistenz eines Nachtods nimmt das Institut keine Haltung ein, sondern es bearbeitet den Gegenstand im Sinne der interdisziplinären Forschung und fördert den öffentlichen Dialog zu diesem Thema.

Das Institut verfügt über zwei Datenbanken zum Thema Nachtod: das Forschungsraster der Nachtod-Vorstellungen und BORIAL.

Das *Forschungsraster* besteht aus etwa hundertundachtzig Fragen, die in acht Kategorien eingeteilt sind. Ihre Beantwortung erlaubt eine statistische und diskursive Analyse. Sie werden nach Religionsvertretern, Kulten und anderen Gruppen geführt, und zwar von einem Team von Mitarbeitern, die für jedes Land eigens ausgewählt worden sind. Bislang haben neunzehn Mitarbeiter daran gearbeitet, Rasterergebnisse von über dreißig Gruppen in Westafrika, Brasilien, Indien und Indonesien vorzulegen. Neben anderen Untersuchungen werden die Raster statistisch und interkulturell nach gemeinsamen Merkmalen und Anomalien analysiert.

BORIAL (Brendan O'Reagan Images of the Afterdeath Library) ist nach dem letzten Vizepräsidenten des Instituts für Noetische Wissenschaften benannt, auf dessen Idee es zurückgeht. BORIAL ist ein vom Institut entwickeltes und geführtes computerisiertes System, das bildliche Darstellungen des Nachtods nach Land, Religion, Symbol, Künstler und Hautfarbe archiviert, sortiert und druckt. Zur Zeit enthält es fast fünfhundert Bilder und wird ständig aktualisiert.

Öffentliche und berufliche Bildung. Die Information in den Datenbanken eignen sich zur vielfachen Anwendung, inklusive Grundschullehrpläne, Ausbildungsgänge auf allen Ebenen des Gesundheitswesens, Kunstbücher, Nachschlagewerke, Filme und Sachbücher. Der Fragebogen der Nachtod-Vorstellungen – ein Kompaktpaket mit Papier und Bleistift, Theorie-Broschüre und acht einzelnen Beurteilungsbroschüren (je nach Kategorien des Nachtod-Glaubens) wurde für den Gebrauch in Krankenhäusern, für medizinisches Personal und für die Öffentlichkeit entwickelt. Die Forschungsraster wurden in der Zeitschrift ›OMNI‹ von Oktober 1992 und Oktober 1995 vorgestellt.

Das Institut wird von privaten Spenden und Stipendien unterstützt. Geleitet wird es von der Gründerin Dr. Sukie Miller. Dr. Miller ist ehemaliges Mitglied des Board of Medical Assurance des Staates Kalifornien, Direktor des Ford Foundation's Confluent Education Project, Direktor des Special Education Demonstration Center, der Yeshiva Graduate School of Education, Vorstandsmitglied des C. G. Jung-Instituts von San Francisco, Gründerin und Direktorin des Institute for the Study of Humanistic Medicine und praktizierende Psychotherapeutin.

Anmerkungen

Hier findet sich nur Sekundärliteratur, die im Text angeführt wird. Belegmaterial, das unseren Feldforschungen entstammt, wird in den Archiven des Institute for the Study of the Afterdeath aufbewahrt.

1. Kapitel (S. 19–36)

1 Sherwin B. Nuland: How We Die, New York 1994, S. XVII.
2 C. G. Jung: Erinnerungen, Träume, Gedanken, Olten/Freiburg 1971, S. 329.
3 Li Po, in: The Enlightened Heart: An Anthology of Sacred Poetry, New York 1989, S. 32.

2. Kapitel (S. 37–62)

1 Henry Corbin: Mundus Imaginalis or the Imaginal and the Ima gined, Ipswich 1972
2 Kenneth Ring, in: Gary Dove (Hg.), What Survives? Los Angeles 1990.
3 Michael Talbot: The Holographic Universe, New York 1991, S. 260f. Dt.: Das holographische Universum, München 1992.

4 Fred Allen Wolf: The Dreaming Universe, New York 1995, S. 260f. Dt.: Die Physik der Träume, Berlin 1995, S. 271f.
5 Michael Murphy: The Transformation of the Body, Los Angeles 1992.

3. Kapitel (S. 65–92)

1 Paul Beard: Living On, London 1980, S. 90.
2 Annie Besant und C. W. Leadbeater: Thought Forms, 1969, S. 16.
3 Beard, a.a.O., S. 77f.
4 Dr. Hernani Guimarães Andrade: persönliche Mitteilung.
5 Frank Goldsmith Speck: A Study of the Delaware Indian Big House Ceremony, Harrisburg, Penn., 1931, S. 174f.
6 Speck, a.a.O., S. 175.
7 Simcha Paull Raphael: Jewish Views of Afterlife, Northvale, N. J., 1994, S. 137.
8 Fred B. Eiseman jr.: Bali Sekala and Niskala, Bd. 2, Berkeley 1990, S. 115–28.
9 George Gallup jr.: Adventures in Immortality, New York 1982, S. 97. Dt.: Begegnungen mit der Unsterblichkeit, Frankfurt/Main 1990.
10 Clark Wissler: The Social Life of the Blackfoot Indians, New York 1911, S. 144.
11 George Gallup jr.: a.a.O., S. 199.
12 Denise Lardner Carmody und John Tully Carmody: Native American Religions, New York 1993, S. 24f.
13 Leo Trepp: The Complete Book of Jewish Observance, New York 1980, S. 332–36.
14 M. Masud R. Khan: Hidden Selves, New York 1983, S. 183–88.
15 Roberto Assagioli, persönliche Mitteilung.

4. Kapitel (S. 93–130)

1 Mircea Eliade, The Encyclopedia of Religion, Bd. 5, New York 1987, S. 44. Dt.: Handbuch der Religionen, Zürich 1991.
2 Simcha Paull Raphael, a.a.O., S. 107.

3 Andrew Bongiorno: persönliche Mitteilung.
4 Das Tibetanische Totenbuch, Zürich/Düsseldorf 1996, S. 191ff.
5 Ebd., S. 203ff.
6 Ebd., S. 213f.
7 Sogyal Rinpoche: Das Tibetanische Buch vom Leben und vom Sterben, Bern/München/Wien 1997, S. 267.
8 Farnaz Ma'sumian: Life after Death, Oxford 1995, S. 79f.
9 Ebd., S. 22f.
10 Martha G. Anderson: »The Funeral of an Ijo Shrine Priest«, in: African Arts, S. 54.

5. Kapitel (S. 131–154)

1 Howard Morphy: Ancestral Connections, Chicago 1991, S. 221 und 268.
2 Lawrence E. Sullivan: Icanchu's Dream, New York 1988, S. 528.
3 Johannes-Offenbarung, 21, 23.
4 Farnaz Ma'sumian: a.a.O., S. 32 und 38.
5 Ebd., S. 51.
6 Paul Radin: Primitive Religion, New York 1957, S.28–29. Dt.: Die religiöse Erfahrung der Naturvölker, Zürich 1951.
7 Ma'sumian: a.a.O., S. 81 und 83.
8 Ebd., S. 51ff.
9 Edmundo Barbosa: »The Presence of the Gods: Afro-Brazilian Trance Rituals«, in: Shaman's Drum, Nr. 17, 1989, S.42.
10 Radin: a.a.O., S. 281.
11 John Parker: The Works of Dionysius the Aeropagite, Merrick, N. Y., 1976, S. 81. Dt.: Dionysius: Die angeblichen Schriften des Areopagiten Dionysius, Sulzbach o. J.
12 Earthspirit for Dolphy, Novato, Kalifornien, Drucktafel.
13 Parker: a.a.O., S. 98.
14 In: John Ferguson (Hg.), Encyclopedia of Mysticism, New York 1995, S.181; Mircea Eliade (Hg.), An Encyclopedia of Religion, Bd. 13, New York 1987, S. 192f.; und Michael Talbot, The Holographic Universe, New York 1992, S. 257ff.

15 Rudolf Steiner: Das Sonnenmysterium und das Myterium von Tod und Auferstehung, Dornach 1963.
16 Nach einer mündlichen Mitteilung von Terence McKenna.
17 Ma'sumian: a.a.O., S. 6.

6. Kapitel (S. 155–188)

1 Raymond Araza: »Igbo Concept of Death: Life After Death«, in: Ahiajoku Lecture Colloquium, 1991, S.4f.
2 Lawrence E. Sullivan: Icanchu's Drum, New York 1988, S. 309.
3 Sullivan: a.a.O., S. 309.
4 Morphy: a.a.O., S. 255.
5 Lawrence E. Sullivan (Hg.): Death after Life and the Soul, New York 1989, S. 133.
6 Sri Aurobindo Ghose: The Life Divine, Bd. 19, Sri Aurobindo Ashram 1970, S. 802f.
7 Dalai Lama: *My Land and My People*, New York 1962, S. 22. Dt.: Mein Leben und mein Volk, München 1990.
8 Platon: Nomoi, Ü: Müller.
9 Joseph Head/S. L. Cranston: Reincarnation, Wheaton, Ill., 1961, S. 557.
10 Ebd., S. 556.
11 Ian Stevenson: Children Who Remember Previous Lives, Virginia 1987, S. 435.
12 Ebd., S. 68.
13 Roger J.Woolger: Other Lives, Other Selves, New York 1987, S. 285. Dt.: Die vielen Leben der Seele, München 1992.
14 Ebd.
15 Brian Weiss: Many Lives, Many Masters, New York 1988, S. 9. Dt.: Die zahlreichen Leben der Seele, München 1994.
16 Ebd., S. 10.
17 Ebd., S. 218.
18 Rabbi Yonassam Gershom: Beyond the Ashes, Virginia 1992, S.1f.
19 Radin, a.a.O., S. 82f.
20 Stanislav Grof: The Holotropic Mind, New York 1963, S.121f. Dt.: Die Welt der Psyche, Reinbek 1997.

7. Kapitel (S. 189–194)

1 Karl Menninger: »Hope« in: Bulletin of the Menninger Clinic, 51 (5), 1987: 116, 481–491.
2 Carl Gustav Jung: *Zur Psychologie westlicher und östlicher Religion*, Gesammelte Werke Bd. 11, Olten 1964, S. 359.
3 C. R. Snyder: Children and the Price of Excellence: Hope for the Few or the Many? Kansas 1995.
4 E. Stotland: The Psychology of Hope, San Francisco 1960, nach der Definition von Snyder in »Conceptualizing, Measuring, and Nurturing Hope« in: Journal of Counseling and Development, Bd. 73, Januar/Februar 1995.
5 Maurice Lamm: The Power of Hope, Rawson 1995, S. 43.
6 Sam Keen: Hymns to an Unknown God: Awakening the Spirit in Everyday Life, New York 1994, S. 257f.

Bibliographie

Abhedananda, Swami: The Mystery of Death, Calcutta 1953

Anderson, Martha G: »The Funeral of an Ijo Shrine Priest«, in: African Arts

Anthony, Metropolitan: Living Prayer, London 1966

Araza, Raymond C.: Igbo Concept of Death. Life after Death, Ahiajoku Lecture Colloquium, 1991

Ariès, Philippe: Geschichte des Todes, München 1980

– Images of Man and Death, Cambridge, Mass., 1985

– Western Attitudes Toward Death. From the Middle Ages to the Present, Baltimore 1974

Assagioli, Roberto: Handbuch der Psychosynthesis. Angewandte transpersonale Psychologie, Freiburg 1968

Bahá'u'lláh und 'Abdu' L-Bahá. Bahá'í World Faith, Wilmette, Ill., 1943

Bahti, Mark: Navajo Sandpainting Art. Marceline, Missouri: Walsworth Publishing Company, 1978

Bailey, Alice A: Esoteric Healing, Bd. 4, Seven Rays, New York 1970

Barbosa, Edmundo: »Afro-Brazilian Trance Rituals«, in: Shaman's Drum, Nr. 17, 1989

Beane, Wendell C., und William G. Doty: Myths, Rites, Symbols, New York 1975

Beard, Paul: Hidden Man. Tasburgh 1986

– Living On. London 1980

– Survival of Death. Tasburgh 1966

Berg, Rabbi Philip S: Reincarnation. Wheels of a Soul, New York 1991
Bernstein, Alan E.: The Formation of Hell, London 1993
Besant, Annie, and C. W. Leadbeater: Thought-Forms, Wheaton, Ill., 1969
Biardeau, Madeleine: Hinduism. The Anthropology of a Civilization, Oxford 1989
Bloch, Maurice, und Jonathan Parry (Hg.): Death and the Reincarnation of Life, Cambridge 1982
Blodgett, Jean (Hg.): The Eskimo Shamanism and Art, Winnipeg 1978
Brantle, George (Hg.): The Religious Experience, 2 Bde., Toronto 1964
Brena, M. D., und F. Steven: Pain and Religion, Springfield, Ill., 1972
Budge, E. A. Wallis: The Book of the Dead, Arkana 989
Carmody, Denise Lardner, und John Tully Carmody: Native American Religions, New York 1993
Cirlot, J. E.: A Dictionary of Symbols, New York 1962
Comper, Frances M. N.: The Book of the Craft of Dying, London 1917
Coomaraswamy, Ananda K., und Sister Nivedita: Myths of the Hindus and Buddhists, New York 1967
Corbin, Henry: Mundus Imaginalis, or the Imaginal and the Imagined, Ipswitch 1972
Cowan, James G.: The Aborigine Tradition, Shaftesburg 1992
Crocker, Jon Christopher: Vital Souls, Tucson 1985
Crookhall, Robert: Out-of-the-Body Experiences, Secaucus, New Jersey, 1970
Dalai Lama: Mein Leben und mein Volk, München 1990
Darling, David: Soul Search: A Scientist Explores the Afterlife, Villard 1995
Das tibetanische Totenbuch oder die Nachtod-Erfahrungen auf der Bardo-Stufe, Zürich 1953
Davies, Paul: Gott und die moderne Physik, München 1986
Dionysius: Die angeblichen Schriften des Areopagiten Dionysius, Sulzbach o. J.
Doore, Gary: What Survives? Los Angeles 1990
Dossey, Larry: Recovering the Soul, New York 1989
Driver, Harold E.: Indians of North America, Chicago 1961
Eadie, Betty J.: Embraced by the Light, o. O. 1992

Easwaran, Eknath: Dialogue With Death, Nilgiri Press, 1981
Eiseman, Fred B.: Balie Tekala and Niskala, Bd. 2, Berkeley 1990
Eisenbud Jule: Paranormal Foreknowledge, New York 1982
– Parapsychology and the Unconscious, Berkeley 1983
– PSI and Psychoanalysis, New York 1970
Eliade, Mircea (Hg.): Handbuch der Religionen, Zürich 1991
– Ewige Bilder und Sinnbilder, Frankfurt/Main 1986
– Das Heilige und das Profane, Frankfurt/Main 1985
Elkin, A. P.: Aboriginal Men of High Degree, Rochester 1977
Emmons, George Thornton: The Tlingit Indians, Seattle 1991
Enright, Dennis J.: The Oxford Book of Death, New York 1983
Epstein, Mark: Thoughts Without a Thinker, New York 1995
Farthing, Geoffrey: When We Die, London 1968
Ferguson, John: Encyclopedia of Mysticism and the Mystery Religions, New York 1975
Ferrucci, Piero: Werde was du bist, Reinbek 1986
Frankl, Viktor E.: Wege zum Sinn, München 1984
Franz, Marie-Louise von: Traum und Tod, Zürich 1985
Frazer, Sir James George: Der goldene Zweig. Eine Studie über Magie und Religion, Berlin 1968
Freeman, Eileen Elias: Touched by Angels, New York 1993
Gallup, George: Begegnungen mit der Unsterblichkeit, Frankfurt/Main 1990
Gershom, Rabbi Yonassan: Beyond the Ashes, Virginia 1992
Ghose, Sri Aurobindo: The Life Divine, Bd. 19, Sri Aurobindo Ashram 1970
Glaze, Anita J.: Art and Death in a Senufo Village, Bloomington 1981
Goldstein, Joseph: The Experience of Insight, Boston 1983
Gotshalk, Richard: Bhagavad Gita, Delhi 1985
Govinda, Lama Anagarika: Grundlagen tibetischer Mystik, Bern 1975
Grof, Stanislav: Die Welt der Psyche, München 1993
– Die Begegnung mit dem Tod, Stuttgart 1980
Grollman, Earl A.: Concerning Death. A Practical Guide for the Living, Boston 1974
Halevi, Zev ben Shimon: Kabbalah and Psychology, New York 1986
Hall, Manly P.: Reincarnation. The Cycle of Necessity, Los Angeles 1946

– The Way of Heaven, Los Angeles 1946
Harner, Michael: Der Weg des Schamanen, Reinbek 1986
Hastings, Arthur: With the Tongues of Men and Angels, New York 1991
Head, Joseph, und S. L. Cranston (Hg.): Reincarnation. An East-West Anthology. Wheaton, Ill., 1961
Herzog, Edgar: Psyche and Death, Dallas 1983
Hick, John H.: Death and Eternal Life, New York 1976
Holmes, Jesse Herman, and The Holmes Research Team: As We See It from Here; North Carolina 1980
Holzer, Hans: The Reincarnation. New York 1974
Hope, Murray: The Psychology of Ritual, Dorset 1988
Huxley, Aldous: Pforten der Wahrnehmung, München 1978
Huxley, Laura Archera: This Timeless Moment. Millbrae, Cal., 1968
Inglis, Brian: The Unknown Guest, London 1989
Iverson, Jeffrey: In Search of the Dead, San Francisco 1992
Jacobi, Jolande: Complex, Archetype, Symbol, Princeton 1959
Jaffé, Aniela: Geistererscheinungen und Vorzeichen, Zürich 1958
Jahn, Robert G., und Brenda J. Dunne: Margins of Reality, New York 1987
James, William: Die Vielfalt religiöser Erfahrung, Freiburg 1978
– Der Wille zum Glauben, Stuttgart 1989
Jung, Carl G.: Erinnerungen, Träume, Gedanken, Olten 1984
– Psychologie und Religion, Zürich 1937
Kaku, Michio: Hyperspace, Berlin 1985
Kapleau, Philip: The Wheel of Life and Death, New York 1989
Karagulla, Shaficia: Breakthrough to Creativity, Santa Monica 1967
Kardec, Allan: Das Buch der Geister, Freiburg 1991
– Das Buch der Medien, Freiburg 1964
Kato, Bunno u.a. (Hg.): The Threefold Lotus Sutra, New York 1975
Katz, Richard: Num. Heilung in Ekstase, Interlaken 1985
– The Straight Path, New York 1993
Keen, Sam: Hymns to an Unknown God. Awakening the Spirit in Everyday Life, New York 1994
Keesing, Roger M.: Kwaio Religion, New York 1982
Kelsey, Morton T.: Afterlife. The Other Side of Dying, New York 1979
Khan, Inayat: Sufi Teachings, Cothen 1963

Khan, M. Masud R.: Hidden Selves, New York 1983
Koestler, Arthur: Der göttliche Funke, Bern 1966
Kramer, Kenneth: The Sacred Art of Dying, New York 1988
Kübler-Ross, Elisabeth: Interviews mit Sterbenden, Berlin 1971
– Erfülltes Leben, würdiges Sterben, Gütersloh 1993
– Kinder und Tod, Zürich 1984
– On Death and Dying, New York 1969
– On Life after Death, Berkeley 1991
– Was können wir noch tun? Antworten auf Fragen nach Sterben und Tod, Berlin 1975
Küng, Hans: Ewiges Leben? München 1982
Lamm, Maurice: The Power of Hope, New York 1995
Lauf, Detlef Ingo: Verborgene Botschaften tibetanischer Thangkas, Freiburg 1976
Leadbeater, C. W.: The Inner Life, Bd. 2, Wheaton, Ill., 1967
– The Masters and the Path, Wheaton 1975
Leeuw, J. J. van der: The Conquest of Illusion, Wheaton 1966
Loudon, John, und James C. Parabola Odell: Myth. The Quest for Meaning, Bd. 2, Teil 1. New York 1977
Ma'sumian, Farnaz: Life After Death. A Study of the Afterlife in World Religions, Oxford 1995
MacGregor, Geddes: Images of Afterlife, New York 1992
– Reincarnation in Christianity, Wheaton 1978
McKenna, Terence: Speisen der Götter. Die Suche nach dem ursprünglichen Baum der Weisheit, Lörrach 1992
– Wahre Halluzinationen, Basel 1989
Mannheim, Ralph, und R. F. C. Hull: Spiritual Disciplines, New York 1960
Martin, Joel, und Patricia Romanowski: We Don't Die, New York 1988
Mason, J. A.: The Ancient Civilizations of Peru, London 1957
McIntyre, Loren: The Incredible Incas and Their Timeless Land, Washington, D.C., 1975
Menninger, Karl: »Hope«. in: Bulletin of the Menninger Clinic. 51(5), 1987
Miller, Stuart: Hot Springs, New York 1971
Mitchell, Stephen: A Book of Psalms, New York 1993

Monroe, Robert A.: Ultimate Journey, New York 1994
Moody, Raymond, und Paul Perry: Leben nach dem Tod, Reinbek 1977
– Das Licht von drüben, Reinbek 1989
– Blick hinter den Spiegel, München 1996
Morphy, Howard: Ancestral Connections, Chicago 1991
Morse, Melvin, und Paul Perry: Closer to the Light, New York 1990
Mullin, Glenn H.: Selected Works of the Dalai Lama II., Ithaca 1982
Murphet, Howard: Jenseitswelten und Jenseitsleben, München 1990
Murphy, Michael: Der Quanten-Mensch, Wessobrunn 1994
Murti, T. R. V.: The Central Philosophy of Buddhism, London 1960
Needleman, Jacob: Vom Sinn des Kosmos, Frankfurt/Main 1993
Neiman, Carol, und Emily Goldman: Afterlife, London 1994
Noel, Daniel C.: »Soul and Earth. Traveling with Jung Toward an Archetypal Ecology«, in: Quadrant. The Journal of Contemporary Jungian Thought, Bd. 23
Nuland, Sherwin B.: How We Die, New York 1994
O'Flaherty, Wendy Doniger: Hindu Myths, New York 1978
O'Grady, Joan: The Prince of Darkness, Shaftesbury 1989
Otto, Rudolf: Das Heilige. Über das Irrationale in der Idee des Göttlichen, Breslau 1917
Parfitt, Will: The Qaba Lah, Shaftesbury 1991
Pauchard, Albert: The Other World, London 1973
Pereira, José: Hindu Theology. A Reader, Garden City 1976
Phillips, David R., Todd E. Rath und Lisa M. Wagner: »Psychology and Survival«, in: The Lancet, Nr. 342, 6. November 1993
Poloma, Margaret M., und George H. Gallup: Varieties of Prayer, Philadelphia 1991
Purucker, Gottfried von: Tod – Was kommt danach? Hannover 1989
Rabten, Geshe: The Preliminary Practices of Tibetan Buddhism, Dharamsala 1974
Radhakrishnan, Sarvedalli, and Charles A. Moore: Indian Philosophy, Princeton 1957
Radin, Paul: Die religiöse Erfahrung der Naturvölker, Zürich 1951
Ramacharaka, Yogi: The Life Beyond Death, Chicago 1937
Raphael, Simcha Paull: Jewish Views of the Afterlife, Northvale, N. J., 1994

Raudive, Konstantin: Breakthrough, Garrards Cross 1971
Reat, N. Ross: Origins of Indian Psychology, Berkeley 1990
Redhouse, James W.: Legends of the Sufis, London 1976
Reimer, Jack (Hg.): Jewish Reflections on Death, New York 1974
Ring, Kenneth: Den Tod erfahren – das Leben gewinnen, Bern 1985
– The Omega Project, New York 1995
– What Survives, Hg. Gary Dove, Los Angeles 1990
Rinpoche, Sogyal (Hg.): Das Tibetanische Buch vom Leben und vom Sterben, Bern 1997
Rogo, D. Scott: Leaving the Body, New York 1983
– NAD. A Study of Some Unusual »Other-World« Experiences, New York 1970
Rose, Fr. Seraphim: The Soul after Death, Platina 1993
Ross, Nancy Wilson: Buddhism. A Way of Life and Thought, New York 1980
Sabiers, Karl: Where Are the Dead? Los Angeles 1959
Sassoon, George, und Rodney Dale: The Kabbalah Decoded, London 1978
Scholem, Gershom: Die jüdische Mystik in ihren Hauptströmungen, Frankfurt/Main 1957
Sheldrake, Rupert: Das Gedächtnis der Natur, Bern 1988
– Die Wiedergeburt der Natur, Bern 1991
Snyder, C. R., u. a.: Children and the Price of Excellence: Hope for the Few or the Many? Kansas 1995
– »Development and Validation of the Hope Scale«, in: Journey of Personality and Social Psychology, noch nicht erschienen
Sonsino, Rifat, und Daniel B. Syme: What Happens after I Die. New York 1990
Speck, Frank Gouldsmith: A Study of the Delaware Indian Big House Ceremony, Harrisburg 1931
Steiner, Rudolf: Das Sonnenmysterium und das Mysterium von Tod und Auferstehung, Dornach 1963
Steinsaltz, Adin: The Thirteen Petalled Rose, New York 1980
Stevenson, Ian: Cases of Reincarnation, Bd. 1–4, Virginia 1975
– Children Who Remember Previous Lives, Virginia 1987
Stotland, E.: The Psychology of Hope, San Francisco 1960

Stuart, Gene S.: The Mighty Aztecs, Washington, D.C., 1981
Stuart, George E., und Gene S. Stuart: The Mysterious Maya, Washington, D. C., 1977
Sullivan, Lawrence E. (Hg.): Death, Afterlife, and the Soul, New York 1989
– Icanchu's Drum, New York 1988
Talbot, Michael: Das holographische Universum, München 1992
Thompson, Keith: Angels and Aliens, New York 1991
Thompson, Robert Farris: The Face of the Gods. The Museum for African Art, München 1993
– Flash of the Spirit, New York 1983
Throckmorton, Spencer: Transformations. Stone Figures from Mezcala/Chontal, 1991
Thurman, Robert: The Holy Teaching of Uimalakarti, Pittsburgh 1976
– Wisdom and Compassion. The Sacred Art of Tibet, New York 1991
Tipler, Frank J.: Die Physik der Unsterblichkeit, München 1994
Trachtenberg, Joshua: Jewish Magic and Superstition, New York 1987
Turner, Alice K.: The History of Hell, New York 1993
Versluis, Arthur: Native American Traditions, Queensland 1993
Volkman, Toby Alice: Feasts of Honor, Urbana 1985
Waldrop, M. Mitchell: Inseln im Chaos, Reinbek 1993
Walters, John: The Essence of Buddhism, New York 1964
Weiss, Brian L.: Die zahlreichen Leben der Seele, München 1994.
Wilber, Ken: The Spectrum of Consciousness, Wheaton 1977
Wilson, Ian: The Afterdeath Experience, New York 1987
Wissler, Clark: The Social Life of the Blackfoot Indians, New York 1911
Wolf, Fred Alan: Das träumende Universum, Berlin 1995
– Parallele Universen, Frankfurt/Main 1993
Woolger, Roger J.: Die vielen Leben der Seele, München 1992
Zaleski, Carol: Nahtoderlebnisse und Jenseitsvisionen, Frankfurt/Main 1993
Zimmer, Heinrich: Philosophie und Religionen Indiens, Zürich 1961

Personenregister